节目主持艺术基础

第二版

曾 致 ◉ 主编

SHOW HOST [Second Edition]
ART FOUNDATION

播音与主持艺术专业『十四五』规划教材

21世纪播音与主持艺术专业核心教材

中国传媒大学出版社
·北京

曾 致，湖南广播电视台播音指导、湖南省播音主持研究会秘书长、中宣部"学习强国"播音朗诵专家团成员、全国第二届广播电视十佳百优理论人才、中国播音主持委员会常务理事、中国电视艺术家协会主持人委员会学术委员、国家广播电视总局播音员主持人持证上岗考官、国家级普通话水平测试员。先后兼任中国传媒大学远程与继续教育学院、湖南大学、湘潭大学、湖南女子学院等高校客座教授、硕士生导师，浙江传媒学院中国播音主持史研究基地研究员。出版《播音主持艺术新说》《朗诵艺术指要》《小主持人训练教程》等专著和教材，录制《中华经典诵读》《寓言故事朗诵》《我和爸爸聊论语》等音像作品30多部。

第二版修订说明

《节目主持艺术基础》作为播音与主持艺术专业主干课程"节目主持艺术"的教材,自 2015 年出版以来,受到全国许多高校播音与主持艺术专业师生的欢迎,也得到了全国各地播音员、主持人的关注。为了适应播音与主持艺术专业的教学改革和广播电视一线所需,我们根据当前传媒生态的发展和变化,对《节目主持艺术基础》进行了修订。

美国学者罗杰·菲德勒在他的《媒介形态变化——发现新媒介》一书中谈道:"传播媒体的形态变化,通常是由可感知的需要、竞争和政治的压力,以及社会和技术革新的复杂相互作用引起的。"当前,微传播、移动传播成为主流信息传播方式,媒体融合快速发展,新传播技术迅速更迭,智能化、网络化、数字化技术飞速升级,媒体融合创新的目标与进路日益清晰,作为播音主持创作主体的节目主持人,思考的已不是该不该融合、要不要融合、怎么融合的问题,而是融合创新的媒介形态、媒介角色、媒介功能等一系列生存与发展的问题。网络时代、数字时代、读图时代、扫码时代、云时代、微时代、大数据时代、自媒体时代、互联网+时代、区块链时代、VR/AR 时代、人工智能时代、黑科技时代、融媒时代、智媒时代、智库媒体时代……这些层出不穷的新概念、新现象不断进入我们的视野,等待我们的思考与探析。经过修改、增补、扩充的《节目主持艺术基础(第二版)》,就在这种传媒发展变化的时代背景下,以新的面貌呈现在大家面前。全书各个章节都有删减或增补,理论表述更加严谨,案例选用更加鲜活,并新增了"网络直播带货"等新形态的主持艺术阐述。

"节目主持艺术"是中国播音学的组成部分,是一门实践性非常强的课程,我们必须按照张颂先生倡导的"不断开拓学术视野、提高研究水平、深入实践领域、汇聚各种观点,深化'感性—知性—理性—悟性'的多维度融合",必须坚持马克思主义新闻观、文艺观,坚持正确的舆论导向,坚持高尚的文化品位和艺术格调。在学习、实践和研究中,我们依然任重道远。

包括"节目主持艺术"在内的中国播音学,肯定还会随着时代的发展而发展,还需要更多的有识之士总结基本规律,填充更科学、更新锐、更前沿的理论话语。我们期待着!

2020 年 12 月 28 日

目　录

序　一　曾志华 /1

序　二　汪　涵 /5

前　言　曾　致 /1

第一章　节目主持艺术概说　/1

第一节　节目主持艺术的发展历程　/1

一、节目主持艺术的诞生　/1

二、西方节目主持艺术的发展　/3

三、中国节目主持艺术的发展　/6

第二节　节目主持人的特征　/12

一、节目主持人的界定　/12

二、节目主持人的特征　/13

三、自媒体节目主持人　/14

第二章　节目主持人的素质构成　/17

第一节　思想素质　/17

一、政治素养　/17

二、职业道德　/18

第二节　知识结构　/18

一、扎实的专业素养　/19

二、较高的文艺素养　/19

三、广博的社科知识　/19

第三节　专业素养　/20

一、语言功力的锤炼　/20

二、生活实践的积累　/20

三、主持风格的培养　/21

四、相近艺术的借鉴　/21

第四节　心理素质　/21

一、自信　/22

二、自控　/22

第五节　媒介素养　/22

一、加强主持人媒介素养教育　/23

二、树立正确的网络观　/23

第六节　审美品位　/24

一、高尚的审美情操　/24

二、深厚的文化积淀　/24

三、敏锐的艺术直觉　/25

第三章 节目主持人的基本技巧 /26

第一节 有声语言 /27

　　一、规范语言 /27

　　二、科学发声 /28

第二节 书面语言 /30

　　一、书面语言的类型 /30

　　二、书面语言的写作要求 /37

第三节 体态语言 /38

　　一、空间语言 /39

　　二、情态语言 /40

　　三、手势语言 /41

　　四、身姿语言 /42

第四章 节目主持人的专业技巧 /44

第一节 顺应语境 /44

　　一、语境内容 /45

　　二、顺应语境的具体方法 /50

第二节 驾驭现场 /52

　　一、临时补充,及时暖场 /52

　　二、坦诚相见,自我解嘲 /53

　　三、借景移情,控制场面 /54

　　四、借题发挥,化解尴尬 /55

　　五、从容应对,抢险救急 /56

第三节　调控情感　/58

　　一、对自我情感的调控　/58

　　二、对嘉宾情感的调控　/59

　　三、对受众情感的调控　/61

第四节　控制进程　/64

　　一、主导节目进程　/64

　　二、营造节目气氛　/66

第五章　节目主持人的传播策略　/68

第一节　语言传播策略　/68

　　一、语言要有可信度　/69

　　二、语言要生动　/69

　　三、语言要有深度　/70

第二节　情感传播策略　/71

第三节　品牌传播策略　/71

　　一、人格魅力　/72

　　二、包装宣传　/72

　　三、品牌营销　/73

第六章　节目主持人的角色认知　/75

第一节　个人角色　/76

第二节　媒介角色　/78

第三节　社会角色　/79

第七章　节目主持人的形象设计　/81

第一节　形象设计的原则　/82
一、以栏目性质定位　/82

二、以个性特征定位　/82

三、以外形条件定位　/83

第二节　化妆技法　/83
一、基础化妆技法　/83

二、重点化妆技法　/84

第三节　发型设计　/87
一、依据脸形　/87

二、依据体形　/88

三、符合节目定位　/88

第四节　服饰搭配　/88
一、端庄大方　/89

二、符合节目要求　/89

三、贴近时代　/90

四、兼顾环境　/90

五、注重色彩　/91

六、巧配饰物　/91

第八章　电视新闻评论节目主持艺术　/93

第一节　电视新闻评论节目的产生与界定　/93
一、电视新闻评论节目的产生　/93

二、电视新闻评论节目产生的原因及背景　/94

　　三、电视新闻评论节目的界定　/95

第二节　电视新闻评论节目的特点与分类　/96

　　一、电视新闻评论节目的特点　/96

　　二、电视新闻评论节目的分类　/97

第三节　电视新闻评论节目主持方法与技巧　/99

　　一、建构多学科知识储备　/99

　　二、养成良好的工作习惯　/100

　　三、掌握巧妙的提问策略　/101

　　四、灵活控制节目的进程　/102

　　五、善于作出精当的点评　/103

　　六、强化多屏互动的思维　/108

第四节　电视新闻评论节目主持人能力生成　/110

　　一、四个基点　/110

　　二、三个维度　/114

　　三、两个层面　/115

第九章　电视社教服务节目主持艺术　/118

第一节　电视社教服务节目概况　/119

　　一、社教服务节目的界定　/119

　　二、社教服务节目的分类　/119

第二节　电视社教服务节目的特点与趋势　/122

　　一、电视社教服务节目的特点　/122

二、电视社教服务节目的发展趋势 /123

第三节 电视社教服务节目主持技巧 /125

  一、社教服务节目常用的主持方式 /126

  二、社教服务节目主持人的主持技巧 /129

第十章 电视综艺娱乐节目主持艺术 /139

第一节 电视综艺娱乐节目概况 /139

  一、电视综艺娱乐节目的定义 /139

  二、电视综艺娱乐节目的特点 /141

第二节 电视综艺娱乐节目的类型 /143

  一、综艺晚会 /143

  二、游戏益智类 /143

  三、调侃聊天类 /144

  四、选秀类 /144

第三节 电视综艺娱乐节目主持技巧 /144

  一、语言流畅、娓娓道来 /144

  二、驾驭节目、把握进程 /146

  三、制造气氛、活跃情绪 /149

  四、快乐自我、娱乐大家 /151

第十一章 电视谈话节目主持艺术 /154

第一节 电视谈话节目概况 /154

  一、电视谈话节目的概念 /155

二、电视谈话节目的发展 /155

三、电视谈话节目的分类 /157

第二节 电视谈话节目的主持要领 /158

一、定位准确 /158

二、善于倾听 /158

三、驾驭节目 /159

四、灵活应变 /159

五、敢于创新 /159

第三节 电视谈话节目主持技巧 /160

一、暖场 /160

二、开场 /161

三、话题展开 /165

四、收尾 /171

第四节 电视谈话节目的发展与对策 /173

一、电视谈话节目的发展现状 /173

二、电视谈话节目的发展策略 /175

第十二章 电视购物节目及网络直播带货主持艺术 /178

第一节 电视购物主持 /178

一、电视购物节目概况 /178

二、电视购物节目特点 /179

三、电视购物节目主持要求 /181

四、电视购物节目主持技巧 /183

第二节　网络直播带货主持　/187

一、网络直播带货概况　/187

二、网络直播带货特点　/187

三、网络直播带货主播的要求　/189

第十三章　主持人节目的策划创新　/192

第一节　定位精准　/192

一、节目宗旨的定位　/192

二、受众的定位　/193

三、内容的定位　/195

四、主持人的定位　/195

第二节　思维创新　/196

一、整体思维　/196

二、换元思维　/197

三、发散思维　/197

四、求异思维　/197

五、求变思维　/198

第三节　内容创新　/199

一、精心选题　/200

二、精心采访　/200

三、精选嘉宾　/201

四、精妙编排　/202

第四节 形式创新 /204

　　一、节目形式的引进创新 /205

　　二、节目形式的自主创新 /206

附录一：广播电视编辑记者、播音员主持人资格管理暂行规定 /212

附录二：广播电视编辑记者、播音员主持人资格考试办法（试行） /217

附录三：中国广播电视播音员主持人职业道德准则 /221

附录四：中国广播电视播音员主持人自律公约 /225

参考书目 /228

第二版修订后记 /230

序 一

2014年7月24日,哈尔滨,夏青文化艺术馆开馆典礼。

墙上贴着照片,玻璃柜里摆放着一件件实物,展厅里飘荡着夏青先生独有的高亢雄浑、跌宕起伏的声音。

我们在这里驻足缅怀、纪念这位人民的播音艺术家。

铁城老师说,夏青老师生活简朴,但嗜书如命,总是一边吃着烧饼一边看着书。在他的一生中,他的手几乎就真的没有离开过书。每做一个节目,即使是十分钟的节目,他都一丝不苟、精益求精。什么叫"精品"?精品就是精心投入制作出来的作品。现在精品少,就是因为现在的创作者缺乏像夏青老师这样的创作态度。

敬一丹说,这里是向传统致敬的地方,也是向未来发问的地方!

明天是今天的未来,今天是昨天的未来。所以,立足当下的发问,也许更具现实意义——

身为节目主持人抑或即将步入这个行业的年轻人,在互联网时代,如何承前启后,你的思维代谢进行了几次?在"人人都是记者"的现实面前,如何精益求精,你对专业主义的要求做到了几分?

互联网的发展不过几十年的时间,如今已然由传统互联网挺进移动互联网时代。有人说,这是一个由工具层面向社会层面的转变,它不仅仅是对工具、渠道的颠覆,更是对使用者——人的思维的颠覆!

文化学者吴晓波近日在他的自媒体上提到另外两个做自媒体比他还早

的人,一个是罗永浩,一个是罗振宇。这两个人同时在互联网上卖东西,罗永浩卖的是手机,罗振宇卖的是月饼。两个人思路不一样,做法也就迥然不同。卖手机的罗永浩鄙视所有的品牌手机,打出的口号是"彪悍的手机不需要解释只需要情怀"。结果,热热闹闹的开场之后,他的第一批手机质量上就出了问题,预订的手机无法按时生产出来,他不得不写了两篇很长的文章向粉丝们道歉。罗振宇则推出了一款罗辑思维月饼,"想送月饼的可以在网上吼一声,想要月饼的可以向人伸手讨,这样,两得其所"。据说,离中秋节还有一个多月,连罗辑思维月饼长什么模样都还不清楚,顾客的订单已经一堆。吴晓波说,这两人都说自己在用互联网思维卖东西,但是在我看来,差别好像蛮大的。所谓的互联网思维,不是发起者自己表现得多么有情怀,而是让用户觉得自己很有情怀。

　　尽管对于互联网思维,众说纷纭,莫衷一是,尚无一公认的清晰定义,但大家都在使用、分享、推崇。因为我们都身处一个急剧变革的时代:昨天还称"上网",今天改为"在线";曾经的电视明星类访谈节目堪称提升收视率的一大利器,如今,这种类型的栏目全媒体传播指数平均都在 0.4 以下,统统让位于高成本大制作的真人秀节目。对于从事有声语言传播的节目主持人而言,面临的变化更是直接的、显见的,有时候可以并且应该预设,而更多时候往往猝不及防。比如,高清晰大屏幕技术带来的变化,化妆造型是显见的,内在思想感情与外在体态语的"链接"更为纤毫毕现,你是否"走心""过脑",你是否有内涵、有底气,终端的受众比起以往更加一览无遗;比如,三维虚拟技术的运用,现实场景和虚拟场景的结合可以提前做到完美无缺,主持人与虚拟场景的互动则需要表演元素的加入,这首先需要观念层面的引导;再比如,全媒体演播室里,站播时的姿态、手势、表情(可统称为非语言符号)以及演播室里的空间调度是直观的,但穿梭于微博、微信、网络视频、平面媒体电子终端等各种信息源之间的掌控能力,并将它们快速整合处理,去伪存真、去芜存菁的传播能力等,往往都是无形又有形的,一如正在进行的云南鲁甸地震救援应急报道。看看荧屏上的电视新闻节目,便会明白不是每一位坐在镜头前的主持人都能够满足人们对新闻的需求。

　　而这一切,都与思维的代谢有关!只有思想迎接挑战,逐浪而行,才可能带来自身的蜕变,成为时代的弄潮儿。好在思维的代谢没有早晚,只有与否。

新媒体的出现,社交网络的繁荣,开启了"人人都是记者""人人都可以做主持人"的局面。当非职业人进入职业者的领域时,拿着记者证、播音员主持人职业上岗证的主持人们,该亮出什么样的真本事才能站稳脚跟,在话筒前、镜头前工作?切莫以为身处信息时代,浸淫其中耳濡目染就自然拥有这个时代的特质;切莫以为头顶主持人的光环,就真的可以握有特权"走进"千家万户。我想,最为重要的,应该也是最为基本的,还是必须追寻"人—文化人—媒介人—主持人"的路径,做好节目主持人专业分内的事。

有学者认为,新媒体时代,媒介人的专业门槛非但没有降低或是消失,而是更高了。因为网络上出现的越来越多的信息,需要更专业的解读和更权威的引领。新传播技术给予传统的新闻工作者以更广阔的舞台,主持人的空间不是变小了,而是变得更复杂、更具挑战性了。"因为更专业的报道、更专业主义的表现,在新媒体环境下,仍然是人类对新闻传播活动的不变期望。"

所以,我们应该在齐越、夏青等大师们记录时代的"祖国的声音"里叩问历史进程的律动,更应该在他们的经典有声语言作品中去体味专业、敬业的精髓。这是对于专业"根"的追溯,是对于播音主持前辈的致敬,更是一种文化的传承。在媒介融合的时代,我们比任何时候都需要主持人文化影响力的最大化彰显。

所以,我们没有理由不认真梳理节目主持人发展的历史脉络和发展趋势,没有理由不清楚作为主持人的素质构成和角色认知,更没有理由不熟练掌握主持人的专业技巧以及各类节目的主持特点。"操千曲而后晓声,观千剑而后识器。"这是对于专业枝叶繁茂的构建,是主持人必备的基本功。在媒介融合的时代,我们需要经由主持人发出的"中国好声音"。

感谢《节目主持艺术基础》的出版!

看着一个个撰写人的名字,有认识的,也有未曾谋面的,但我知道,每一个名字的背后,都是一张年轻的脸孔,都有一颗执着于播音主持事业的热切的心。捧着这近三十万字的厚厚的书稿,翻阅着每一个章节,我很感慨:因为年轻,内容上挂一漏万,在所难免;因为人多,形式上参差不齐,乃至于某些观点上的青涩、稚嫩，亦属正常。重要的是，他们在用心思考、细心总结，他们在中国播音学的理论基地上，坚守着、耕耘着，拿出了这份值得骄傲的成果。我想，中国播音学理论的奠基者、著名的播音主持艺术教育家——我们敬爱的张颂先生，一定会在云的那端露出欣慰的笑容。

我与曾致认识多年。这些年，他致力于播音主持业界的实践和学界的探索，成绩斐然，实为不易。很荣幸得其邀请为这本书作序。

正是暑假的日子，校园里学生少了，路灯稀了。二小搬走了，围墙正在拆除。广院的格局又将有新的规划。

手头正读着一本名为《投资革命》的书，里面提到一部电影《预见未来》，就用这电影里克里斯·约翰逊的一句台词作为这篇够不上是"序"只能算作随笔的结尾吧——

Here's the thing about the future.

Every time you look at it, it changes because you looked at it. And that changes everything else.

这就是未来，每一次当你望向未来时，未来都因此而改变。

2014 年 8 月 5 日

序 二

很开心能够借好友曾致教授主编的《节目主持艺术基础》这块"宝地",谈谈我对"节目主持人"的些许感悟,说说自己想说的话。

在节目主持艺术实践中,我越来越深刻地认识到,"主""持""人"三个字丰富的内涵,它涉及三个不同层面的概念。"主"可以看作主持人的头脑,"持"可以视为主持人的技巧,"人"则可以理解为主持人的情怀。我们在主持节目的时候,要忘掉自己的"头脑",要去掉自己的"技巧",要抒发自身的情怀。"主""持""人"三个字孰轻孰重?我想,每一个主持人都会有所选择。是选择做一个"主"和"持"强一点,而"人"弱一点的主持人?还是选择做一个放大"人"的主持人?每个人心中都有一杆秤。

"人"字在汉字中非常简单,既没有偏旁,也没有繁体,仅仅由两笔构成。而在我们节目中,主持人要时时刻刻记住"人"却似乎不那么容易,要做到说人话、做人事、与嘉宾和观众心贴心,则需要长时间的磨砺。

"主""持""人"是主持人的三重境界。只会"持",即只会使用技巧的主持人,往往依靠的是丰富的主持经验、临场应变的技巧,他们或许非常聪明、八面玲珑、迎合观众,但不会"主",即缺乏思想内涵,这样的主持人永远只是一个传声筒,只是节目传播中的一个输出环节而已。懂得"持"又能"主",即有头脑,能够用自己的思想来主导节目,善于探索事件真相或者挖掘人物内心。但如果不懂得"人",那只能算作一个没有人情味儿、缺乏对人的至高关怀的主持人;而达到了"人"的境界的主持人,则会在懂技巧、有头脑的基础上,充满对社会、对人类的大爱,时时刻刻真诚地面对观众。这种懂得"人"的主持人,能够在平凡琐碎的生活中找到感人的细节,能够在大时代的语境中捕捉到有意义、有价值的东西。只有放大"人"的主持人,才有笔直的脊梁、闪亮的人格、崇高的境界。

读过《节目主持艺术基础》这本书,感触良多。它集业界和学界精英的智慧,从基础层面论述了节目主持艺术的基本规律和基本技巧,具有很高的应用价值,足见曾致教授花费了很多心血。我常常思考,要真正成为一名合格的、优秀的主持人,仅仅流于"持"的状态,停留在"持"的阶段,是远远不够的。稍微成熟一点的主持人都明白,单凭"如何串联节目、如何救场、如何调节气氛、如何掌控现场"等技巧来主持是不够的。这只能满足于熟练地完成节目进程,还算不上是有境界的主持人。大道至简,高境界的主持人或许并不需要太多旁枝末节的技能,观众也察觉不到他们在"使用"技巧。主持人最重要的是要懂得人性的终极关怀,也就是我们常说的人文关怀。在新闻节目中,白岩松、敬一丹是我们的榜样,在综艺节目中,董卿也是我们的榜样。他们的主持,很少有华丽的辞藻和刻意的逗乐技巧,就像古诗中的"白描"手法一样,他们用最平实的语言,直指事物本质,直指人物内心,发出的是一种温暖而美好的声音。

也许,每个主持人回顾自己过往的节目,都会留有遗憾,我也不例外。我以前主持节目的时候,很喜欢在台上不停地说。一上场,嘴一张,就开始滔滔不绝地说话,也不知道自己究竟在说些什么,说的东西哪些是对观众有用的信息。时间长了,感觉自己像是被掏空了一样,说来说去就剩下一些套话和水词儿了。为什么会这样?心里没有底,就会不停地说;控制不了局面,就会不停地说;害怕冷场,就会不停地说。哪些话能说?哪些话不能说?哪些话可以多说?哪些话尽量少说?并没有用心思考和仔细推敲。古希腊有一句谚语说得好:"聪明的人,借助经验说话;而更聪明的人,根据经验不说话。"我觉得可以理解为"雄辩是银,倾听是金"。美国教育家、演讲家戴尔·卡耐基也曾说过:"做一个听众往往比做一个演讲者更重要。"我认为,善于倾听是一种美德,善听者为圣。圣人的"圣"字,繁体字为"聖",许慎《说文解字》解释为"通也,从耳"。在那幅家喻户晓的宣传"希望工程"的图片里,"大眼睛"的小姑娘什么话也没有说,也没有做什么动作,单凭一个眼神就打动了无数人。因为,她的眼神里流露出了她的情怀——她想读书,她渴望、期盼知识。我特别喜欢顾城的一首诗:

> 草在结它的种子
> 风在摇它的叶子
> 我们站着,不说话
> 就十分美好
> 有门,不用开开
> 是我们的,就十分美好

是啊,什么都不说就十分美好了,那为什么还要说呢?有的时候,主持人在台上应该少说话,如果一定要说,就要说得得体、说得优美。我们很多同行能说会道、能言善辩。但是,我们必须扪心自问:是否真正做到了"口吐莲花"?仅仅只做到了"有话可说"是不够的,必须"把话说好"。

倾听与言说,是我们日常口语交际的两种基本行为。善于倾听的主持人,往往具有较强的对象感。节目的创意是什么、传播目的是什么?谁在关注我们的节目?主持人应该做到心中有数、心中有人。只有注意力集中,专注地倾听,才能使我们思维更敏捷、逻辑更缜密,在直播瞬间才能捕捉到更多的有效信息,使节目精彩地延续下去。一台晚会、一档节目真正打动人的,不只是耀眼的灯光、炫目的布景,而是节目的节奏、气氛、主题,嘉宾质朴的感受、主持人恰切的话语烘托。比如"抗震救灾"晚会,因为是在特殊时期,所以舞台、灯光、布景一切从简,连主持人的服装都是最简约的T恤而已。但是,晚会中一个个真实的故事、一段段动人的讲述,让所有的观众潸然泪下、心动不已。因为它真诚、真实、真切,所以具有强烈的感染力。

一次,我在节目现场问观众,春天最美的是什么?有的回答说是春天的花,也有的回答说是春天的树,还有的回答说是春天的山和水。后来有个观众反问我这个问题,我说,春天最美的东西是看不到的,是春风。如果春天里没有春风,那么,柳絮也不飘了,窗帷也不扬了,被吹皱了的一池春水也不存在了,花香也闻不到了,云也不灵动了。其实,我们主持人就应该是春风,嘉宾才是花、是柳絮、是春水、是美丽的云彩。我觉得,主持人要像春风一样,让嘉宾和观众动起来。如果主持人把自己当成花朵、当作主角,用自己手中话筒的便利,强行介入,甚至说一些言不由衷的话、失之偏颇的话、不痛不痒的话,就会使本来如春天一般美好和谐的谈话场,变成主持人自我的"秀"场,这是很不协调的,即便"精心装扮""盛装出席",那也不见得就会美!

做主持人的最高境界是做个有情怀的人。主持人的技巧可以通过学习、培训获得,而情怀需要漫长的打磨。主持人本身有可能不会发光,所以,我们需要打磨自己原本比较粗糙的、不太敏锐的那颗心,让它变得更加柔软、细嫩、光滑,这样才能够折射出嘉宾身上的光。就如同月亮在白天吸收了太阳的光线,在夜里为我们带来柔和美妙的月光。

在很多节目中,嘉宾比我们主持人有知识、有文化、有素养。在他们面前,我们靠小聪明没有用,所谓的主持技巧、主持方法可能也没有用,我们只有敞开胸襟与嘉宾真诚地交流、请教和沟通。也许有的嘉宾没那么聪明、没那么有方法,世界观、人生观、价值观也各不相同,但是,情怀是放之四海都能够引起心灵碰撞的。无论是"大眼睛"照片也好,赈灾晚会也好,打动大家的是情怀,不是技巧!可问题是,情怀在哪个层面?它的丰富感、血肉感,它的文化自觉在哪里?这就需要我们不断学习,在学习中让自己更有情怀。

中国传媒大学播音主持艺术学院的几位硕士研究生曾在采访中问我:"什么才是真正意义上的综艺"?我的回答是:既要综"小六艺",更要综"大六艺"。"小六艺"是指礼、乐、射、御、书、数,"大六艺"是儒家的"六经",即《易》《书》《诗》《礼》《乐》《春秋》。运用到娱乐节目主持中,主持人不仅要掌握主持的"小六艺",即掌握跳舞、唱歌、说个相声、演个小品、变个魔术等技能,更要胸怀主持的"大六艺",即主持人说的话,像《诗》一样优美、简洁,像《书》一样广博、精深,像《礼》一样的有节制、有风度,像《乐》一样有律动,像《易》一样有变化,像《春秋》一样大义分明。只有掌握了主持"大六艺"的主持人,才是有境界、有大情怀的主持人。

主持人综"小六艺"的不少,综"大六艺"的不多。我想,仅会"小六艺"、仅有小情怀是不够的。就如同写诗、作画都是文人的"技之末梢"一样,一个只会寄情于闲情雅趣的文人,只有龟缩在自己营造的理想世界的小情怀中。主持人也一样,一个只会说、学、逗、唱的主持人,充其量只是陷在了自我卖弄的小情怀中。尤其是在当今浮躁的社会背景下,我们身边的个别主持人也不能免俗,总希望以个人的"小情怀"谋得世俗名利,忘记了用自己所在的媒介平台以及拥有的话语权,唤醒那些"沉睡的人"。我很赞赏张载先生所说的:"读书人第一是为天地立心,第二是为苍生立命,第三是为往圣继绝学,第四是为万世开太平。"主持人学习"大六艺"、拥有大情怀,就是要逆流而上、追本溯源地汲取和领悟中华传统文化中的营养,引导观众分辨糟粕与精华,不遗余力地弘扬人性与生命中永恒的美好。"大六艺"与"小六艺"之间的关系,如同"本与末"的关系,主持人懂得了"大六艺"、拥有了大情怀,就会明白什么时候说什么话、什么时候表演什么、什么时候应该沉默,就不会不分语境地用一些小技巧哗众取宠。

主持人的语言一定要是美的,语言背后的精神是极其丰富的,它的文化自觉是闪耀着光芒的。我曾在湖南省播音主持研究会的年会上提出过"主持人要有'艺术家'的自觉"的观点。我们说出的每一个字,就应该像音乐家的每一个音符,我们说出的每一句话,就应该像画家的每一笔色彩,必须用心,必须动情。艺术家的目的是规劝人类向善、知美、求真,主持人不也是应该这样吗?我们不要让别人误以为我们只是嘴皮子快、只是辞藻堆砌的"肉喇叭"。成为一个好的主持人,离不开正确的自我认知。如果我们有了"我是艺术家,我的节目是规劝人类"的自觉,那我们的起点就会更高,对自己的要求就会更严,节目质量就会更好。艺术家最后是要跟人类"决裂"的,如果他总是和人类裹在一起,那怎么规劝人类呢?他所谓和人类"决裂",是因为他身上粘上了羽毛,飞到了更高远的地方,能看到很多人看不到的路径,就像穿越迷宫必须要飞到高处一样。当然,我们不能对观众说:"我要和你决裂。"但在我们内心,我们应尽可能做到"略高一筹",因为,我不是迎合你的人,我是要引导你的人,我是要告诉你,声音有多美;我还要告诉你,语言文字的组合拼接原来可以这么具象铺排,可以如此美不胜收;我更要告诉你,什么是真善美,什么是假恶丑!

记得2009年3月,德高望重的张颂先生作为嘉宾,参加了湖南卫视《天天向上》节目的录制,那一期的主题是"好玩儿的普通话",节目收视率非常高,社会反响也很好。后来,张老师写了一篇题为《寓教于乐 天天向上》的文章托曾致转交给我,我一直留存在心。张老师在文中写道:"当一个栏目到达一定高度的时候,就需要冷静地思考:今后向何处去?怎样更上一层楼?我认为,还是坚持礼仪文化内涵,张扬人文教化立意,把寓教于乐的引导和轻松欢快的互动结合得更完美,拓宽视野,凸显特色,变化形式,剔除杂乱和拖沓,减少重叠和歧义,特别是尽量做到不走板、不失真。语言的使用,可以多样化,轻松与厚重并存,情趣与理趣共生,让每位主持人都逐渐形成自己的特色。"

张颂先生虽然过早地离开了我们,但他的教诲依然留在我们的脑海。我们今天要做的,就是以高度的文化自觉、创新和包容,迎接未来的每一天。

2015 年 2 月 10 日于六悦斋

前　言

曾经,我们结绳以记,凿壁为言;曾经,我们裂帛以撰,串竹为书。今天,我们已经融身于瞬息万变的声屏世界;今天,我们已经迈入了日新月异的信息时代。可以说,广播电视是当今世界传播速度快、覆盖面广、影响力大、感染力强的大众传媒,它在向受众发布信息、普及知识、交流情感、引导舆论、愉悦心灵等方面起到了不可或缺的巨大作用。广播电视的特点决定了它的受众面广,没有时间、空间的限制,更不受大众文化程度的局限,可以直接地、随时随地地影响我们的生活,潜移默化、不露痕迹地改变我们的知识结构、生活观念、审美倾向。在现代社会,广播电视作为社会的神经中枢和社会力量的源泉,它不仅报道社会、解释社会、分析社会,并且影响社会、引导社会。

对广大受众来说,广播电视节目是"随风潜入夜"式的渗透,起着"润物细无声"般的效果。在我国广播电视事业发展进程中,主持人节目出现较晚,但发展迅速,它以亲切、轻松的话语,平等、直接的交流,赢得了广大受众的肯定和喜爱。面对丰富多彩的世界和千千万万的受众,广播电视的涉及面之广和影响力之大让人始料未及,它可以让一个默默无闻的人一夜之间成为万人瞩目的明星。但是,广播电视又是一个高度透明的"放大镜",一旦涉足这个领域,尤其是主持人有了一定的知名度以后,任何不足与缺点,哪怕是细小的失误,也会被定格、放大,尴尬的瞬间被人们反复"品评",承受常人难以理解的压力。

当前,媒介技术迭代升级,传播样态丰富多彩,我国广播电视发展面临着新形势、新要求,也迎来了大变革、大发展的新契机。从传统媒体到新媒体,从新媒体到自媒体,从大屏、小屏到跨屏,再到虚拟现实技术,在融媒体语境下,一系列关于传播生态中以技术革新为主线的描述,促使节目主持传播"4I"时代的到来,即 Internet(互联网)、Innovation(创意创新)、Information(信息共享)、International(跨国—跨文化)。

广大节目主持人在顺应技术语境发展的同时,如何构建良好的传播生态、不断增强基于理性意识的"媒介认知",以更高远的视野提升节目主持业务技能,是我们播音主持学界、业界同人的题中应有之义。媒体日益灵活的机制、日趋激烈的竞争,也让主持人"如履薄冰",因为主持人常常承担着巨大的工作压力和心理压力,稍不留意就会落伍或被淘汰。

广播电视节目中那些属于"快餐文化"的部分也许还有一定的市场,但是广大受众肯定会更加喜欢文化品位较高、思想内涵较深的节目。就综艺、娱乐类节目而言,将会由肤浅的"搞笑""搞闹"逐渐转向充满幽默、洋溢智慧的诙谐,观众参与节目的目的将会从赢得些许奖品逐步转化为比聪明、比才智、比技能。面对这样的节目形态,主持人如何驾驭呢?这些都需要我们的主持形式与节目内容找到最契合、最贴切的结合点。今后的广播电视节目形态变化万千,个人独立主持、两人合作主持、三人联合主持、四人以上群体主持、接力式传递主持、演播室固定主持、现场同步主持、多地点活动主持、演播室与现场交错主持、异地交互主持等形式将会竞相出现。特别是在新的媒体格局下,各种媒体越来越趋于融合。当下,各种新媒体已经成为一个以信息获取和互动交流为特点的循环链,循环链里的各个平台相互影响。传统媒体已经认识到了新媒体的力量,开始将新媒体网络互动技术(如微博、微信、微视、微云等)引入节目制作过程,设立了"微直播""微访谈""云直播"栏目,与受众进行线上互动。这些新的动态和变化,都需要主持人与时俱进,不断学习。

在人类迈向全球化的今天,信息技术的进步、传媒市场的扩张、媒体竞争的加剧,带来了广播电视传播内容、传播手段、传播特点、传播环境的巨大变化,这也必将导致传播工具的更新、传播条件的改善、传播技术的革新、传播媒介的增多、传播理念的创新、传播方式的变革。作为意识形态领域的重要生力军,21世纪的广播电视在发展中步入了崭新的天地,更高层次的广播电视形态将会呈现在我们面前。民族特色与国际潮流的融合、三网融合的多向互补、广大受众的信息渴求与情感诉求、播音主持艺术理论体系的全新建构等,都为播音主持业界和学界提出了新的时代命题,也提供了更为鲜活的典型案例和更开阔的研究背景。节目主持艺术研究,是一个永远鲜活的课题,它处于时刻变化的时间流和空间流中。

有人说:"从来没有一个时代像现在这样热闹喧嚣,也从来没有一个时代像现在这样扑朔迷离。"我想,正是因为这个时代的热闹喧嚣和扑朔迷离,才使得我们乘风破浪、激情满满地迎接未来的每一天。

让我们夯实基础、顺势而为、抓住机遇、迎接挑战,坚持正确的播音主持创作道路,进一步提升舆论引导能力,维护意识形态安全和文化安全,打造立体传播力,即由技术传播力、内容传播力和品牌传播力共同构建的综合传播效力,不断提高广播电视节目的公信力、引导力、影响力和竞争力!

任何学科和专业都时刻处于变化发展的过程中,播音主持艺术这门新兴的学科亦是如此。因此,我们的业务总结、理论研究还需要学界、业界同人进行长时间的实践与积累、观察与思考。

这本书名为《节目主持艺术基础(第二版)》,更多的是在节目主持艺术的基本概念、专业技巧、节目类型、传播规律等方面进行梳理和讲解,从传播学、社会学、语言学、美学等层面进行分析和阐述,深入浅出,举一反三,力求多学科、多维度地追求"通观",以期帮助读者朋友更好地认识节目主持艺术,走进节目主持艺术的神圣殿堂。

张颂教授曾经呼吁:"让有声语言的创作、教学和研究形成鼎足而立的坚固支持,把中国播音学的学科建设引向高远的时空,引向国家强势学科之林,引向世界公认学科之列!"

让我们一起努力吧!

2021 年 2 月 28 日

第一章 节目主持艺术概说

■ **本章要点**

1. 了解节目主持艺术的发展历程
2. 了解节目主持人的特征

在"大众传播人际化,人际传播大众化"的今天,主持人节目已成为当代广播电视传播的基本样态,节目主持艺术也成为中国广播电视学的重要组成部分。

第一节 节目主持艺术的发展历程

作为社会发展、科技进步、信息供求的必然产物,广播电视从它诞生那天开始,就显现出了巨大的威力,使信息传播的广度和深度得到空前的发展,它也迅速成为社会生活中不可或缺的部分。

1906年12月4日,美国科学家费森登利用电磁波,使人类的声音首次实现了无导线的远距离传播,揭开了无线电广播的序幕。之后,从1920年开播于美国的世界上第一座广播电台到1936年建立于英国的世界上第一座电视台,广播电视技术在较短的时间内实现了快速发展。

一、节目主持艺术的诞生

20世纪20年代,随着美国匹兹堡KDKA广播电台的开播,主持人节目和节目主持人应运而生。而作为一种职业,"节目主持人"源于荷兰。1928年,荷兰对外广播的节目主持人艾迪·勒达兹主持了第一档广播主持人节目《快乐的电台》,成功播出了41年。艾迪·勒达兹几乎把自己的一生都奉献给了这个节目,即便在二战期间节目停播的5年中,他也一直为节目的复播做着积累和准备。正因为如此,他被后人公认为"历史最为悠久、最富个人独特风格的国际广播节目主持人"①。紧随其后,20世纪30年代,美国人汉斯·冯·卡尔登邦开始以新闻评论员的身份在美国哥伦比亚广播公司主持节目,成为早期广播新闻节目主持人,并作为美国全国广播公司的首席评论员主持新闻节目20多年。

提到美国哥伦比亚广播公司,就不能不提及其门下当时最负盛名的节目主持人爱德华·默罗,这位因快捷准确报道二战期间欧洲战况而誉满欧美的传奇式英雄人物,在成功推出系列报道《这里是伦敦》之后,于20世纪40年代开始主持广播新闻节目《现在请听》,使当时作为中立国的美国人充分认识到了二战的性质。10年后,即1951年,他顺利完成了广播节目主持人向电视节目主持人的转型,开始主持电视新闻节目《现在请看》。他把长期积累的广播主持方式移植到电视中,以平静、克制、准确而非尖锐的播报及大量现场报道,成为新闻传播发展史上"无与伦比的典范",也成为世界上早期节目主持人的标志性人物。可以说,《现在请看》开创了延续至今的"新闻联播"的播报方式,是真正意义上的第一档电视新闻节目。

1948年诞生于美国的《明星剧场》和《城中大受欢迎的人》,是两档极具代表意义的电视综艺节目,其内容丰富、形式多样,主持人弥尔顿·伯尔乐和埃德·沙利文先后进入人们的视线,与众多的电视节目主持人一起后来居上。此间,法国的一档夜间热线直播节目,也使玛霞·贝朗治的名字走进了千家万户,因为节目的名称就是一句问候语——《Hello 玛霞》。

至此,广播电视主持人逐渐进入公众的视野,主持人节目初具雏形。那一时期,广播的采编播业务并没有特别严格的分工,大都是采编播合一。而电视主持人大多由广播主持人发展而来,他们大都是新闻播报和评论兼具一身,主持形式自由简洁,分析评论清晰快速。

---

① 谷月.国际广播节目形式的演变[J].新闻广播研究,1986(3).

二、西方节目主持艺术的发展

1. 西方节目主持艺术的兴起

最早的广播电视节目诞生于美英,"节目主持人"一词的解读和界定同样也源于英美。在英国,节目主持人是作为节目的"展示者"出现的,在英文单词中,表述为"presenter"。在美国,节目的类型、性质不同,人们对主持人的称谓也不同。

1948年12月,美国哥伦比亚广播公司推出了一档娱乐节目《天才展现》。当时的主持人阿瑟·戈弗雷把家庭会客厅的概念引入演播室的设计,把自己称作家庭的主人"host",招待应邀前来做客的各界嘉宾。他们彼此在节目中像亲友一样谈笑风生,兴之所至还会即兴展示各种技艺和特长。自然而又新颖的节目形式很快赢得了观众们的喜爱,"host"也就成为约定俗成的对综艺、娱乐节目主持人的称呼。

本义为"仲裁人、协调人"的"moderator"是美国主持人的另外一个常用表述,意思是主持人在节目中有调节、仲裁的责任和义务。"moderator"最初用于称呼有输赢之分的竞赛、游戏类节目主持人,后来又用来称呼随之出现的一些需要在是非、正误之间做出相对引导、判断的访谈、辩论类节目主持人。

美国最常见的新闻节目主持人被称为"anchor"。这个单词本义是接力赛中跑最后一棒的运动员。因为电视节目制作的最后一个环节就是播出,主持人对电视节目生产流程而言就是"最后一棒"。英文中"anchor"还指锚或锚的固定装置,我们可以由此推测,最早把主持人称作"anchor"是为了强调其对节目所起的平衡稳定的作用。主持人应该是对采访进行驾驭并实施有效控制的人,他们就像锚的固定装置一样,使节目客观公正、不偏不倚。"anchor"最早是美国哥伦比亚广播公司的编导唐·休伊特对主持人的称谓。

1952年,唐·休伊特负责报道美国总统选举年的两党代表大会。为整合报道力量、扩大报道的影响力、加深受众对电视报道的印象,唐·休伊特提出化零为整,由一个人将多位记者从不同角度进行总统竞选活动的报道组织串联起来,集中播报。他还特别强调,这个人应该像运动员一样具有强有力的速度,能够承上启下,将各方面、各层次信息筛选组合,形成有机整体。为此,他选中了记者从业经验丰富的沃尔特·克朗凯特,沃尔特·克朗凯特也因此成为美国乃至西方节目主持界一位极富魅力、极具威望的超级明星。

沃尔特·克朗凯特原为美联社的一位记者,二战期间投入战地报道。他于1950年进入美国哥伦比亚广播公司,1952年成为《晚间新闻》节目主持人。在长达30多年的主持历程中,他先后报道过总统选举、越南战争、种族冲突、肯尼迪遇刺事件、水门事件等重大新闻,主持过几十次直播,曾连续工作30个小时,是名副其实的西方节目主持人的开拓者和实践者。亨利·基辛格曾说过:"当你想残忍地表达一个观点时,打电话通知的第一批人中,应该有沃尔特·克朗凯特。"

与沃尔特·克朗凯特的独立主持不同,在美国,还有一对被称为"黄金搭档"的主持人,他们就是全国广播公司在《NBC夜间新闻》节目中推出的一对固定搭档——亨特利和布林克利,两人各有所长,配合默契,大受欢迎,成功地开创了搭档型主持人节目的先河。《NBC夜间新闻》节目曾吸引美国51%的受众,连续12年占据美国三大广播公司新闻节目收视率之首。

唐·休伊特提出的"anchor"这一主持人称谓十分恰当,指出了主持人含义的核心所在:节目主持人应该也必须是节目传播过程中最关键的人物。也正是因为节目主持人在节目中起到了至关重要的主导、驾驭、调控的作用,才使得沃尔特·克朗凯特、亨特利、布林克利等明星主持人渐次出现,电视节目主持人的影响力逐渐扩大,节目形式也变得鲜活生动、丰富多彩。

2. 西方节目主持艺术的繁荣

20世纪七八十年代,电视以独有的视听兼备的传播优势,成为受众获取新闻的主要渠道,电视新闻节目主持人的知名度、权威性、社会地位和影响力显著提高,一批家喻户晓的明星主持人和他们的品牌节目脱颖而出。

1968年,美国哥伦比亚广播公司创办了一档杂志型的电视新闻节目《60分钟》,每周日7:00到8:00播出,观众一度高达4,000万人,该节目长时间占据美国收视率榜首。谈及《60分钟》的成功,节目总编辑唐·休伊特认为高素质的群体主持人功不可没。

《60分钟》由闻名美国的六位电视明星记者联袂主持,他们分别是以高超的、锲而不舍的采访作风著称的麦克·华莱士和哈里·里森纳,以思想深刻、言辞风趣、交锋激烈而闻名的埃德·布雷德和莫利·赛弗,因独有的观察力和分析力而被观众热捧的作家主持人安迪·鲁尼,还有以女性特有的热情奔放、情理交融而征服观众的戴安·索耶。其中最为我们所熟悉的当属1986年9月到中南海采访过邓小平的麦克·华莱士。出身于新闻世家的麦克·华莱士主持节目20多年,先后获得美国"电视名人奖"和"杰出记者奖"等荣誉称号,他的"伏击式"采访广为新闻界所称道,他的采访作风也影响了一代新闻记者。

因率先报道肯尼迪总统遇刺事件而被称为驻白宫特派记者的丹·拉瑟成为20世纪80年代美国新闻节目主持人的代表人物,也是当今美国公认的口才最好、风度最佳的主持人。1972年,丹·拉瑟作为美国哥伦比亚广播公司记者跟随尼克松总统出访中国,成为第一批到中国访问的美国记者之一。1981年,他接替沃尔特·克朗凯特主持《晚间新闻》后,更是势不可挡,他浑厚的嗓音、敏锐的反应和洞察力以及尖锐的语言风格,尤其在政治事件报道方面的驾轻就熟,使他成为电视新闻行业的顶级人物。2005年,他离开《晚间新闻》,到《60分钟》当全职记者。2006年6月底,他离开工作了44年的美国哥伦比亚广播公司,这成为轰动一时的新闻。2006年年底,他签约媒体巨头马克·古本,负责制作新闻节目,在马克·古本的高清晰电视网播出。但无论在哪里,他"哪里有危险、哪里就有大新闻"的座右铭和"后院篱笆"的原则一直影响着诸多同行,而他稳健沉着的报道风格和随机应变的即兴报道能力,至今也少有人能超越。

与丹·拉瑟一起并称为美国三大王牌主播的另外两位分别是全国广播公司(NBC)《今日》的主持人汤姆·布罗考和美国广播公司《晚间新闻》《今晚世界新闻》的主持人彼得·詹宁斯。汤姆·布罗考的主持以干净利落、视角独特、剖析深刻、语言自然而见长,他不仅是新闻节目主持人,也是全国广播公司的首席记者、节目编辑部主任。彼得·詹宁斯到世界上很多国家和地区做过采访,长期从事国外事务报道。广阔的视野和认真的态度让他在熟悉新闻稿件编排的基础上,着手新闻报道风格的创新,很快形成了自己独有的报道特色。他与汤姆·布罗考、丹·拉瑟形成美国主持鼎盛时期三足鼎立的局面。

西方节目主持人的又一位杰出代表是"访谈皇后"奥普拉·温弗瑞。尽管她的《奥普拉脱口秀》在播出了25年后于2011年停播,但这丝毫不影响她作为当今世界上最具影响力的妇女之一在节目主持艺术和新闻传播史上所取得的成就:主持的电视谈话节目《奥普拉脱口秀》,平均每周吸引3,000多万名观众,并在海外100多个国家和地区播出,成为历史上收视率最高的脱口秀节目;创办了以自己名字命名的杂志《噢,奥普拉》。很多与奥普拉共事过的同事都认为:"她身上肩负的并不仅仅是一档节目或一本杂志,而是一项使命——通过电视让世界变得更美好。"

三、中国节目主持艺术的发展

从1923年成立于上海的中国大陆第一家广播电台到1940年开播于陕北的延安新华广播电台,从1958年成立的我国第一家电视台(北京电视台)再到1978年改称的中央电视台,我国的广播电视事业在较短的时间里取得了跨越式的发展。特别是改革开放后这40多年间,一个规模宏大、构架完整、内宣外宣并重、中央地方结合、城市农村同步的,通过有线、无线、卫星等多种形式、多级层次传播的广播电视传输覆盖网已经在全国范围内基本建成。

当广播刚刚出现的时候,用声音在广播中传递信息的人被称为广播员。事实上,那个时候的广播员除了报告新闻之外,还负责放唱片、讲故事、猜谜语甚至唱歌和表演,可谓一专多能、身兼数职。随着广播电视事业的发展,人们对广播员的要求越来越高,于是更加精细的分工开始出现,一个在博采众长的基础上更精于口头语言表达艺术的专业逐渐形成,人们习惯地称之为播音主持。

从严格意义上说,我国的节目主持人是直到20世纪80年代才出现的。此后的40多年间,我国广播电视节目主持艺术的发展大致经历了四个阶段。

1. 中国节目主持艺术的诞生

目前学界公认的中国第一位节目主持人是徐曼。1981年元旦,中央人民广播电台对台湾广播的《空中之友》节目开播,其宗旨是为台湾同胞答疑解惑、排忧解难。徐曼成为第一个以正式的主持人名义出现的节目主持人,《空中之友》成为我国第一个主持人形式的节目。

1980年7月12日,中央电视台播出《观察与思考》节目时,就已经在电视屏幕上打出了"主持人"的字样。但那档节目不是真正意义上的主持人节目,所以"主持人"只是播音员称谓形式的变化。但1980年7月12日仍是业界公认的电视主持人节目的创办日和节目主持人的诞生日。

1981年4月,广东人民广播电台李东、李一萍开始主持《大众信箱》,他们口语化的播讲、一对一的交流很快赢得了听众的喜爱,形成了"北徐南李"的主持局面。

1981年7月28日,中央电视台在赵忠祥主持的《北京中学生智力竞赛》节目的屏幕上,也首次打出了"节目主持人"这一名称。

1983年元旦,中央电视台对老牌节目《为您服务》进行改版,我国第一位电视播音员沈力就此成功转型,成为电视专栏节目主持人,她真诚、平等、充满亲和力的主持风格令人耳目一新。沈力也因此成为我国电视史上第一个主持固定栏目的专职节目主持人。

如果说《为您服务》是电视专栏节目主持艺术的成功,那么1983年和1986年先后播出的大型专题片《话说长江》《话说运河》就是系列专栏节目主持艺术的突破。陈铎和虹云两位主持人或在演播室,或在运河边,置身于画面和内容之中,介绍风光、描述古迹、评述历史、展现巨变,在起到承上启下、衔接过渡作用的同时,改变了电视专题片单一的画外解说的形式,使电视节目的艺术形式和思想内容相融合,拓展了电视专题片主持的新形式。

1985年六一儿童节,改版后的《七巧板》在中央电视台一套播出,"鞠萍姐姐"成为小朋友们的知心朋友。

随后,江苏、浙江、黑龙江、上海、北京等地电视台相继开办主持人节目,主持人引起了社会的广泛关注。1983年3月召开的第十一次全国广播工作会议对主持人这种形式给予了充分的肯定。

2. 中国节目主持艺术的兴起

1986年12月,珠江经济广播竖起改革大旗,首创大板块、大时段直播节目,并率先开辟户外直播的新领域,形成以"主持人中心制"为核心的珠江模式,实现了社会效益和经济效益的双赢,在全国掀起了广播改革的热潮,对全国广播主持人节目的发展产生了具有历史意义的影响。

1987年元旦,中央人民广播电台节目改版,《午间半小时》《今晚八点半》《对农村广播》《青年之友》四档节目同日首播,为广播节目主持艺术的发展提供了新的舞台,造就了雅坤、虹云、傅成励、叶沙等一大批广播节目明星主持人。"节目主持热"持续升温,综合板块、现场直播、热线电话三位一体的广播节目形式渐趋成熟,并成为延续至今的一种节目常态。

1987年6月,上海电视台开播杂志型电视新闻节目《新闻透视》,李培红开始以电视新闻节目主持人的身份亮相荧屏,并直接参与策划选题、采访、拍摄和制作,成为较早一批采编播合一的主持人。

1988年,中央电视台抓住"主持人热"的契机,举办了第一届"如意杯"电视主持人大赛。比赛分专业和业余两个组进行,结合报纸投票和投票等多种形式,以政治素质(大局意识、敬业精神)、职业素质(较强的语言和文字表达能力)、形象气质为选拔标准等,推出了鞠萍、程前、高丽萍、任志宏等节目主持人。

1990年3月、4月,《综艺大观》《正大综艺》两档综艺节目先后在中央电视台开播,主持人倪萍和杨澜迅速火爆荧屏,与赵忠祥一起,成为中央电视台20世纪90年代前期的三大"台柱"。

1991年11月18日,大型电视纪录片《望长城》开播,焦建成客串主持人,其自然、本真的主持风格获得广大观众好评。

1992年,上海东方广播电台开播,引发大规模听众参与的热潮,热线点播、热线谈话、热线专访、热线咨询成为当时的热点话题。

3. 中国节目主持艺术的繁荣

1993年被称为"中国广播与电视主持人年"。1993年5月,中央电视台局部改版,相继推出两档重磅节目,一是《东方时空》,一是《一丹话题》。无论是至今仍然在播的《东方时空》还是仅仅播出了一年的《一丹话题》,都在中国主持人节目的发展史上留下了浓墨重彩的一笔,在社会上产生了巨大的影响。

《东方时空》被誉为"开创了中国电视改革的先河"。它在改变中国大陆观众早间不收看电视节目的习惯的同时,推出了一大批新闻评论类节目主持人,如白岩松、水均益、敬一丹、崔永元、董倩、王志等,形成一个记者型主持人的品牌群体。作为《东方时空》新一代的节目主持人,张泉灵、张羽、柴璐等,也都是电视新闻节目主持人中的佼佼者。《东方时空》和其主持群体成为学术界研究的范本和新闻传播业界效仿的榜样。而《一丹话题》虽然只播出了一年,但它是全国第一个以主持人名字命名的节目,这也是中央电视台的创举。

1994年4月1日,以舆论监督为主要特色的电视新闻评论节目《焦点访谈》在中央电视台播出,节目采用演播室主持和现场采访报道相结合的方式,迅速成为家喻户晓的电视栏目,也是中央电视台收视率最高的节目之一。其主持人大都是《东方时空》的主持人,两档节目遥相呼应,成为早晚两个时段的收视热点。

1996年4月28日,《实话实说》栏目特色和崔永元的幽默谈吐、灵活应变有机融合,极大地丰富和完善了节目主持人的主持方式、谈话技巧、形象塑造。

1996年5月17日,中国第一个"调查性纪录栏目"《新闻调查》亮相中央电视台,与《东方时空》《焦点访谈》一起成为电视新闻报道改革三部曲。董倩、王志、敬一丹等主持人的加盟,提升了记者型主持人的整体形象,也预示着电视节目对主持人提出了更高层次的要求。以中央电视台主持人为主体、以各地方台主持人为依托的节目主持群体逐渐走向成熟。

4. 中国节目主持艺术的成熟

随着卫视频道的纷纷开播和新媒体的迅速发展,广播电视节目主持人以井喷的态势出现在中央及地方媒体上。

1997年7月1日,湖南电视台推出了娱乐类栏目《快乐大本营》,在很长时间里蝉联同时段全国收视率第一。其后,李湘、李兵、海波、何炅、谢娜、李维嘉先后进入或离开《快乐大本营》,节目主持人数易其人,但节目始终领跑全国电视综艺娱乐节目。2006年3月,杜海涛和吴昕入主《快乐大本营》,与何炅、谢娜、李维嘉一起组成"快乐家族",开创了全国电视节目相对固定的群体主持的先河。

随后,湖南卫视《天天向上》《挑战麦克风》《智勇大冲关》以及安徽卫视《剧风行动》、陕西卫视《都市女孩》等节目先后采用群体主持,"主持群"模式初步形成。

1998年7月16日,湖南卫视《玫瑰之约》开播,首开大陆电视媒体婚恋节目之先河,冯祺、金晓琳、郑慧琳、汪涵、仇晓、杨乐乐等主持人嬉笑侃谈,在电视上掀起一股"玫瑰狂潮"。

1998年,两会报道中凤凰卫视节目主持人吴小莉异军突起,为开播不久的凤凰卫视赢得口碑和声誉。《凤凰早班车》陈鲁豫"说新闻"创新了新闻播报模式,开启了一段时期内"说新闻"的热潮。凤凰卫视脱口秀节目《锵锵三人行》及主持人窦文涛,同样引发了其他节目的仿效。

1999年12月16日,中央电视台《幸运52》开播,它将知识普及和娱乐游戏融为一体,成为中央电视台首档益智类互动节目,主持人李咏幽默诙谐、机智敏捷的主持风格引人注目。

2000年7月7日,中央电视台推出新型益智栏目《开心辞典》,锁定以家庭为基础的收视群体,提出"家庭梦想"的概念,主持人王小丫、尼格买提先后成为许多家庭的"梦想天使"。

此后,频道的专业化、栏目的品牌化,使中央电视台和中央人民广播电台出现大批新栏目、新主持人,中央电视台的《艺术人生》《对话》《非常六加一》《星光大道》《同一首歌》《欢乐中国行》《今日说法》《挑战主持人》《第一时间》等,中央人民广播电台的《中国之声》《音乐之声》《经济之声》《都市之声》等频率和《直播中国》《神州夜航》《小喇叭》等栏目,节目性质不一而足,节目形态多种多样,节目内容丰富多彩,陈伟鸿、周涛、董卿、撒贝宁、马东、欧阳夏丹、杨波、向菲……节目主持人更是呈现"百花齐放""百家争鸣"的喜人局面。

在中央级媒体主持人队伍全面、迅速发展壮大的同时,地方媒体也不甘示弱。2002年元旦,江苏城市频道开播新闻资讯直播栏目《南京零距离》,在全国刮起一股"都市新闻旋风",孟非以光头主播的形象颠覆了新闻节目主持人的传统造型。2003年6月,东方卫视《东方夜新闻》开播,首推评论员和主持人的角色分工。在同时段新闻节目中,该节目属于佼佼者。2003年10月23日,《东方夜谭》主持人刘仪伟把栏目定位为"最幽默的夜间休闲节目"。2004年,湖南卫视《超级女声》开播,开平民真人选秀节目之先河。2008年,湖南卫视推出大型礼仪脱口秀节目《天天向上》,汪涵领衔欧弟(欧汉声)、田源、钱枫、俞灏明、矢野浩二、小五(金恩圣)"天天兄弟"团,组成多国籍混搭主持群体。2010年1月15日,江苏卫视制作的一档婚恋交友类真人秀节目《非诚勿扰》的开播,将婚恋交友类节目推上一个新的高度,主持人孟非和点评嘉宾乐嘉、黄菡成为新的组合。

此外,浙江卫视的《中国好声音》中语速快到令人不可思议的华少、江西卫视的《传奇故事》中在大雅的平台上把大俗说得入木三分的金飞、东方卫视《幸福魔方》中从始至终像邻家大姐一样微笑的陈蓉、凤凰卫视《说出你的故事》中面对嘉宾不动声色地刨根问底的鲁豫……无论在数量上还是素质上,中国广播电视节目主持人都有了极大的发展,中国节目主持艺术进入成熟时期。

5. 中国节目主持艺术的多元

2010年3月,CNTV(中国网络电视台)获批我国第一张互联网电视牌照,标志着我国"三网"融合进入实质性阶段。三网融合也使得节目类型越来越多样化,这也给主持人提供了更多的平台和展示机会。

2010年12月10日,中国教育电视台《职来职往》开播,这档节目是全国首档大型职场真人秀。主持人李响以谦和、大气、细腻的主持风格及人格魅力,传递给求职者无限的正能量。

2011年3月21日,江西卫视《金牌调解》开播,该节目集"室内剧""真人秀""泛法制类节目""公开法庭式""娱乐节目"为一体,主持人和人民调解员现场为"当事人"排忧解难。节目由章亭担纲主持,她极具亲和力,在节目中拉近了与当事人和观众的距离。

2012年7月13日,浙江卫视专业音乐评论类节目《中国好声音》开播,节目邀请明星导师言传身教,为中国乐坛的发展输送了一批怀揣梦想、富有才华的音乐人。主持人华少是维系观众、选手、导师三方的唯一纽带,也是在后场与选手及亲友团沟通的桥梁,他以快速的播报方式被誉为"中国好舌头"。

2013年1月18日,《我是歌手》开播,作为一档专业歌手级别的竞赛类音乐节目,它拥有演唱会般的音质和电影般的画质,一经播出收视率就爆棚。该档节目由参赛歌手胡海泉担任主持,他稳健的台风和幽默的话语让很多观众眼前一亮。《我是歌手》也开启了明星做主持人的先河,同年的《天下无双》《名声大震》等节目也邀请著名歌手杨钰莹、田震等担任主持人。

2013年10月11日,亲子户外类真人秀《爸爸去哪儿》开播,围绕这档节目的各方讨论层出不穷,其中由主持人李锐扮演的"村长"角色更是以其互动性与存在感获得萌娃和观众的喜爱。主持人的角色扮演增强了节目的可看性与互动性。

2014年1月3日,大型科学竞技类真人秀《最强大脑》火爆荧屏,主持人蒋昌建大受追捧,他从复旦大学教授的身份转变为"专家型主持人",其思维敏捷、知识渊博,智慧又不失从容,成功地做到了从学者到主持人的身份转变。

2014年10月10日,大型户外竞技类真人秀《奔跑吧兄弟》开播,邓超、李晨等七位固定的明星主持打造了"明星帮"主持团队。他们既是节目的主持,也是节目的嘉宾,各自掌控着不同的环节,他们互利合作,机智幽默,使节目获得了很高的收视率。随后《花样姐姐》《我们来了》也效仿了这种"明星帮"的主持团队模式。

2015年1月28日,大型时尚文化类脱口秀《金星秀》在东方卫视开播,舞蹈家和评委出身的金星跨界担当主持人。她以犀利的语言、一针见血的点评,让该节目的热度持续升温。很多电视台和网络也纷纷开办以主持人个人名字命名的脱口秀节目,其主持人主持风格与众不同、独树一帜,受到了观众的喜爱。

2016年2月12日,中央电视台《中国诗词大会》开播,该节目以全民参与诗歌比拼来弘扬中华古诗词之美。主持人董卿以"腹有诗书气自华"的睿智与才气赢得了观众的喜爱,同时掀起了一股"国学热潮"。

2016年12月31日,《见字如面》在腾讯视频和黑龙江卫视开播,其在台网的热度均很高。该节目以明星读书信的方式打开历史、缅怀先烈。其主持人是曾经获得"金话筒"的黑龙江卫视主持人翟毓红,她以亲切脱俗的主持方式和富有人文关怀的思想与嘉宾们碰撞出智慧的火花,被称为综艺节目主持中的一股"清流"。

2018年1月6日,原创声音魅力竞演类真人秀《声临其境》在湖南卫视开播,该节目邀请著名演员和配音员同台竞技,展现声音的魅力。该节目主持人由有着丰富配音经验的王凯担任,王凯以深厚的配音功底以及风趣幽默、沉稳大气的主持风格为该节目增添了很多魅力。

2018年9月8日,演技竞演类综艺节目《我就是演员》开播,节目以演技为视角,由演员们进行演技对决。大牌演员与新生代演员同台飙戏,重量级导师台下坐镇,看点十足。该节目的主持人也可圈可点,浙江卫视主持人伊一搭档老戏骨张国立,两人以超强的临场反应能力巧妙地化解节目中的各种尴尬,老少搭配呈现出奇妙的和谐感。

2019年《我家那闺女》《我女儿的恋爱》《妻子的浪漫旅行》等几档观察类综艺引发了一波舆论与话题的小高潮。节目把明星或素人的日常生活通过镜头展现给观众,同时增加第二现场,即"观察室"。李维嘉、大张伟等主持人在第二现场对嘉宾进行观察和点评,为观众提供更多视角的解读。

2020年,受新冠肺炎疫情的影响,媒体传播加快线上布局,"云录制"开创了节目录制的新模式。湖南卫视推出《天天云时间》《嘿!你在干嘛呢》,浙江卫视推出《我们宅一起》,中央电视台推出《希望搜索词》。节目中主持人和嘉宾不需要面对面,只需要通过手机或其他设备视频连线,进行隔空录制。这种云录制突破了主持人与嘉宾分散各地的空间局限,生活化、接地气的交流方式拉近了节目与观众的距离。

三网融合后,各大卫视和互联网齐发力,制作的节目类型越来越多样化。我们既看到了节目主持人在各种节目中多种身份的转变,也看到了主持人从电视平台转向网络平台过程中的调整与适应,从而也促使节目主持样态更加多元化。

第二节　节目主持人的特征

一、节目主持人的界定

早在1985年新华出版社出版的《新闻工作手册》中,就有明确的节目主持人的定义:"在广播电视中,出场为听众或观众主持各种节目的人,叫作节目主持人。"《新闻工作手册》相对科学严谨地描述了节目主持人的特性:"主持人不是表演者,也有别于新闻通讯和文章的播报者。主持人是以他自己的身份、个性直接面对听众或观众的人。""主持人在节目中处于主导地位,其主要职责是组织串联一次节目的各个部分,但也直接向受众传播信息或解答问题或介绍知识或提供娱乐,总是以第一人称'我'的口气,与观众或听众交谈。"

主持人不等同于报幕员。相对于报幕员在节目中起着简单的串联或渲染气氛的作用,主持人有着更为重要的作用。

主持人不等同于播音员。播音员和主持人都是运用有声语言和副语言,通过广播、电视等传播媒介进行传播信息的创造性活动的人。但是播音员更强调对书面语言的口语化播报,主持人则更侧重于节目的策划、组织与实施。

主持人不等同于演员。演员在台上表演的完全是另一个角色而非自我。而主持人在节目中的形象和情感都更为真实。

主持人不等同于记者。记者最基本的任务是采集、报道新闻,而主持人的基本任务是主持节目。

由此,我们可以对主持人进行界定:

(1)节目主持人是"以个体行为出现"的。

(2)节目主持人是"代表群体观念"的。

(3)节目主持人是"用有声语言、副语言来把握节目进程"的。

(4)节目主持人是"在广播电视中,直接、平等地进行大众传播活动的人"。

综上,我们可以为"广播电视节目主持人"做如下界定:广播电视节目主持人是在广播电视节目中,以个体行为出现,代表着群体观念,用有声语言和态势语言驾驭节目全过程,进行大众传播活动的中心人物。

二、节目主持人的特征

1999年9月,在中国广播电视学会组织的研讨会上,学者们提出了主持人节目的四点特征。其一,传播者在节目中以主持人身份出现。其二,体现出主持人在节目中的主导作用。其三,语言表达方式以谈话体为主。其四,具有直接的话语交流情态。[①] 这四点比较直观地概括了主持人节目的一般性特征,也成为主持类作品主流奖项评选的标准和要求,其中第二条更是主持人节目的核心特征。

从中,我们可以总结出节目主持人的四点特征:

(1)主持人是以有声语言和副语言驾驭节目进程的,他的主导作用是穿针引

---

① 吴郁.主持人语言表达技巧(修订版)[M].北京:中国广播电视出版社,2011:3.

线、贯穿始终的。

（2）主持人的语言应当是富有感情、富于变化的，而不能是千篇一律、冷漠空洞的。

（3）主持人的交流方式应当是大众传播与人际交流相结合的，既要有人际交流的亲切感，又要有大众传播的严肃性。

（4）主持人是完全融于节目当中，并且通过语言的起、承、转、合，真正主导着整个节目的进程的。

三、自媒体节目主持人

在网络音频、视频蓬勃发展的今天，自媒体节目开始大量出现。自媒体是指私人化、平民化、普泛化、自主化的传播者，以现代化、电子化的手段，向不特定的大多数或者特定的单个人传递规范性及非规范性信息的新媒体的总称。自媒体传播有别于由专业媒体机构主导的信息传播，它是由普通大众主导的信息传播活动，由传统的"点到面"的传播转化为"点到点"的传播。

虽然网络自媒体节目还处在发展的初始阶段，但是已经呈现出了巨大的发展潜力以及规模可观的关注度，如由高晓松主持的自媒体节目《晓说》，在开播一年后，就达到了13,000万人次的观看数量，而其制作成本又相当低廉。

中国网络视听节目服务协会发布的《2020年中国网络视听发展研究报告》数据显示：截至2020年6月，中国网络视听用户规模突破9亿，网民使用率95.8%。其中短视频用户规模8.18亿，网民使用率为87%，短视频成为仅次于即时通信的第二大网络应用，逐渐成为互联网的底层应用；网络直播用户规模达5.62亿；网络音频用户规模为2.75亿；智能电视激活终端破2亿。

截至2020年6月，全国共批准600多家机构开展互联网视听节目服务，19家省级以上广电播出机构开办网络广播电视台，20多家地市级广电播出机构共同建设运营城市联合网络电视台，10家机构建设运营互联网电视集成平台，10家机构提供互联网电视内容服务。

截至2019年年底，我国有近500万个网站，近3,000亿个网页，将近370万款App，年青一代主要通过新兴媒体获取信息。自媒体平台分布较广，如抖音、快手、Bilibili、小红书、公众号、今日头条等。自媒体内容形式也很丰富，例如图文、音频、短视频、H5等。自媒体带货、订阅付费、广告等优势明显，让变现成为常态。

自媒体节目的出现,首先进一步印证了节目主持人的四点特征,尤其是第二点核心特征的适用性。在自媒体节目当中,主持人并没有传统媒体强大的官媒背景与传播平台,受众的关注主要取决于自媒体的独特内容。同时,自媒体通常不具备传统媒体可观的后期制作阵容,所以与传统媒体的"制片人中心制"相比,它形成了真正的"主持人中心制"。除主持工作之外,主持人全程参与节目的策划、制作,而传统媒体主持人节目往往要借助前期编导的案头工作以及后期制作来完成。相对于传统媒体节目主持人,市场的优胜劣汰使自媒体节目主持人有着更为强烈的提升自己的动力,也强化了主持人在节目中的主导作用。

相对于传统媒体节目主持人,自媒体节目主持人具有以下两个核心特征。

1. 主持人驱动节目进程

在一档自媒体节目中,主持人真正成为节目的核心,而非节目制作流程中的最终呈现环节。节目的进程不再由内容驱动,而是由主持人驱动。这样,主持人就成为一档节目品质的决定性因素。这一点在当下较为流行的网络自媒体节目中体现得尤为明显,如《罗辑思维》《晓说》《麻辣书生》等节目都是由其主持人驱动节目进程的,体现了主持人的核心作用。

2. 社区化的交流互动方式

与传统媒体相比,互联网的重要特征之一就是交互性,受众可以随时参与节目、进行评论,同时互联网的大部分内容是分众的、社区化的。自媒体节目的受众有着共同关心的话题、相似的个人背景,他们依赖互联网获取信息、表达言论。受众与受众之间,受众与主持人之间可以通过各种交流渠道分享内容与心得,而来自受众的反馈又将直接成为节目的内容的二次聚合。如此往复,受众之间的联系将会愈发紧密,节目内容来源、节目品质在一定程度上得到保障。因为内容来源不再是少数电视精英根据收视率进行的策划,而是广大受众热情、无私、有品质的分享,这是节目制作的根本性变革。

"而随着新媒体平台的火爆,越来越多的受众打破了地域、时间等限制,习惯于碎片化、移动式阅读,跨屏成为显著特征。因此,长篇大论式的节目内容很难引起受众的兴趣。在这种情况下,对外传播媒体在讲好中国故事时,就应充分考虑移动客户端、社交网站等平台的开发和运用,设计符合新媒体传播规律的节目内容和形式。"①

知名主持人转战自媒体的案例比比皆是,如公众号"敬一丹"的主要内容是二十四节气、精彩文摘、我读我书;公众号"杨澜说"的主要内容是关爱女性、一起公益、澜·思享;公众号"星艺雅集"汇聚呈现了康辉、李修平、朱广权、文静、长啸、彭坤等众多主持人的另一种精彩节目风格。《新闻联播》抖音号的粉丝量高达2,746.9万。这说明,优质的主持人在新媒体领域依然具有较强竞争力。

另外,平民化的自媒体优质内容也在获得用户青睐。如获得400万车友关注的"备胎说车",虽然主讲人不是科班出身,但节目以学术论文佐证汽车知识的介绍方式,给人很强的信服感,音频、视频、文字内容的同步呈现,方便用户接受。另外,"十点读书""黄生看金融"每日更新文章,屡次获得10万+以上阅读量,互动留言也很丰富。这都说明,选择细分领域、用户有需求的内容,是自媒体能够持续稳定运营的基础。

在新媒体蓬勃发展的今天,传统媒体面临挑战,在大众传媒中所扮演的角色也发生了变化。例如,过去广播是受众接收信息的主要渠道,而电视的出现使广播的地位发生动摇,直到今天成为"车载媒体"。互联网的出现,将使电视过去的霸主地位发生动摇。但是,中国经济的发展是不均衡的,广播电视仍然会在一个相当长的时间内继续拥有庞大的受众群体。

当下较为活跃的一批新媒体节目主持人,大多有过传统媒体的从业经历,有着相当的资历、阅历、经验,这对于他们做好新媒体节目起着至关重要的作用。在未来很长的一段时间之内,新媒体节目主持人主要由传统媒体节目主持人转型而来。但是,随着时间发展,我们可以预测,新媒体将成为培育主持人的主要基地。

思考题

1. 如何界定广播电视节目主持人?
2. 自媒体节目主持人的核心特征是什么?

---

① 高楠.跨文化语境下广播节目主持人如何讲好中国故事——以《环球华人》节目为例[J].新闻研究导刊,2020(11):1-3.

第二章　节目主持人的素质构成

■ **本章要点**

1. 了解节目主持人思想素质、知识结构与专业素养的构成
2. 了解节目主持人心理素质、媒介素养与审美品位的构成

第一节　思想素质

无论在新闻类节目、谈话类节目还是文艺类节目中,主持人都是用有声语言驾驭节目进程的语言传播者,其实质仍然是新闻工作者。新闻工作者这一共性要求每一位节目主持人都应具备较高的思想素质,具体表现为过硬的政治素养和高尚的职业道德。

一、政治素养

节目主持人必须自觉加强政治素养,提高政策水平,增强政治敏锐性。马克思主义理论是我党制定路线、方针、政策的理论基础,作为整个传播过程中最重要的一环,节目主持人应自觉加强马克思主义理论的学习,树立辩证唯物主义世界观和科学的方法论。节目主持人应加强了解和学习党的方针政策,在广播电视节目中弘扬主旋律、倡导新风尚,真正做到"以正确的舆论引导人"。主持人节目中经常会出现"我""我认为""我想"等用语,但作为节目主持人的"我",绝不等同于生活

中的"我"。这个"我"代表党和政府,是具有社会属性的"我"。作为主持人的"我",在话筒前绝不能随心所欲、不计后果地发表个人意见,而应该时刻提醒自己要具有政治敏锐性。即使在西方国家,广播电视也是要为一定的阶级和政权服务的。美国哥伦比亚广播公司新闻节目主持人克朗凯特曾说:"我知道自己应该走多远,不能走多远。"这里所谓的"走多远"正是他对自己在镜头前的言行的约束尺度。

二、职业道德

职业道德是指人们在职业生活中应遵循的基本道德,它既是对本职人员在职业活动中行为的要求,又是职业对社会所承担的责任与义务。为加强广播电视队伍建设,倡导良好的职业道德,规范广播电视播音员主持人的职业行为,国家广播电影电视总局于2004年向社会公布了我国首部《中国广播电视播音员主持人职业道德准则》,明确要求播音员主持人作为有广泛社会影响的公众人物,不得将自己的名字、声音、形象用于任何带有商业目的的文章、图片及音像制品中;时刻保持谦虚谨慎,自觉追求德艺双馨;在工作和生活中保持良好的仪表和文明举止,自尊自爱,通过严格约束日常行为,树立良好形象,维护媒体公信力;规范使用语言文字,维护祖国语言文字的纯洁。节目主持人都应认真学习贯彻准则,规范自身言行,自觉接受社会监督,树立高度的职业责任感和高尚的职业道德,以积极向上的健康形象和规范的言行为社会作出表率。

第二节 知识结构

知识结构的健全与知识类型的丰富往往使人能够在专业领域中取得建树,并使其在专业领域达到别人达不到的深度和广度。如果把主持人的素质结构比作一座金字塔,那么"完善的知识结构"就是它的塔基,塔基如果不牢,金字塔就会有坍塌的危险。当今主持舞台上,不少主持人思想苍白、语言贫乏,主持节目捉襟见肘、笑话百出,这与主持人知识结构的单一不无关系。节目主持人应具备"专"与"杂"相结合的知识结构,以播音主持专业知识为基础,广泛涉猎人文、科学、哲学、心理、传播等其他相关专业知识以形成一个知识网,并注意知识广度与深度的统一。

一、扎实的专业素养

主持人语言表达能力的高低、控场能力的强弱、主持风格的鲜明与否等专业素质对整个节目的成功与否起到至关重要的作用。关于播音员主持人的专业素质,将在第三节进行专门论述,此处不赘述。需要注意的是,专业理论是主持人的业务之"本",只有在此基础上进一步拓宽,才能形成一个较为完善的知识体系。"立本"与"拓宽"应该同时完成。当今时代知识更新迅速,不学习就无法适应职业发展和社会发展的要求。连续十几年主持《半边天》节目的主持人张越,不论在默默无闻还是成名时都不曾放弃学习,工作之余,她几乎将全部时间用来博览群书并勤奋笔耕。"文化"成为张越的名片,正是坚持学习所蓄积的深厚的文化底蕴,使她不是用外形而是用知识女性的魅力使观众折服。

二、较高的文艺素养

文学艺术素养对于主持人来说,起着提高审美品位的作用。文学艺术会在潜移默化中陶冶人的情操、净化人的心灵,使人形成高雅的审美情趣和独特的人格魅力。节目主持人应广泛阅读古今中外一切优秀的文学作品,从中汲取语言、文化等各方面营养,并自觉培养音乐、美术、绘画等广泛的兴趣爱好,在长期的积淀中形成较高的文艺素养。著名播音艺术家方明十分热爱书法艺术,他借鉴书法"以力为美"的原则,在播音中形成了磅礴大气、洒脱舒展的风格。戏曲节目主持人白燕升自幼热爱戏曲,多才多艺,能够演唱京剧、河北梆子、越剧、黄梅戏、豫剧等剧种。正是这种深厚的文艺素养使他能够轻松驾驭节目,以儒雅、敦厚、大气的主持风格受到观众的喜爱。

三、广博的社科知识

社会科学主要包括经济、政治、文化、法律、社会、历史等分支学科,优秀的节目主持人知识结构中"杂"的深度与广度,从根本上取决于其社科知识的深浅与广狭。要做好一期节目、主持好一个栏目,重要的是独到的见解、深度的分析、权威的解释,而所有这些都离不开对节目主题相关领域的持续关注与研究。唯有如此,才能在节目中做到厚积薄发、驾轻就熟。白岩松的新闻评论语言犀利、一针见血,于细节中显现深厚的知识积淀,这与其博览群书紧密相关。当前,随着社会分工的不断精细化、专业化,专家型主持人越来越受到社会欢迎,广博的社科知识成为主持人的竞争优势。中央电视台《中华医药》主持人洪涛,正是遍访无数位中医药名家再加上自己潜心学习的经历,使自己逐步成为专家型主持人。

第三节 专业素养

专业素养是指从事社会职业活动所必备的专门知识、技能,主要包括扎实的理论基础、熟练的专业技能、全面的业务能力。张颂教授曾经提出"一专多能",其中的"专"正是对播音员主持人专业素养的根本要求。从工作规律和特点来看,主持人的专业素养主要由以下几个方面组成。

一、语言功力的锤炼

语言功力是指语言的功底和能力,语言功力包括观察力、理解力、思辨力、感受力、表现力、鉴赏力等,其核心为表现力,而表现力的基础在于语言基本功训练。播音员主持人是以语言作为最基本的创作工具进行创作的,良好的声音状态是创作成功的基本保证。只有持之以恒地进行普通话语音与科学发声、语言内外部技巧的强化训练,才能获得稳定、出色的表达效果。近年来,随着主持人队伍的不断壮大,一些主持人在节目现场暴露出的语言问题越来越多,语音不准、用词不当、语法不通、语流不畅、语言赘余等问题屡见不鲜,这些问题正是主持人语言表达能力不强的直接表现。广播电视是现代社会重要的传播媒介,广播电视节目主持人在语言方面对大众起着示范、引导的作用。只有在完善知识结构的基础上,加强语言表达的训练,主持人才能在节目中做到口齿清楚、反应敏捷、应答巧妙、出口成章,并表现出应有的风趣和幽默。

二、生活实践的积累

艺术来源于生活又高于生活,各类广播电视节目反映生活之广之深,是其他一些艺术难以比拟的。节目主持人要想满足受众的多种需求,必须广泛接触社会,了解性格各异的人群。很难想象,一个"两耳不闻窗外事"、与社会生活严重脱节的主持人,能够成功地主持一档广播电视节目。要想使镜头前、话筒前的有声语言创作饱含人生况味、充盈生命活力,节目主持人必须关注生活、融入生活,在生活中认真体验、多方观察和思考,使生活实践与业务实践紧密联系、相互促进、共同提高。

三、主持风格的培养

简单来说,主持风格就是主持人在长期节目创作中培养形成的独特的个性。很多成功的播音员主持人,在播音主持创作中能体现出对稿件、对生活的独特感受,表现出自己的精神风貌和艺术素养,显示出个性。但是,有些播音员主持人要么将作品内容类型化、主持语调固定化,要么刻意模仿国内外著名播音员主持人,要么片面求新求异、哗众取宠,最终使自己的播音主持陷入误区。白岩松的理性沉稳、崔永元的幽默睿智、董卿的亲切热忱、王志的思辨深邃,都是在长期主持艺术实践中形成的独特风格。每一位主持人都应依据稿件和节目特点,结合自身声音、气质条件,将知识积累、生活积累融入个性化的有声语言创作中,从而形成自己的独特风格。

四、相近艺术的借鉴

各门艺术之间有许多相通之处,主持人还要注意借鉴相关艺术。作为语言艺术,播音主持艺术还相对年轻,而电影、戏剧、歌唱、朗诵等艺术已经形成了系统完整的理论和科学有效的训练方法。对这些理论和方法的学习,都有助于播音主持艺术的发展,有助于主持人自身素质的提高。当然,这种学习和借鉴要注意根据播音主持艺术的特点为我所用,而不能照搬照抄。除此以外,还可以借鉴音乐、美术、舞蹈、雕塑等艺术,为播音主持艺术的发展注入新的活力。

第四节 心理素质

节目主持具有很强的灵活性、随机性和挑战性,节目主持人必须具有良好的心理素质,才能在节目中做到落落大方、灵活机敏、游刃有余。在现实中,一些主持人遇到突发事件往往手忙脚乱、语无伦次、词不达意,这与其心理素质不高有很大关系。节目主持人良好的心理素质主要包括以下两个方面。

一、自信

自信是对个人能力的肯定,是节目主持人获得良好现场状态的基本保证。充足的自信心可以鼓舞士气,使身心处于兴奋状态,调动思维积极思考、敏捷反应、挥洒自如。树立自信心,需要主持人做好临场的心理调节。在压力过大时,主持人容易出现一系列应激反应,如声带绷紧导致声音变高、变窄或声音抖动,呼吸急促导致气浅气浮,身体姿势和动作不自然,思维出现混乱,大脑出现短暂的空白,忘记想要表述的内容,等等。针对这些情况,主持人要善于进行临场心理调节,排除杂念、集中精神、稳定情绪。主持人应在做足功课的前提下鼓励自己:我已经做了充足的准备,完全可以应对节目过程中出现的每一个问题,我的真诚、积极一定会赢得观众的认可。在节目中,主持人应以真诚、坦率、平等的态度与观众进行轻松愉悦的交流,不应有居高临下的优越感,也不应有自卑感。

二、自控

自控是指主持人的自我情绪控制。加强情绪控制应注意两个方面:一是现场情绪的引导、控制。随着节目的深入,主持现场有时会出现一些难以预料的场面。比如在谈话节目中讨论到某些热点话题时,现场会出现激烈的争论,甚至出现"擦枪走火"的局面。面对这种情况,主持人不能被现场情绪左右,应保持思维清晰流畅、言辞得体,调控现场情绪,使现场情绪始终在可控范围内。从这个角度来说,崔永元无疑是引导、控制现场情绪的典范。二是主持人对自己的身份要有明确的定位和认识,要在节目中摆正自己的位置。在个别节目中,一些主持人面对访谈对象高高在上,咄咄逼人,一味追求言辞犀利,卖弄个人学识,彰显个人风采,很容易招致观众的反感。节目主持人面对访谈对象和观众应保持一种低姿态,这种低姿态所表现出来的亲和力,会使自己更容易被访谈对象和观众所接受,而主持人就会更加轻松自如。

第五节　媒介素养

何谓"媒介素养"?美国媒介素养研究中心在 1992 年提出:媒介素养是人们面

对媒介各种信息时的选择、评估、质疑、理解和创造能力以及思辨和反应能力。一般来说,现代媒介素养除了听说读写能力外,还包括批判性地收听、观看并解读广播、电视、报纸、杂志、网络、广告等媒介所传输的各种信息的能力,以及使用先进的信息技术制造各种媒体信息的能力。在当今"人人都是新闻发言人"的新媒体时代,在网络等媒体发布的海量信息中,有很多内容让人半信半疑、真假难辨。作为广播电视节目主持人,如何对相关信息进行理智、客观、谨慎的评价,特别是对重大的舆情进行分析、审视、判断和思考,进行快速有效的应对和处置,是其媒介素养的综合体现。提升主持人媒介素养,应注意以下几个方面。

一、加强主持人媒介素养教育

媒介素养教育的作用是使人们形成完善的媒介知识结构,找到解读媒介信息的视角,培养不被媒介信息所牵制的能力,成为积极的媒介信息使用者,从而正确理解、有效运用媒介信息,更好地了解社会生活、参与社会活动和促进终身发展。

主持人媒介素养教育总体上包括媒介知识教育、媒介观念教育、媒介能力教育和媒介道德教育四个方面。目前,我国播音主持学历教育和在职培训课程体系大多着重于语音发声、语言表达等专业内容,媒介素养类课程没有受到应有的重视。主持人应通过不断学习和积累,逐渐提升媒介素养。主持人应主动了解媒介与社会、政治、经济、文化之间的关系,了解影响媒介生存发展的各种社会因素,了解媒介产品或媒介信息的生产制作过程、传播方法和技巧。

二、树立正确的网络观

从媒介传播的角度分析,对网络舆情的评判是主持人媒介素养最直接的表现之一。作为一个公共空间,互联网可以让不同思想、不同观点的人直抒己见、相互交流,这不仅壮大了社会舆论参与的主体,也增强了舆论监督的有效性。近年来,网络媒体所显示的强大的舆论监督能力已经得到了充分体现,网络监督已经成为公民参政议政的有效途径,这一新的形势对节目主持人的媒介素养提出了新的要求。节目主持人应树立正确的网络观,主动触网、学网、用网,面对网络突发事件时,不能回避、沉默和遮掩。对于网络事件,一方面,广播电视节目主持人要尊重受众的知情权,及时在节目中报道事实真相,努力做到信息公开、透明,掌握信息传播主动权,占领舆论制高点,使谣言止于信息公开。另一方面,要坚持实事求是的原则,深入采访,全面了解事件真相,不能只听一面之词,更不能被网络谣言所"绑架",一味屈服于建构于谎言之上的所谓"社会不良影响"。主持人应清醒地认识到,网络谣言不是舆论监督,网络爆料未必是证据真相,网络民意不等于真正的民意,不能贸然发表不妥的见解和观点。

第六节　审美品位

一、高尚的审美情操

在日常生活中,真善美与假恶丑的现象、乐观向上和悲观抑郁的心理、高雅的文化追求和世俗的生理需求往往同时存在。在节目中,主持人所表现的应当是体现社会道德理想的高尚情感,而不是表征道德沦丧的丑恶心理;是鼓舞人生向前的积极情感,而不是自暴自弃的消极态度;是提升审美修养和精神境界的高雅情感,而不是迎合世俗的低级趣味。[①] 当前,提高广播电视节目的美学品质,满足受众日益增长的审美需求,已被各级媒体纳入传播理念中。而在传播信息的同时,积极引导广大受众向上、求真、趋善、臻美,推进精神文明建设,也成为我国广大节目主持人的共同追求。

二、深厚的文化积淀

英国文化学家泰勒曾指出,文化是包括知识、信仰、艺术、道德、法律、习俗和任何人作为一名社会成员而获得的能力和习惯在内的复杂整体。对于一名节目主持人来说,深厚的文化积淀是其走向成功的重要基石。一个具有完善的知识结构的主持人,其文化积淀必然是深厚的,其审美品位也必然相应地提高。每一位节目主持人的文化气质表现不一,或明朗、或含蓄、或严肃、或活泼、或豪放、或柔婉等,但只要能把思想和感情巧妙地融入节目主持中,就能使节目更具感染力、渗透力、影响力。

---

① 尹航. 主持人的情感表现及其审美作用[J]. 今传媒,2012(05):102-104.

三、敏锐的艺术直觉

艺术直觉是指人们在艺术创作或鉴赏过程中,直接创作出或体验到对象美的本质的能力。艺术活动中的直觉现象表明,艺术家、艺术欣赏者只有加强艺术理论修养,积累丰富的艺术活动经验,使艺术创作过程和艺术欣赏过程中的形象思维达到得心应手的熟练程度,才可能通过艺术形象迅速而准确地把握艺术美的本质。主持人通过对自然事物、社会生活和文学艺术的直观把握和情感体验,可以潜移默化地提高感官感受能力、情感判断能力、想象创造能力,同时培养正确的审美观。广大主持人应不断学习,提高艺术修养,提升艺术直觉,从而厚积薄发、触类旁通。

思考题

1. 作为一名节目主持人,应该怎样完善自己的知识结构?
2. 请结合具体事例,说明节目主持人具有良好的心理素质的重要性。
3. 如何提升节目主持人的媒介素养?
4. 一位优秀的节目主持人,应该具有什么样的审美品位?

第三章 节目主持人的基本技巧

本章要点

1. 了解规范语言与科学发声的基本内容
2. 掌握书面语言的类型与写作要求
3. 掌握体态语言的使用方法

主持人从事的是语言传播工作,作为载体的声音是语言传播重要的表现手段和形象符号,换言之,语言是主持人的主要工具。节目主持人的基本技巧包括有声语言的表达技巧、书面语言的写作技巧、即兴语言的组织能力、态势语言的运用技巧等。张颂在谈及节目主持人的培养问题时,反复强调要加强"语言功力"。吴郁认为:"狭义的有声语言基本功是专门就声音形式而言的,主要指语用的规范化——普通话;话筒前用声吐字的要求与方法;语言表达富于明晰性、交流性、感染力的技巧。"[1]广义上而言,主持人语言包括有声语言、书面语言、即兴口语和态势语言。有声语言主要指语音和发声,书面语言主要指主持人的节目文稿的写作语言,即兴口语主要指不同语境下的语言适应和调整,态势语言主要指主持人的空间语言、情态语言、手势语言、身姿语言等。

---

[1] 吴郁. 主持人语言表达技巧(修订版)[M]. 北京:中国广播电视出版社,2011:53.

第一节　有声语言

一、规范语言

《中华人民共和国国家通用语言文字法》(2001年)明确规定:"广播电台、电视台以普通话为基本的播音用语。"其中,第十九条规定:"凡以普通话作为工作语言的岗位,其工作人员应当具备说普通话的能力。以普通话作为工作语言的播音员、节目主持人和影视话剧演员、教师、国家机关工作人员的普通话水平,应当分别达到国家规定的等级标准;对尚未达到国家规定的普通话等级标准的,分情况进行培训。"

广播电视作为大众媒体和主流媒体,播音员、主持人作为公众人物和传播符号,必须在推广普及普通话、规范使用通用语言文字、引导和纠偏语言文字审美导向、传播主流文化价值等方面发挥积极的示范和表率作用。

2013年12月,国家新闻出版广电总局发出通知,要求广播电视节目规范使用通用语言文字,在推广普及普通话方面起到带头示范作用。通知要求,播音员、主持人除节目特殊需要外,一律使用标准普通话。不得模仿地域特点突出的发音和表达方式,不使用对规范语言有损害的俚语俗词等;用词造句要遵守现代汉语的语法规则,避免滥用生造词语和不规范网络用语;要规范使用外国语言文字,不在普通话中夹杂不必要的外文。通知要求,各级广播电视播出机构要把规范使用普通话纳入播音员、主持人和编辑记者培训、考核和奖惩体系;认真开展规范用语自查自纠,做好播前审查,含有不规范用语的内容一律不得播出。

有声语言传播是广播电视媒体以及新媒体等平台进行大众传播的重要载体,规范、严谨、专业的普通话语言传播是提升受众媒介素养、实现内容的正向传播、传承中华优秀文化的重要保证,更是大众传媒实现先进文化引领作用,积极引导舆论导向的前提基础。

在当前的广播电视节目、新媒体节目中,充斥着大量不规范不严谨的语言,这其中就包括很多老百姓不能容忍的、低级的语音和语法错误。

语音错误比比皆是,暴露出从业者语音基本功不扎实、字音规范意识不足等问题。比如将"电饼铛"念成"电饼当",将山东的"济南"和广东的"暨南"混淆,把

"联袂"念成"联决",把"角色"念成"脚色",把"傈僳族"读成"傈僳族"……

语法的错误则更多,如中央电视台某节目主持人在介绍中国的茶文化时说道:"中国的喝茶品种很多。"这句话的语法是错误的,主持人是想告诉观众中国的茶叶品种很多,还是喝茶的方法很多呢?上海某档谈话节目主持人说:"这位嘉宾刚才所讲的观点,这位观众不同意,我也完全赞同。"主持人究竟是赞成嘉宾的观点,还是支持观众的态度呢?山西电视台某档节目的主持人介绍绛州鼓乐时说道:"鼓是人类最早的音韵之一……"这是明显的主语谓语搭配不当。"鼓"是一种乐器,"音韵"即和谐的声音,二者不是同一个概念,只有鼓所发出的声音,才能称为"音韵"。正确的说法应是"鼓乐是人类最早的音韵之一"。

我国著名语言学家吕叔湘先生曾说过:"爱国,不能不爱护从青铜器和竹简时代就足以傲世的中文。"法国著名作家都德在《最后一课》中写道:"法兰西语言是世界上最美的语言。被迫做亡国奴的人民只要牢记自己的语言,就掌握了打开民族解放之门的钥匙。"他们的话铿锵有力、掷地有声,给人以深刻启示:任何人都应热爱本民族的语言,任何人都有责任和义务传承和推广规范汉语。

二、科学发声

在进行规范发音训练和养成良好发音习惯之前,发声的作用往往被忽略。动态多变、不易控制的发声动作容易带来发音动作的多变,而语音纠偏的过程往往比较漫长,所以有必要对科学发声进行系统学习和梳理。

为了满足传递信息、传情达意的较高需要,主持人的声音必须充满活力,富有鲜明性和独特性。以科学的理论为指导,在用声实践中客观认识、评价自己的声音,学会驾驭自己的声音,使之成为服务于自身表达的创作手段,是节目主持人重要的基本功之一。

主持人科学发声的标准是:准确规范、清晰流畅、圆润集中、朴实明朗、刚柔并济、虚实结合、色彩丰富、变化自如。

好的声音代入感会很强,可以加深受众的印象,甚至可以成为节目的品牌。比如我们听到赵忠祥老师的声音就明白这个电视节目是《动物世界》,听到任志宏老师的声音就知道节目是《国宝档案》,听到李立宏老师的声音就知道节目是《舌尖上的中国》……近些年的一些台声,如张妙阳、孙悦斌、任志宏、丁文山,也成了鲜明的媒体品牌标识,可见声音在我们播音主持工作中的重要性和不可替代性。

主持人学习科学的发声方法,可以从呼吸控制、口腔控制、喉部控制、共鸣控制、声音弹性等方面来掌握基本理论,并进行相关练习。

发声对呼吸控制的要求主要有:以胸腹联合呼吸为基本呼吸方式;吸气时要打开两肋,吸到肺底,"腹壁"站定;呼气要稳劲、持久、变化自如;换气要句首换气,换气到位,换了就用,留有余地。

呼吸控制方面可以进行的针对性练习有:闻花香、吹蜡烛、发 si 长音、膈肌弹发、抒情性歌曲练习、空间大小音量协调变化等。

发声对口腔控制的要求主要有:打开口腔,唇舌力量集中,明确声音发出的路线和字音着力位置。从吐字归音的角度来说,主持人通过口腔控制,应达到以下标准:出字准确有力,叼住弹出;立字拉开立起,圆润饱满;收字归音完整,弱收到位。

口腔控制方面可以进行的针对性练习有:单、双、多音节夸张归音训练,古诗词、戏曲对白归韵、念白训练,不同类型稿件咬字针对性训练等。

发声对共鸣控制的要求是:以口腔共鸣为主,以胸腔共鸣为基础,辅之以少量鼻腔共鸣的混合式共鸣。

共鸣控制方面可以进行的针对性练习有:抒情性慢速歌曲训练,不同共鸣腔体对应性文稿训练,借助其他专业(体育、声乐等)进行的生理性技能训练等。

发声对喉部控制的要求主要有:喉头相对放松、稳定,时刻保持叹气发声的感受;注意结合呼吸控制、口腔控制等相关理论要求与技能训练进行综合控制;通过口部操的科学训练,尽力纠正不良的发音习惯及动作等。

播音主持发声是一种有目的的发声行为,它的特点是以实声为主,虚实结合,声音讲究清晰、朴实、圆润、松弛;声音变化幅度不大,但层次丰富、色彩多样,表情达意准确生动、发声状态自如平实。要达到这一要求,必须学会有控制的胸腹联合呼吸法。

胸腹联合呼吸法是播音主持艺术最理想的呼吸方法。它的突出特点是气息下沉,两肋打开,小腹微收。气息下沉——口鼻同时吸气,把气吸到肺的底部,吸气过程松弛通畅,身体放松。两肋打开——吸气时,双肩自然放平,胸部放松,从容地打开两肋,此时感觉腰部发胀,腰带渐紧,且能感受到稳健的腹肌膈肌支撑力。小腹微收——在进气时,腹部吸气肌肉向小腹中心位置收缩,腹壁保持不凸不凹的"站定"状态;在呼气时,吸气肌肉群不要像自然的呼气状态那样放松下来,而是要有意识地控制,小腹仍然保持收缩状态以维持两肋的扩张。

通过以上要领,我们应该懂得,吸气肌肉群不仅在吸气时起作用,在呼气时仍继续工作,与吸气肌肉群形成对抗力量,以控制呼出气流的疾徐强弱。这种对抗力量需要长期的训练才能体会到且稳定下来,并最终在发声中发挥真正的作用。

语言的表现力是靠声音色彩的变化来实现的,而声音色彩的变化在很大程度上又要依赖于富有活力的气息运动。因此在获得稳劲、持久的呼吸控制能力的基础上,还应进一步掌握运动着的气息的控制规律,做到能随内容和感情的变化而变化。"气乃情所致",气息"自动化"控制的枢纽是感情的运动,所以,主持人必须进行扎实刻苦的语言基本功训练和科学规范的气息训练,让气息成为得心应手的工具之后,进而熟悉节目内容,才能做到认真理解、具体感受、态度积极、情绪饱满。

主持人掌握科学的发声方法至关重要,只有遵循规律、勤学苦练、持之以恒,才能达到气息通畅、均匀、持久的目的,使声音清晰、集中、圆润、明朗,适应广播电视节目主持艺术创作和新媒体发展的需要。

第二节　书面语言

这里的书面语言,主要指主持人节目文稿的写作语言,它是以主持人的写作素养和文字功力为基础的。"电视节目主持人的文稿写作,是节目主创团队思路的直接体现,蕴含着主持人思路整理的过程,主要是指节目主持人开场白、串联词、结束语和解说词等的写作。节目主持人的串联词、解说词等弥补了视觉语言的局限性,虽然不能独立成篇,却与画面相辅相成,共同呈现出节目的主旨,在节目中起到了交代、解释、补充、升华的作用。"[①]

一、书面语言的类型

1. 撰写文稿

许多优秀的节目主持人都非常重视主持前的案头工作,国内如沈力、敬一丹、张悦、白岩松、水均益、鲁健、董卿、汪涵等,国外如奥普拉·温弗瑞、丹·拉瑟、拉里·金等。他们在做节目前,大量查阅资料,多方搜集素材,精心做好设计,充分做

---

① 刘洁.电视节目主持人[M].武汉:武汉大学出版社,2004:124.

好准备。美国哥伦比亚广播公司主持人克朗凯特曾说："自从我从事这项工作以来,我就开始研究美国的政治、历史。这已经成了我的习惯,我每年都要编写一本书那么厚的资料。"有人评论他："他一遍又一遍地写草稿,有时是在刮脸的时候,有时是在吃饭的时候,有时是在做家务的时候。"做好充分而细致的案头工作,主动参与前期创作、与编导团队进行充分的沟通是一个主持人获得成功的关键。

针对具体的某一次采访来说,要做的案头工作是:尽可能多地搜集被采访者和相关事件的信息,找出感兴趣的信息,根据信息的重要性和主次先后排序,从这些信息切入,试图找到新的、主持人可掌控的角度。可以先熟悉全部资料,然后提纲挈领地归纳主题或是几个关键点,以主题和关键点进行延伸。这种情况大多出现在"主持人中心制"的节目当中,如访谈类节目和评论类节目。这类情况需要主持人做大量的前期准备,也更能体现出一个主持人的综合水平。

如2012年10月1日中央电视台《新闻1+1》播出的《拥堵:先不着急骂"免费"!》:

> 遛狗,打球,做体操,踢毽子,做俯卧撑,这些全民健身场景没有出现在运动场,而是出现在拥堵的高速公路。
>
> 您好!观众朋友,欢迎收看正在直播的《新闻1+1》。
>
> 从昨天到今天,很多人一见面就开始聊高速公路免费之后这个大拥堵。从某种角度可以这么说,高速公路这些公司是亏了,因为它是免费的,但是中石油、中石化是赚了,为什么呢?太费油了。我们来看这样几张照片,首先看这个,壮观到了让人热泪盈眶的地步。接下来看一些细节。这是在深汕高速上,堵得太厉害了,(人们)下来打网球,没错,现在网球场的收费的确太高了。这个是京沪高速天津段,透过这个投影我们能看出这天简直是太好了,但是可惜(人们)都被堵路上了。我们再看这第三个,这是沪昆高速,上海市民,前不着村后不着店,遛狗了,估计人还扛得住,狗实在受不了了。最后我们看这个,文学上不一定出了什么史诗,但是史诗般的拥堵就是这样的一个状况,这就是拥堵中的史诗。来,回到昨天。

主持人白岩松从客观的角度,分析了高速公路拥堵的种种原因,这些语言带有鲜明的"白式风格",绝非他人代笔、主持人照稿出声。在长期的主持实践中,白岩松一直恪守这样的信条："想让自己优秀,必须让你与众不同。"为了精心打造自己理想的主持品牌和语言风格,他坚持从始至终参与节目策划、撰写文稿。

2008年汶川大地震中,中央电视台主持人张泉灵正值参加奥运火炬珠峰登顶活动后,从拉萨返京路过成都,她当即主动请缨留下参加抗震报道。白岩松在与她的连线报道中由衷地赞叹道:"谢谢泉灵,刚刚完成火炬接力,又进入生命的接力!"此番发自肺腑的话语,顿时打动了心系灾区的亿万电视观众。

中央电视台著名节目主持人敬一丹,无论主持哪个栏目都能显示她深厚的文化功底和较强的撰稿能力。从节目的选题、撰稿到后期编辑,她都尽可能参与。她主持并参与撰稿的《感动中国》栏目,推出了一批又一批的"感动中国人物"。这个栏目一直秉承寻找感动、传播感动的理念,成为中央电视台乃至全国每年最重要的年终评选活动,被广大观众誉为"中国人的年度精神史诗"。用敬一丹自己的话说:"能够在《感动中国》中和观众一起分享一年来的各种滋味,是一种非常享受的工作。感动是一笔精神财富,它可以让人感到温暖、让人心灵向善。所以每年我都在和观众一起期待着《感动中国》,今后也愿意继续和大家一起在这个节目中受到感动。"在参与颁奖词的撰写过程中,敬一丹特别注意用简洁精练的语言,高度概括每一位当选者的崇高精神和闪光之处,语句长短结合,风格刚柔并济,抒情、描写、议论各有侧重,恰当引用诗词名句,读来朗朗上口、鲜活生动、贴近时代,给人以美的享受。

中央电视台《经济半小时》节目主持人赵赫,连续多年主持"3·15"晚会,亲自撰稿,语言贴切、富有个性。

近几年,随着时代的快速变化和媒介形态的变化转型,主持人的工作性质、角色定位、平台要求以及受众审美等也相应发生了较大改变,这对于主持人的写作能力提出更高要求:除了文体的熟练转换、专业化的写作、话题的准确了解等能力外,还要有较强的受众接受反馈敏感度、文案撰写、条理性文字的输出能力等符合现代媒体需要的能力。

在2019年中央广播电视总台主持人大赛中,涌现出了一批优秀的后备力量,他们良好的语言表达就是建立在质朴真实而又接地气的文字稿件的输出能力之上的,比如选手周瑜从"制服"切入的一段文字:

> 今天的《新闻面孔》,我们来认识一位被吐槽的警察,吐槽他的不是别人,就是他的太太。因为前一段时间在迎战"利奇马"的过程中,宁继

勇在防汛的现场一待待了十多个小时,自己的家里也在辖区内,也漏水了,可是他一点都没有顾上,太太不得不吐槽了一下他。

其实这样的人我们见了很多,而这样的人他并不是万能的。可是在这样的灾难现场,这些人却是没有他们万万不能的,甚至都变成了超人。为什么?因为他们穿了这样一身制服。

这样的人在我们身边有很多,我小时候就常常吐槽我妈,她是一位医生。我常常会在凌晨两三点的时候,听到家门当的一声,在早上起来就发现桌子上有张纸条:姑娘自己做早饭,上学的时候把门给带好了。

这些人他们看起来很普通,但他们却诠释了一个职业人该有的那份职责。我们每一个人都有这样的机会,当我们穿上自己的制服,站在属于自己的那个战场上的时候,把自己的职责尽好,那就是让我们变成身边的人的"保护神"的最好的机会,就像宁继勇一样。

这段文字通篇讲的虽然是大家熟悉的"职责",但选手巧妙地选"制服"来当关键词,这样不仅"接地气",也容易给观众留下深刻印象,而这也恰恰是现代年轻人所喜欢的简单质朴的、有共情力的文风。

2. 修改文稿

即使主持人没有深入地参与节目的前期策划,也应该适当地修改润色编导交付的稿件,使之更适合口语传播,更符合观众的接受习惯,更切合节目气氛,更符合自己的语言习惯。比如在文稿的口语化加工方面,主持人要善于将生硬刻板的书面语言替换成通俗易懂的口头语言,少用或不用生僻的专业术语、成语、典故等。

白岩松在谈到主持人的语言时认为:"用生活化的语言,加以提炼和扬弃后,变成自己的文字,一种属于电视的文字。生僻的字眼儿尽量少用,形容词太多也让人感到累赘。"鞠萍说:"不仅发声要讲究,还有选词,比如借助、能否之类词都不行,要把散文化、诗歌化的书面文学语言转化成向孩子们说的话。"[1]

比如,有一则关于《角膜塑型镜经营验配监督管理规定》发布的稿件,记者采写的导语是:

为加强OK镜的监督管理,保证产品安全有效,国家药品监督管理局

---

[1] 陈小瑜. 重视后劲与底蕴——从读报节目主持人说起[J]. 采·写·编,2008(4):29-30.

今天发布了《角膜塑型镜经营验配监督管理规定》。

中央电视台《东方时空·早新闻》节目主持人做了如下改动：

OK镜又叫角膜塑形镜，这本是一种医疗器械，可是，在很长时间里，它却被当成了普通商品，OK镜市场一度非常混乱。昨天，一项关于角膜塑型镜经营验配监督管理的规定出台了，值得注意的是，发布这个规定的是国家药品监督管理局，这就意味着，今后，OK镜是要作为医疗器械来经营的，只有取得许可证的医疗机构才能从事OK镜业务。[1]

主持人这样一修改，首先从通俗的叫法"OK镜"说起，简要介绍其知识，并强调了规定出台的背景，增强了内容的贴近性。

主持人在修改、加工、润色编辑、记者的稿件时，要慎重处理，尊重原稿，保留其特色，切忌曲解原意、损害事实。

在主持一期《夕阳红》节目时，沈力拿到的编辑提供的串联词是这样的：

老年朋友，看了这些由老年人自编自演、自娱自乐的舞蹈节目，您觉得开心吗？

沈力是这样改写的：

观众朋友，我们看到了刚才跳舞的这些老同志，论身材吧并不那么苗条，论动作吧也不那么规范。可当他们操劳一生重新迸发出一种热情的时候，身材、动作又算得了什么呢？他们不是在追寻青春的脚步，而是在讴歌幸福的晚年。[2]

在主持一期《综艺大观》节目时，倪萍拿到的编辑提供的原稿是这样的：

邻居是什么？邻居是互相帮助的朋友，是在你困难的时候可以向他求援的伙伴，是你生活中不可缺少的友情，邻居是你生活中相互给予的人们。

倪萍是这样改写的：

---

[1] 付程.实用播音教程4[M].北京:中国传媒大学出版社,2003:173.
[2] 徐敏.访主持人沈力[M]//赵群.荧屏之路.北京:中国大百科全书出版社,1996:3.

邻居是什么？是你正在炒菜，发现酱油瓶子是空的，于是你就敲门要点酱油的那家人；是你出差了可以让他帮你看看门锁是否被人撬开的那家人；是你家房子冒烟了能第一个去打119的那些人。①

在主持一期《焦点访谈》节目时，敬一丹拿到的编辑提供的开场白是这样的：

语言是人类交流的基本工具，但是对于那些因患喉癌做了手术的人来说，他们最大的痛苦就是有口难言。

敬一丹是这样改写的：

观众朋友，在我这样说着、你这样听着的时候，我们的交流就开始了。在我们看来很平常的这种交流方式，对于那些因为患喉癌做了手术的人来说，却不可能，他们最大的痛苦是有口难言。②

广播电视节目的语言稍纵即逝，主持人的播讲与受众的收视收听是在共时空、传受同步的环境中进行的。文稿的修改和润色，必须与主持人的语言风格和节目风格协调一致。比如《面对面》中王志犀利的语言风格，《鲁豫有约》中陈鲁豫追问的风格，《杨澜访谈录》中杨澜知性的风格等，主持人需要多思考、勤分析、细斟酌，尤其是要有充分的共情力、学会换位思考、真真正正从观众角度出发去说话。

新媒体环境下，文稿的修改更要敏锐捕捉社会变化、贴近时代色彩，及时发现和记录身边的每一份真实的感动，就会收到很好的效果。

还是以中央广播电视总台主持人大赛的某位选手的参赛文稿《青春》为例。

青春是什么？有人会说青春是年纪，是那20岁左右的芳华。有人说青春是一种记忆，一种精神，一如当年的"五四"（青年）。也会有人说青春就是奔波在赛场，那是我们的一种激情，是一种热血，是一种拼搏。今天我们的这位主人公，她的朗读主题就是"青春"。

当年她以最具芳华的年龄，带领着一群中国姑娘实现了一种突破。后来她转换身份又以教练的角色出现在赛场，又一次让那种精神，让五星红旗在世界赛场上展露。而现如今，她依然在这个岗位上挥洒着自己的

---

① 吴郁.主持人语言表达技巧(修订版)[M].北京:中国广播电视出版社,2011:162.
② 王群,曹可凡.广播电视主持艺术[M].上海:上海外语教育出版社,2006:247.

汗水,她带着精神一如青春奋斗在赛场。

她的名字叫作郎平。她的背后是中国女排,是"奥林匹克精神"。

这段文稿以大家非常熟悉的"青春"为主题,讲述了郎平身上永远奋斗的精神,很容易让观众感受到共鸣,容易引发对个人价值和社会价值的思考。如果从修改文稿、精益求精的角度,可以再加入一些互动性的语言,引发观众思考,效果会更好。

3. 即兴发挥

"节目主持是一种技巧和艺术。在节目主持过程中,主持人如果思维敏捷,善于随机应变,把节目的组成部分安排得有条不紊、连贯紧凑,可以对节目起到增辉生色的作用。"[1]尤其在直播时,那些突如其来、意想不到的场面、氛围、景物,都是影响主持人思维的外部因素。如果平时的准备工作做得足够充分,许多时候,这些因素会激发主持人的瞬间灵感。

在一次颁奖典礼上,主持人采访国庆阅兵仪式中的女兵。访谈之前有一个短片,讲述了女兵们艰苦训练的情景,被采访的这位女兵有一个毛病就是头歪,几经矫正无济于事,最后教官想出了一个主意,在这位女兵的衣领上别三枚钢针,针尖朝上,头一歪,就会被钢针刺到,这样这位女兵的头终于正了。短片播放完,主持人马上关切地盯住女兵的脖子:

主持人:(饱含深情地)现在脖子还疼吗?

女　兵:(不好意思地一笑)好了,没事了。

主持人:当时那些天是不是经常被扎破?

女　兵:(有点激动,点点头)嗯。

这样的开场白可谓事半功倍,现成的事实,无须主持人构思;被采访者切身经历,言之含情;事实本身有代表性,方便展开;观众感兴趣,有利于调动现场气氛。

即兴发挥最忌用空话、大话、水词、套词去填充空间、拖延时间,表面上看这样可以不冷场,实际上造成了观众接收信息的高度无效,对节目本身无任何益处,而且有可能造成主持人的不良语言习惯,后期纠正和调整的难度较大。

---

[1] 张颂.中国播音学[M].北京:中国传媒大学出版社,2003:515.

二、书面语言的写作要求

1. 内容准确,事实清楚

主持人在平时训练写作时就要以事实为根据,用词准确、事实清楚。只有将事件、时间、地点、人物、观点、例证、数字、引语、原因、结果等方面安排处理得当,表达得准确,才能够做到用事实说话。如果内容和事实出现明显失误和低级错误,会对主持人的品牌形象和媒体的公信力造成极大影响。

书面语转换成有声语言,要避免歧义。例如,面对同音异义词"全部"与"全不"、"我是"与"我市"、"风口"与"封口"、"暗室"与"暗示"、"致癌"与"治癌"等,要用"换一种说法"或者用强调不同重音、强化语境等方式来避免歧义。

写作时还要注意不同语气使用不同的标点符号,对于难以体现语气的标点符号,有时要用相应的文字表达出来,以保证传递信息的准确性。例如:"这是他干的?"主持人在表达时应加个"吗"字,表达疑问的语气。

2. 语言简洁,说理透彻

在生活中,我们不喜欢说话抓不住重点、啰啰唆唆又说不清楚的人,也不喜欢说话逻辑混乱、颠三倒四的人,在荧屏上更是如此。无效话语很多时候已经成为制约主持人发展的重要因素。赵忠祥说:"我们主持节目时应尽量少说废话,减少装饰性词汇,减少夸张,充分利用有效时间给观众以更多的信息和文化上的启示。"主持人应努力成为驾驭语言的高手,力求用最到位的理解、最清楚的逻辑、最简单的话把事实说清楚,把道理讲明白。

3. 注重口语,适于收听

有人曾把广播语言的实质概括成"为耳朵写话"。既然是为耳朵写话,首要的任务是"顺耳",最终达到"悦耳"的效果。主持人要掌握广播电视口语的特点,尽量做到通俗化、尽力达到说服效果。自成立初始,延安新华广播电台就十分强调广播稿的通俗化、口语化、交流性,所有晦涩难懂的、文言的和专业性、技术性的句子,都要改编成通俗易懂的句子或者加以解释,力求让人们一听就懂。

例如,一则新闻的导语是:

> 科学家经过实验证明,在核酸长链中,各种核苷酸的不同排列组合,

决定蛋白质的合成,进一步决定了生物的各种性状。

这样的导语肯定失败,艰涩的术语让人不知所云,失去阅读兴趣。换一种通俗的写法:

> 美国、英国和德国的一批科学家分别通过实验,初步确定了生物中决定蛋白质合成的密码是什么。

这样的写法避开了专业术语,又设置了悬念,能引起受众的兴趣,这正是通俗化的表现。

注重口语化,要慎用生僻的成语和典故,否则很容易让受众产生距离感,不利于信息传播。一般要用通俗易懂的同义成语、典故代替,务求使受众理解。比如,"集腋成裘"可以改用"积少成多","削足适履"可以用"因小失大"代替,等等。还有些生僻的成语、典故没有合适的同义词,主持人就可以直接用现代语言翻译,比如"视如寇仇"说成"看作仇敌","噤若寒蝉"说成"不敢作声"等。

注重口语化,可以多用熟语。熟语是人们经常使用的固定语句,包括惯用语、谚语、歇后语、方言俚语等。惯用语是口语中短小的习惯用语,多是三个字,如"走后门""眼中钉""敲竹杠""耍花枪"等。谚语是众口相传、含义深刻的固定语句,如"不到长城非好汉""磨刀不误砍柴工"等。歇后语是由两部分构成的口头语,如"外甥打灯笼——照旧(舅)""泥菩萨过河——自身难保"等。这些熟语充满生活气息,在广播电视节目中,不仅能准确精练地传递出想要表达的意图,还能增强语言的表达效果,使之更容易被受众接受,更好实现节目效果。注重口语化,还可以多用"把"字句,少用"被"字句,多用正常语序,少用倒装句。

第三节　体态语言

体态语言又称体姿语或行为语言。著名语言学家胡文仲认为:"体态语是指传递交际信息的表情和动作。"[①]

对体态语进行系统研究的要首推美国宾夕法尼亚大学的伯德惠斯特尔(Bird-

[①] 胡文仲.英美文化词典[M].北京:外语教学与研究出版社,2002:229.

whistell)教授,他在1952年出版了《体语学导论》(*Introduction to Kinesics*),正式提出了身势学理论。伯德惠斯特尔对同一文化的人在对话中的语言行为和非语言行为做了一个量的估计,认为语言交际最多只占整个交际行为中的30%。美国心理学家阿尔培根认为人传递的信息是由三个方面组成的:55%的体语+38%的声调+7%的言辞。美国还有一些研究表明,在表达感情和态度时,语言只占交际行为的7%,而声调和面部表情所传递的信息多达93%。

科学研究证明,人的躯体特征和心理功能有着直接的联系。人类天生就有进行非有声语言交流的基础,当交流的一方或双方存在有声语言障碍时,可以通过肢体动作来进行表达和沟通。早在两千多年前,孔子就提出了"视其所以,观其所由,察其所安"的由表及里的考察人内心的方法。人的体态姿势往往是人内心情感最为真实的流露,电视节目主持人合理运用表征意义丰富的体态语言,可以使电视传播的效果达到最大化。正确使用体态语言,有助于节目主持人表情达意、增强说服力、强化自身形象、准确传递节目内容等。在播音主持工作中,常见的体态语言主要有空间语言、情态语言、手势语言、身姿语言。

一、空间语言

空间语言是一种空间范围,指的是社会场合中人与人身体之间所保持的距离间隔。空间距离是无声的,但它对人际交往具有潜在的影响和作用,有时甚至决定着人际交往的成败。主持人的空间语言,其实是一种"间距感"。吴洪林认为:"间距感,是指在双档主持演播室间中,主持人相互之间靠得近和分得开的距离与景别所建立的关系而在镜头前进行对口词与目光转换的一种相互交流的能力。"[①]电视节目主持人既要考虑与搭档之间的空间距离,还要考虑电视机前的观众,根据电视画面的屏幕效果调节方位与间距,让观众从视觉上感到舒服、合理、悦目。

亲密距离:1米以内。这是关系亲密的人之间的距离,如果关系并不亲密的人处在这种距离中,会产生抵触情绪。近年随着主持群的出现,如《天天向上》《快乐大本营》等节目,主持人之间多是这种比较近的距离。

个体距离:2米左右。这是熟人交际的适用距离,也是节目主持中常用的距离,如主持人与嘉宾间的距离一般属于这一类。

---

① 吴洪林.主持艺术[M].上海:上海三联书店,2007:335.

社会距离:2~3米。这个距离是谈判和正式采访的适用距离,显得庄重、严肃、正式,如在《高端访问》等节目中多见这种距离。

公众距离:3米以外。适用于公开演讲、新闻发布会、记者招待会等场合,具有一定的独立性和警戒性。在许多大型节目中,主持人(包括嘉宾)与受众间的距离都属于此种类型,如《开讲啦》《超级演说家》等节目。

二、情态语言

情态语言是指人脸各部位动作构成的表情语言,如目光语言、微笑语言等。在播音主持中,情态语言能传递大量信息。人的复杂的心理活动都可以从面部表情显现出来。以微笑语言为例,微笑是一种令人愉悦的表情,它可以和有声语言、行动互相配合,在节目主持中表达深刻的内涵。主持人的微笑与举止应当协调,以姿助笑、以笑促姿,形成完整、统一、和谐的美,使观众感受到愉悦、融洽和温暖。

眼睛是心灵的窗户,目光是心灵的语言,节目主持人要注意眼神的运用。炯炯有神的眼神,给人以感情充沛、生机勃发的感觉;眼神呆滞麻木,则给人以疲惫厌倦的印象;眼神凶相毕露,交流必然难以持续。主持人在访问嘉宾时,不论面对的是陌生的嘉宾还是熟悉的嘉宾,都要首先目视对方、面带微笑,表现出友好与热情。在主持节目时,眼神交流可以分为以下三种情况。

其一,与一群嘉宾交谈。当主持人与一群人交流时,最好与倾听者有直接的眼神接触。但是不要只盯着一个人看,这样会使得其他人感觉受到"冷遇"。可以在每一段话的开头,将眼神朝向不同的嘉宾,照顾到所有人,使他们保持与主持人谈话的兴趣。

其二,与一个嘉宾交谈。主持人与一个嘉宾交流时,要保持眼神的交流,但是如果一直盯着这个嘉宾,会使他感到不自在,从而想尽快结束与主持人的谈话。建议主持人每隔5秒钟左右,变化一下眼神交流的位置。

其三,倾听嘉宾讲话。当主持人倾听某个嘉宾讲话的时候,如果直直地盯着他,会使嘉宾感到紧张、局促。这时可以借鉴"三角法则",那就是当主持人倾听时,看着嘉宾的一只眼睛,过5秒钟,视线移向另一只眼睛,再过5秒钟,移向嘴巴,视线保持三角形的路线移动。还有一个技巧就是点头,适当地说"是的""对""嗯""没错"等。这样,嘉宾就会感到主持人对他的谈话内容很有兴趣,就会愿意与主持人深入交谈。

三、手势语言

手势语言是通过手和手指活动来传递的信息,能直观地表现人们的心理状态,它包括握手、招手、摇手、挥手和手指动作等。手势语言可以表达友好、祝贺、欢迎、惜别、不同意、为难等多种语义。有人说:"即使不说话,一双手也能透露人的内心。"主持人在节目主持过程中,很多情况下都要配合手部的动作,以便能够更明确地、更形象生动地表达自己的意思。崔永元第一次主持《实话实说》节目时,双手总是抱在胸前,这是因为他不习惯这样的场景,两只手不知放哪里合适,结果给人以拒绝他人、自我防卫的信号。当然,在以后的节目里,崔永元越来越自如,手放在哪里都显得很自然。

通常,手势可分为生活中使用的手势和表演手势两种,节目主持人的手势以生活中使用的手势为主。主持人的手势语言既区别于生活中的"原生态"体态语,又区别于影视中过度夸张的"角色化"的手势语。

王小丫在主持《开心辞典》时,经常借助手势来解释答案,这些手势成为她的个人标志。比如,在解释"海水结的冰晶为什么是淡的"时,她一边说一边做手势,"其实,答案是这样的,就是说海水结了冰分成三个部分",一边双手伸开并拢,再分开握住,然后伸出左手三个指头。当她说道"开了一个好头,请听题",她又握住右手,接着张开伸向前方。这些手势不仅使选手能够更好地理解答案,而且又能鼓舞士气,让观众感受到王小丫的干练、亲切。

主持人的手势语言要与有声语言的表达相配合、相呼应,否则会给人"言不由衷"的感觉。手势语言所表达的情感、内容要和有声语言所表达的情感、内容一致,并且要随着有声语言的快慢节奏同时出现,否则就会不和谐。

手势语言要与其他体态语言相协调,要与眼神、表情、身体其他部位的动作相协调。

手势语言要与节目性质、景别相协调。在时政类的节目中,主持人的手势不宜过多,幅度不宜过大,否则显得不稳重;而在综艺节目中,主持人的手势又不宜太小,否则显得小气、死板;少儿节目主持人的手势可以多一些、活泼一些,和少年儿童的接受心理相协调。[①]

[①] 中国广播电视学会节目主持人委员会.主持人技艺训练教程[M].武汉:武汉大学出版社,2003:147.

在电视屏幕中,当景别为中景、近景时,手势幅度要小,否则太抢眼,又容易"出画";当景别为远景时,手势幅度可以适当大一些。如果有搭档主持,还要考虑搭档的手势,否则也会显得不和谐。

四、身姿语言

身姿语言是指通过坐、立等姿势的变化表达语言信息的"体语"。俗话说,"站有站相,坐有坐相"。主持人应具备良好的姿态,落落大方、亲切稳重,让大家赏心悦目、乐意接受。

1. 坐姿语

坐姿语是通过各种坐姿传递信息的姿态语。主持人具体的坐姿要根据节目内容而定,整体上要做到亲切自然、端庄大方。

(1)正襟危坐式。上身直立,上身和大腿、大腿和小腿,都应当形成直角,小腿垂直于地面。双膝、双脚包括两脚的跟部,都要完全并拢。男主持人双膝允许分开,但分的幅度不宜超过肩宽。

(2)双脚内收式。两条大腿并拢,双膝可以略为打开,两条小腿可以在稍许分开后向内侧屈回,双脚脚掌着地。

(3)双腿叠放式。将双腿一上一下交叠在一起,交叠后的两腿间没有任何缝隙,犹如一条直线。双脚斜放在左右任意一侧。斜放后的腿部与地面呈45°,叠放在上的脚的脚尖垂向地面。

(4)双腿斜放式。双腿并拢,然后双脚向左或向右侧斜放。主持人下身与上身的方向不一致,通常有45°偏差。节目主持中有时要面对观众,有时要面对现场来宾或采访者,这种坐姿有利于主持人变换谈话对象。

(5)双脚交叉式。双膝先要并拢,然后双脚在踝部交叉。交叉后的双脚可以内收,也可以斜放,但不要向前方直伸出去。

2. 站姿语

站姿语是指通过站立的姿态传递信息的姿态语。采用站姿主持,主持人可以大幅度调配身体、出入画面、采访嘉宾。主持人站立时,应脊椎、后背挺直,胸略向前上方挺起,保持腰部直立;两肩放松,重心在脚掌脚弓上。挺胸,收腹,精神饱满,气息下沉;脚应绷直,稳定重心位置。

3. 行姿语

行姿语是通过行走姿态传递信息的姿态语。人们常说的"行如风",是指人行走时,如风行水上,有一种轻快自然的美。主持人行姿的一般要求是:自然、轻盈、矫健,做到自然而不别扭、轻盈而不笨拙、矫健而不迟钝。

思考题

1. 谈谈你对主持人语言规范化的理解。
2. 主持人书面语言的写作要求有哪些?
3. 播音主持中常见的体态语言主要有哪些?

第四章 节目主持人的专业技巧

本章要点

1. 了解语境内容
2. 掌握驾驭节目现场的方法
3. 掌握调控主持人、嘉宾与受众情感的方法
4. 掌握控制节目进程的方法

第一节 顺应语境

语境就是语言使用的环境、谈话交流的情境。我们每天都在说话、交流,但由于时间、对象、地点、形式的不同,我们在表达相同的内容和意思时会选择不同的方式和语气,这就是语境变化了,也就是"到什么山上唱什么歌"。

主持人的主持活动更离不开语境的制约。时间、地点、节目性质、观众类别、地域、文化、传播渠道等,都将不同程度地影响主持人对语言的选择与使用,制约他们谈话的内容与方式。主持人只有顺应了这种语境,并在可能的情况下积极营造语境,才会让主持语言既生动活泼,又富有成效,否则传播与交流将无序或无效。吴郁认为:"主持人对于语境的认识和把握,是主持人语言活动的逻辑起点,是主持人语言艺术的根基。"[1]

---

[1] 吴郁.主持人的语言艺术[M].北京:北京广播学院出版社,1999:31.

一、语境内容

1. 时代语境

一个时代有一个时代的精神风貌、社会生活、道德倾向和风俗习惯,这些就构成了时代语境。主持人应紧紧把握时代的脉搏,唱出时代的主旋律。有些主持人喜欢大用特用"之乎者也",例如,主持人说:"今晚节目之精彩,乃千载难逢也,观众之掌声,不正似春雷阵阵乎。"这种文白夹杂的说话方式,已与当下受众对语言的欣赏习惯与审美要求相距甚远。

宋世雄在《宋世雄自述》一书中谈到他在20世纪80年代转播女排比赛赢得三连冠时这样说:"不单纯讲赛事的激烈,不单纯讲比赛的技术,不单纯讲女排队员在场上表现,而是讲精神、讲斗志、讲毅力,讲中国姑娘们场下的刻苦训练,讲她们的内心世界,讲胜不骄败不馁的品德。一句话,我正确地把握了舆论导向,抓住了时代的本质。"①这样的体育解说放到今天也许产生不了当年的轰动效应,因为今天成熟的观众更为关注的是体育比赛本身所产生的力量之美和技术抗衡的扣人心弦。而女排登上世界冠军的宝座时,正值20世纪80年代初,那是一个中华民族刚刚从噩梦中醒过来的年代,是一个百废待兴、万物复苏的年代,是一个渴望激情、需要激情的年代,宋世雄巧妙地迎合了时代需求,用昂扬的语气、富于激情的解说,点燃了国人的激情,使许多观众至今难以忘怀那段激情燃烧的岁月。

2019年4月,《谢谢了我的家》作为中央广播电视总台推介的十部优秀原创节目模式之一亮相戛纳春季电视节,在国际舞台上大放异彩。《谢谢了我的家》的首期节目邀请了朱德的孙子朱和平、鲁迅的孙子周令飞、汪曾祺的儿子汪朗、首任红其拉甫哨所站长张玉贵的女儿张旭蕾。主持人敬一丹为每位嘉宾设计了平实却值得回味的介绍语。引出朱和平时,敬一丹用了这样的表述:"生于50年代的人,有很多叫和平的,这个名字寄托着长辈对新生活的期待……"简单的表述将观众的思绪拉回新中国成立初期的红色岁月中,有着很强的代入感,而"和平"这个有着浓烈历史色彩的名字也化作一个鲜活的历史符号,让受众回望那个特殊的历史背景,将目光聚焦于那些特殊的历史群像。紧接着,敬一丹话锋一转:"这种期待在朱和

---

① 宋世雄.宋世雄自述:我的体育世界与荧屏春秋[M].北京:作家出版社,1997:44.

平的身上就更加殷切,他的爷爷叫朱德……"由群体视角转向个体视角,适当升华引出接下来的嘉宾。[①]

2. 民族语境

不同的民族有不同的风俗习惯、生活方式、道德水准、思维模式和审美倾向,这种种差异构成了不同的民族语境。

中华民族是一个有着悠久文化传统的民族,中华文化的博大精深以及中华文化对其他文化的兼收并蓄,要求主持人必须对中华民族的文化有广泛而深刻的了解,并具备深厚的文化底蕴和修养,这样才可能在特定的民族语境中自如地使用语言,营造良好的交流氛围,收到良好的传播效果。

中华民族以儒家文化为主导文化,中庸、平和是我们民族文化的精髓。在广播电视节目中,无论是新闻播报还是人物专访,无论是评论报道还是聊天谈话,受众都乐于接受由浅入深、由表及里的谈话方式与轻松平和、圆满和谐的谈话气氛,而无法接受咄咄逼人、穷追猛打、专指痛处的提问式访谈。快人快语、思维敏捷的张越最初主持一个个人专访类的专题节目,在节目中,张越常常把对方"逼"得瞠目结舌,陷入窘迫的境地。经过反思与自省,张越认识到自己的做法没有考虑到中华民族几千年文化积淀所形成的特殊语境,即我们对中庸、和谐、圆满的追求与欣赏。张越调整自己的谈话方式,改为在平和中透着机警、朴实中流露着犀利、自然中表现出睿智,最终受到广大观众的认可与欢迎。

甘肃电视台节目主持人赵虹参与了一大批有关西部文化历史题材的电视栏目和电视专题片的创作,她始终把这些节目置于西部文化的民族语境中,用西部地域文化的特质来诠释其中的人物、情感、故事,取得了良好的艺术效果。其中大型历史文化类电视节目《敦煌百年祭》《秦风之源》《碧血丹心映昆仑》等播出后,获得广泛好评。赵虹指出:"主持自己、主持生活、主持时代,永远是主持人的业务与人格追求。在创新中塑造西部魂,表现西部神韵,正是中国西部电视节目主持人应有的品格,也应是西部电视节目主持人美学追求的目标。"

3. 文化语境

文化语境的差异,尤其是东西方文化语境的差异,导致人们对同一事物有不同

---

① 王宇. 新时代语境下主持传播的创新空间阐释[J]. 中国广播电视学刊,2019(8):83-87.

理解。在广播电视节目中,主持人如果不遵循社会文化语境,就会被认为语言不得体。

在社会文化语境下,我国的电视节目主持人也大都呈现出稳重、大气的风格特点。男性节目主持人充满阳刚之气,声音洪亮、机智幽默,女性节目主持人端庄文雅、秀丽大方。

中国的娱乐传播在其发展过程中主要受到儒家文化的影响,儒家文化要求人们的娱乐必须是"国家利益的体现",娱乐风俗和社会政治有着十分重要的内在联系。孔子强调"知之者不如好之者,好之者不如乐之者","乐"是人们生活中的大事,"乐"对提高人们的文化修养具有非常重要的作用。但在孔子看来,"乐"的核心在于它必须是"国家意识""政治意识""群体意识"的体现,危害国家利益之乐是不可取的,无论什么文化娱乐形式都要符合传统文化所规定的政治规范、思想规范和道德规范。儒家对人们娱乐生活必须维护"国家意识"、强调"政治意识"、体现"群体意识"的要求绵延两千多年,一直是中国娱乐文化的核心内容和娱乐传播的宗旨。

虽然中国已进入现代社会,但"传道"与"经世"已深入中国人民的骨髓,仍然是现代中国人自觉审视文化艺术包括娱乐传播的价值观念和文化诉求。因此,我们仍然强调娱乐传播的"传道"与"经世"功能的必要性与必然性。关键是"传"什么样的"道",是封建主义的"道"还是社会主义的"道",是封建社会的道德观念,还是社会主义核心价值观。从现代文化传播的历史看,优秀的传统文化精神同样制约并规范着现代娱乐传播,依然是现代娱乐传播最主要的思想文化基础和内容"主旋律",是现代人们娱乐生活必须遵循的文化观和价值观。

从"规范伦理"和"体现美德"的要求出发,针对近年来电视综艺娱乐节目中比较泛滥的庸俗化"审丑"和对拜金主义、利己主义的渲染,对中国传统伦理和美德的嘲弄甚至否定及缺乏人文关怀的倾向,国家相关管理部门规范广播电视婚恋交友情感故事类节目,制止娱乐传播中的不良倾向也是顺理成章的。这样的"整顿"反映出社会公众对现代娱乐传播以审美的形式、精神的熏陶来表现中国传统文化有着强烈的诉求,不顾这样的诉求,解构优秀传统美德,必然导致受众的疏离和反感,导致社会的整体排斥和强烈抵制。[1]

---

[1] 李建秋.论现代娱乐传播的传统文化语境[J].新闻爱好者,2011(11):8-9.

不同文化语境中生产的电视产品在类型特征、表述方式等方面自然存在较大差异。如果我们在这一层面针对电视情感调解类节目展开深入的学理讨论，那就无法绕开作为跨文化比较研究中重要的文化语境问题。因为文化作为"人们在物质、知识上和精神上的整体生活方式"，作为人类特有的现象和符号系统，需要借助于意义和语言而存在，而调解类节目的基础恰恰就是这种存于日常生活中的语言文化。[①]

不同的文化背景形成了不同的社会风气、道德水准和价值观念，也形成了不同的语言使用习惯和语言接收方式。主持人对此要有所了解，什么当说，什么不当说，什么话应该这样说，什么话应该那样说，都得仔细琢磨，以防"祸"从口出，酿成大错。

我国各级媒体应努力做到通俗而不庸俗、真情而不滥情、娱乐而不愚乐、平凡而不平庸，为广大受众提供既有优秀传统文化精神内涵，又有现代创新品质的健康有益的内容产品。

4. 节目语境

陈望道在《修辞学发凡》一书中提出"六何"，即"何故、何事、何人、何地、何时、何如"，是构成语境的因素。"何故"指说的目的，"何事"指说的事项，"何人"指谁对谁说，"何地"指什么场合说，"何时"指在什么时间说，"何如"指怎样说。不同的节目形态有着不同的语境特点和传播交流方式。

以中央人民广播电台《神州夜航》2006年7月31日播出的节目为例，这期节目的主题是"天路上那一抹橄榄绿"，讲述的是在被称为"生命禁区"的新藏公路上"养护保通"的武警交通八支队官兵们鲜为人知的故事。在讲述高原的恶劣环境时，主持人有两段采访录音：

采访片段一

采访对象：随队做体验式采访的武警记者达英

主　持　人：初上高原是一个什么感觉？

（达英讲述在三十里兵站过夜时强烈的高原反应）

---

① 郭瑛霞，赵璐. 中外电视情感调解类节目话语方式的对比分析——兼论文化语境和社会结构如何影响传播主体的话语策略[J]. 现代传播(中国传媒大学学报)，2018(11):115-120.

主 持 人：八支队的官兵其实更多的也是从低海拔地区过去的,他们能适应吗?

达　　英：人在上面不能适应,只能坚持。官兵们都喘着气说话,习惯了就不觉得特别……

采访片段二

采访对象：武警交通八支队宣传股长辛志伟

主 持 人：你现在的身体状况如何?

辛 志 伟：现在恢复得还好。

主 持 人：达英告诉我们,每次提起天路,你都会掉泪,尽管身体不允许,但你还是非常想上天路,为什么?

辛 志 伟：因为高原反应让天路成了我心中永远的天路,不能跟战士们在一起觉得遗憾……

以上两段对话,尽管都是谈新藏公路的恶劣环境,但是针对不同的采访对象,主持人从不同的角度反映了这一主题。在第一段采访中,双方围绕记者达英在天路上的切身感受展开话题,通过他的所见所感,以"我就在"的方式给人直观的印象。在第二段采访中,则从间接的角度,通过辛志伟因高原反应而被迫放弃天路之行来表现新藏公路自然条件的险恶,同时从他的遗憾中,我们也能感受到官兵们与路同在的崇高情怀。节目在不同的语境下展开同一个主题,给听众以具体而强烈的印象。

以冷峻、严肃、敏锐、犀利著称的中央电视台主持人白岩松,在一次应邀参加一期儿童节目时,一改平时的风貌,以亲切、活泼的姿态和小朋友侃侃而谈,轻松、愉快地回忆起童年不那么"光彩"却十分有趣的往事,拉近了与孩子们的距离。孩子们纷纷拿起话筒和他尽情地谈天说地,倾诉他们的烦恼和心事,节目做得十分精彩。白岩松意识到他走进了一个和《东方时空》完全不同的节目语境,如果他继续采用《东方时空》的主持风格,就会给小朋友一种板着面孔说教、严肃呆板的感觉。白岩松改变了自己一贯的说话风格,在新的语境下找到了最佳的交流方式。

崔永元谈到主持《实话实说》的感受时曾经说:"我把好的谈话当作一次享受,我不希望话不投机的人坐在一起,我不希望那种没有缘分的谈话。……那么,大家坐在一起了,可以谈,就是有缘分,就是要创造投机的说话气氛,主持人干的就是这个事儿。"他在节目现场安排一个小型乐队,用于渲染气氛;他出场不是从台上走下,而是从观众中走出来,给人一种亲切、平等的感觉;他的幽默、谐谑、自嘲都起到了调节情绪、营造氛围的作用。

在语言风格方面,《主播说联播》的出镜人物虽然是《新闻联播》的主播们,但他们都呈现出了与《新闻联播》完全不同的语言表达风格。他们的表述方式更加口语化、年轻化,既有"双击666""C位""点赞""打call""爱豆"等网络流行语,也有与地方方言的融合,如李梓萌用武汉方言"不服周"点赞武汉军运会,体现了独特的包容性与个性化。[1]

不同的节目对主持人的语言有不同的要求:新闻评论类节目主持语言要求精辟深刻、朴实明确、快捷敏锐,交流访谈类节目主持语言要求流畅自然、真诚贴心、脉络清晰,综艺娱乐类节目主持语言要求热情活跃、生动有趣、雅俗共赏,社教服务类节目主持语言要求亲切自如、细致透彻、深入浅出,少儿类节目主持语言要求活泼简洁、灵活生动、富有耐心,体育类节目主持语言要求晓畅敏捷、客观真实。

二、顺应语境的具体方法

1. 观察语境

在一档节目中,文化语境、时代语境、社会语境等往往并存。主持人要善于正确地把握和适应这种多重语境的交融,圆满实现节目的意图和任务。《东方时空·面对面》一期关于扶贫内容的节目,采访对象是国务院贫困地区开发领导小组办公室主任。在采访前,主持人敬一丹四处观察,看到墙上有一张特殊的地图,她立刻让这张特殊的地图进入她的谈话中:

> 其实,贫困离我们并不遥远,它就那么实实在在地在我们身边存在着。在采访扶贫办的时候,我曾经看到过一幅地图。这是一张很特殊的全国地图,上面用黄颜色来标记出全国的贫困地区。从总的趋势上来看,黄颜色越来越少。有一组数字也这样告诉我们,全国的贫困人口从1978年的2.5亿减少到1995年的5,000万,农村贫困发生率从30%下降到7.1%,这一组数字让我们感到欣慰,然而地图上的黄颜色仍然显得很触

---

[1] 陈珍珍.从《主播说联播》看新媒体语境下主流媒体的话语权建构[J].视听,2020(6):159-160.

目。我想,只有我们大家对贫困给予足够的关注,只有我们大家共同行动起来,那张地图上的黄颜色才会越来越少,那么到下个世纪的时候,我们就可以对这张地图说再见了。

这段话并非编导事先安排,而是敬一丹平时长期关注弱势群体,对国事民情进行了理性关注和深层思考,在采访现场突然灵感迸发即兴抒发的肺腑之言,切时切境,真诚动人。

2. 构建语境

要使节目顺利、流畅地进行,主持人必须主动营造语境、构建语境,形成一个切合节目主旨、受众乐于参与的语言场。当然,这种语境有时是虚拟的,有时是真实存在的。虚拟的语境主要是指在广播节目中,主持人面对话筒,面前没有交流的对象,这时,主持人要深入掌握节目内容,调动自己平时的积累,充分发挥想象,预想受众会有什么样的反应,激活自己的思维与情感,主动营造一种虚拟的交流空间,使节目得以顺利完成。

而在电视节目中,主持人要创造一种真实存在的语境。比如生活服务类节目,要介绍服装的搭配,主持人就可以走进商场、进入服装的海洋,听听每天和服装打交道的售货员与顾客的心声。这样一种实在、真切的语境,会让这个话题生动起来,主持人也会处处有话说,观众也会兴趣盎然。

以谈话节目为例,和谐融洽的气氛是访谈得以成功的保证。平等、诚恳、尊重是处理好与访谈对象关系的基本原则。主持人热情诚恳、谦虚自信、平和开朗,会让访谈对象从心理上愿意接受采访、主动配合。访谈节目的主角是访谈对象,因此,主持人要以访谈对象为主,不能喧宾夺主。主持人事前充分准备以获得"对话资格",是为了让访谈对象接受自己、信任自己,产生谈话的兴趣,也是为了能把握和控制话题,使访谈能顺利有效地进行。[①]

崔永元在主持《实话实说》时,就很善于构建语境。这个节目的要求是使每一位现场观众忘记自己,进入状态地实话实说。而这些观众大都是第一次进演播厅,尤其是中央电视台的演播厅,他们面对的是全国颇有名气的主持人,身心难以放松。这时营造一种轻松、自然、随意的谈话环境尤为重要。崔永元是这样做的:

---

① 刘庆春.专访语境下的节目主持人应对[J].传媒,2012(03):68-69.

我每天一进现场,就开始跟他们说话,我觉得调整他们心态的工作从现在就要做起。我说:"大家来了以后,请遵守我们中央台的纪律,我们中央台有严格的纪律,这就是大家坐好以后随便聊天!声多大都行,可以议论自己的领导,说说自己的邻居,怀念一下初恋的朋友。"开开玩笑,大家就放松了,会提各种各样的问题。每次开场前,我都要忙活半小时、二十分钟,就是在改变这种不平等的状况,一进来觉得我这么高,等到开场,让大家感觉跟他们一边儿高,甚至比他们还低。[①]

这里说的"调整心态"就是营造一种谈话、聊天的氛围和环境。崔永元采用了大家都易于接受的幽默、诙谐的方式,消除了现场观众的紧张和顾虑,让后面的谈话得以顺利、圆满进行。

第二节 驾驭现场

一、临时补充,及时暖场

尽管主持人在节目录制之前进行了大量的准备工作,但仍然会有突发情况,出现冷场。对此,主持人应迅速组织语言进行补充说明,及时暖场,让冷下来的现场重新活跃起来。

方舒、方卉在主持中央电视台《正大综艺》一期节目时,在集锦抢答中,有一道抢答题是给现场观众播放一段短片,然后提出问题:"'众王之城'指的是埃及哪座城市?"没有想到抢答席上的来宾面面相觑,无人回答,交给现场观众,也没有人知道正确答案,现场一片沉默。方舒只好自己作答:"正确的答案是卢克索。"现场的观众仍然一脸茫然,没有反应。这时方卉机敏地予以补充:

也许是我们的片子放得太快了,观众朋友没有看清楚周围的景象。我给大家提供一个线索,电影《尼罗河上的惨案》中有这样一个场面:一块巨石被推了下来,险些砸到两位主人公,那个地方就是卢克索。

精彩的、恰到好处的补充及时消除了观众心中的疑惑,掌声、笑声打破了刚才

---

① 鲁景超.真话实说:名主持人访谈录[M].北京:光明日报出版社,1998:39.

的沉默。

在访谈类节目中,一些嘉宾会因为紧张而出现冷场,这时候需要主持人通过提问来引导嘉宾。主持人将问题转化为选择型问题,使嘉宾在是与不是之间简单选择,然后根据其选择答案补充追问。主持人也可以将话题转向台下的观众,这样既活跃了气氛,又给了台上嘉宾思考的时间。

对于那些紧扣节目主旨的话题,主持人应该及时给予鼓励和肯定,并做必要的引申阐述,以起到深化主题的作用;而对那些游离于节目主旨之外的话题,主持人要巧妙地回避,并进行适当的引导。当现场情绪低落、紧张或尴尬,与进行中的节目氛围不协调时,主持人应该随机应变进行调节。比如在《开讲啦》这个励志型青年节目中,嘉宾往往会比较紧张,甚至说不好话。那么对感到紧张的采访对象,主持人就会从一些简单、具体、容易回答的问题入手,提问和交流相结合,化解嘉宾的紧张情绪,营造良好的交流氛围。

嘉宾有时没有组织好语言,说到一半接不下去了,就需要主持人把话接下去说完整,为嘉宾解围。但这个接话要接得诚恳、不露痕迹,语调要略低一些。当嘉宾讲到重要的地方,也就是表达主题的地方,主持人要适当地加以强调,使重点突出,给受众留下深刻的印象。嘉宾的叙述不全面、不充分时,主持人要起到补充的作用。在嘉宾观点基本阐述完毕之后,主持人要站在更高的角度进行概括、归纳,进一步提炼主题,使受众能够抓住要点。主持人在归纳嘉宾谈话内容的基础上,如果能加进自己的评述,就能更好地点明主题、延伸主题,把话题内容引向深入。

二、坦诚相见,自我解嘲

主持人每天面对各种各样的节目内容,难免会犯一些始料不及的错误,这是不可避免的。掩饰错误、回避错误都不是明智的做法,观众不会因为主持人的错误而苛求,但却会因为主持人对待错误、处理问题的态度而重新评价他。主持人应正视错误,变不利因素为有利因素,方法之一就是自我解嘲,这样往往可以起到活跃气氛、转移观众注意力的效果。

倪萍有一次主持一台游戏节目时,节目要求观众上台把球放进筐子里,放的数量多者获胜。倪萍由于语速太快,急乱之中把"把球放进筐子里"说成了"把筐子放进球里"。于是倪萍一边笑,一边亲切而自然地说道:

哎哟,瞧我乐的,把话都说反了,谁也没这个本事把这么大的筐子放进这么小的球里去。应该是"把球放进筐子里",游戏开始。

话音一落,台上台下笑声一片,游戏正常开始。

崔永元有一次在《实话实说》节目中把"勿以恶小而为之,勿以善小而不为"这句名言的作者说成了孟子,许多观众纷纷去信去电指出错误。后来,崔永元在《实话实说》节目中,一开场便提起了这件小事:

我给孟子打了个电话,他说他好像没有说过这句话……我特意买了本《三国志》,从里面查找到了这句话的出处。我错了,在此,我向全国的电视观众,特别是给我写信的观众朋友致以谢意和歉意。

崔永元敢于自嘲和认错,恰好成为本期节目主题"小事不小"的生动注脚。

三、借景移情,控制场面

在节目进程中,有时会出现一些无法预料的临时事件。主持人要巧妙地借助现场情景,转移观众的注意力,有效地控制场面,保证节目正常进行。

中央电视台主持人赵忠祥一次随中央电视台组织"心连心"艺术团下乡演出,在江西革命老区遂川做首场演出时,老乡从四面八方赶来,场面非常宏大、热烈。不料节目进行到一半,正当关牧村演唱《多情的土地》这首歌时,天空乌云密布,寒风四起,下起阵雨,顿时观众有些慌乱,场面骚动不安。这时,赵忠祥快步走到台前,深情地对乡亲们说:

关牧村的动情歌声,把她自己的眼睛唱湿润了,也把老区人民的眼睛唱湿润了,连老天爷的眼睛也给唱湿润了。老乡们!我们演员都商量好了,如果雨下大了,只要大家不走,我们演员就不会走!

这段热情洋溢而又风趣含蓄的话,激起了观众长时间的掌声,人们兴致勃勃地继续观看演出。这里赵忠祥巧借自然现象,进行了淋漓尽致的发挥,从而达到控制场面的目的。

在中央电视台第14届青年歌手大奖赛上,一对来自阿坝地区的羌族兄弟选手演唱的《羌族酒歌》得分很高,但他们的素质考核为零分。为了缓解兄弟俩的尴

尬,董卿临时加入了一个小环节。董卿说:

> 就像这对来自深山的选手不了解外面的世界一样,我们对他们民族的文化也未必知道。我现场替他们给评委和观众们出一个题,请问佩戴在兄弟俩脖子上的这个银制的小壶是干什么用的?请回答。

评委非常积极,有的说是信物,有的说是装子弹的。董卿说:

> 你们都答错了。正确答案是装盐的。因为羌族要打猎,猎物直接就烤了吃,烤肉需要放点盐,盐就装在胸口的小盒子里面。

然后,董卿问余秋雨这些评委得多少分,余秋雨也很幽默地说:"全是零分。"

四、借题发挥,化解尴尬

在主持节目时,主持人经常会遇到一些尴尬场面,这就需要主持人借题发挥,化解尴尬局面。

湖南卫视《天天向上》2014年7月的一期节目中,主持人欧弟、钱枫和嘉宾吴京比画拳脚,玩"推过去拉回来"的游戏。欧弟说:"我家住很远,在台湾,你也能一掌把我推回去吗?"站一旁的主持人汪涵说:"台湾我们不能推,我们要拉回来。"现场立即掌声四起。

江苏卫视《非诚勿扰》2013年播出的一期节目中,孟非、乐嘉和男嘉宾有这样一段对话:

男嘉宾:我要向孟老师学习,经常做些笔记。
乐　嘉:孟非从来不做笔记。
孟　非:不不不,别别别,我们老板在看节目。我每次上电视都是通宵做准备,推开窗户,已见东方之既白。

很显然,孟非这句借题发挥的回答尽显机智本色。既反驳了乐嘉的观点,又显示了自己的勤奋。这种夸张又不失文采的自圆其说,让人忍俊不禁。

在一次春晚彩排时,青年美声歌手王莉上场时不慎摔倒,单膝跪地,虽然她随后照常演唱,但现场气氛还是稍显尴尬。主持人董卿见状,说道:

> 刚才王莉不小心摔倒了,好在没影响到她的演出。其实春晚就是这

样一个舞台,能站在这里的都是最优秀的演员,大家都是摔倒了又爬起来才走到这里的!

面对歌手摔倒这一尴尬局面,董卿机智地借题发挥,从王莉"不小心摔倒"的情景,联想到台上诸多演员的奋斗经历,出语不凡,不仅道出了一个优秀演员历经挫折走向成功的道理,同时转移了大家的注意力,起到了圆场的效果。

五、从容应对,抢险救急

在节目现场,观众可能由于意外和险情而产生抱怨、焦急、躁动不安等情绪,主持人应动之以情、晓之以理,尽量化险为夷,赢得观众的信任和理解。当然,这需要主持人当机立断、头脑灵活、反应敏捷。

2020年6月7日晚,在湖南卫视《出手吧,兄弟! 芒果扶贫云超市大直播》中,现场一名男粉丝突然冲上台拿着戒指,单膝下跪向迪丽热巴求婚,一旁的汪涵迅速反应,按住男粉丝举戒指的手,马上救场说道:"我觉得喜欢完全可以,你可以下单。"然后让工作人员将这名男子带离台上。网友十分赞赏汪涵的控场能力:一边单手抓住男子不让他靠近迪丽热巴,一边继续流程稳住场面,在"直播事故"中再现"神救场"。

同样,2015年3月27日晚,湖南卫视《我是歌手3》总决赛的"帮帮唱"环节结束后,主持人汪涵上台正准备宣布第一轮的竞唱结果,歌手孙楠一直示意有话要说,汪涵发现了这一幕,摄像马上把镜头给到孙楠,孙楠拿出了一张稿子,说自己是七位歌手里年纪最大的,要给弟弟妹妹更大的机会,正式宣布自己退赛。瞬间,全场惊愕,一片哗然,节目组人员不知所措……此时此刻,主持人汪涵从容淡定,说了一段非常经典的话,成功解围。当晚,在各网络平台上,"汪涵救场"成为热门话题。如何在短短几分钟里,对观众、对选手、对自己、对主办方都有一个妥当的交代?汪涵是这么说的:

> 既然我是这个舞台的节目主持人,接下来就由我来掌控一下。首先请导播抓紧时间为我准备一个三到五分钟的广告时间,谢谢!我待会儿要用。接下来我要说的这段话有可能只代表我个人的观点,而不代表湖南卫视的立场。我从二十一岁进入湖南广电,所以我觉得我自己身上的很多优点和很多缺点似乎都打上了湖南广电的烙印,包括所谓"没事儿不

惹事儿,事儿来了也不要怕事儿"。对于一个节目主持人,在这么大一场直播当中,一个顶尖级的歌手、一个顶梁柱一样的歌手,突然间宣布退出接下来的比赛,我想应该是"摊上事儿"了,甚至是"摊上大事儿"了。但是说实话,我的内心一点儿都不害怕,因为一个成功的节目有两个密不可分的主体,除了这个舞台上的七位歌手之外,还有电视机前的亿万观众和现场的这么多的观众。我之所以不害怕,是因为你们还真诚地、踏踏实实地坐在我的面前,我还可以从各位期待的眼神当中读到你们对接下来每一位要上场的歌手,他们即将演唱歌曲的那一份期许。我还可以从各位的姿态当中感受到你们内心的那种力量,这个力量足够给楠哥,给红姐,给 The One,给李健,给维维,给黄丽玲,给所有的歌手,给彦斌,已经准备好了,会有千万个掌声要送给他们。楠哥,不信,你听。这是我要说的第一层意思。

第二层意思我想表达的是,我虽然不同意楠哥的一些观点,但是我誓死地捍卫您说话的权利。所以刚才我由话筒听到那一段的时候,我并没有试图打断您要说的话,虽然我可以这么做。其实每一位歌手来到这个舞台,他都有权利选择我来或者是不来。当然,您自然也有权利选择在您认为是对的时刻,依着自己认为对的那个心情作出你要离开的这个决定,所以我相信我们应该尊重一个成熟男人在这一刻作出的决定。当然,我们在这里提出一个希望和请求,就是希望您以一个观众的身份继续坐在这个地方,来看你最爱的弟弟妹妹们向歌王的舞台进军,我也相信我们现场的 500 位大众评审已经做好了准备,用掌声来接纳这位不期而至的观众。不信,你听。

接下来对于我个人而言,一个主持人,我在台上不可能有这么快的反应速度,也不可能有这么大的权利,来重新调整接下来因为楠哥的退出而要改变的比赛的规则。因为有一个歌手要退出,所以比赛规则都要做相应的改变,所以有请导播在这一刻给我放三到五分钟的广告,我要跟我们的制作团队、跟我们的领导一起商量,怎么来进行节目上的和赛制上的相应的调整。各位亲爱的观众朋友,真的千万不要走开。还是那句话,真正精彩的时候,或许会从广告之后才开始,马上回来!①

汪涵即兴说出的这段话,既给予了节目组充分调整预案的时间,又给制作团队的窘况解了围,表明了态度,抚慰了观众,掷地有声。这段话逻辑严密、思路明确、要点清晰,堪称经典。

2009年4月1日,魔术师刘谦来到湖南卫视《金牌魔术团》节目担任评委,现场有一位魔术爱好者在表演完毕后,不满评委的评价,竟自称是"中国喜剧魔术第一人",情急之下他还将矛头对准了刘谦,说:"你表演的魔术我都看穿了,我现在就能讲出你发明的那些魔术是怎么变的!"然后当场破解了刘谦在春晚上表演的一项魔术。此举令一向温文尔雅的刘谦也火了,严厉地说:"如果一个魔术师在舞台上揭秘魔术,那他就不配站在这个舞台上!"面对如此窘境,主持人汪涵迅速插话:

> 如果没有优秀的魔术师对魔术进行创新,破解也就无从说起,喝水不忘挖井人,对吧?

汪涵巧妙地运用了一个假设句,"刘谦的魔术创新是选手破解的前提条件",既肯定了刘谦对魔术创新的功劳,又提醒选手认识到"喝水不忘挖井人",告诫选手戒骄戒躁。

第三节 调控情感

节目主持需要积蓄感情、投入感情、释放感情、宣泄感情,但又最忌泛情、滥情。这要求主持人对感情的控制与把握,既有"杨柳岸,晓风残月"般的婉约、细腻,又有"大江东去"般的豪放、粗犷。只有对感情的把握准确到位,对感情的调节适度及时,节目主持才会达到预定的目标和效果。

一、对自我情感的调控

一方面,主持人情感的饱满程度、释放分寸,都不可避免地影响着节目的效果。节目主持人面对或熟悉、或陌生的节目内容,应调动感情积蓄,以饱满的感情投入

---

① 根据2015年3月27日晚湖南卫视《我是歌手3》总决选播出节目实录整理。

到节目创作中。和常人一样,主持人有自己的喜怒哀乐,有自己情感的兴奋点和情绪的沉睡区,有每天必须面对的无奈与尴尬,有自身无法解决的忧虑与烦恼,有抑制不住的激情与愤懑,有难以遏止的感伤与痛苦。可一旦拿起话筒,作为公众形象,主持人就必须在酝酿、调动、控制感情的过程中逐渐地进入角色,完成主持人自我形象的塑造。

倪萍曾主持中央电视台《人与人》《三原色》《综艺大观》等一系列栏目,在《综艺大观》这个栏目中一举成名。倪萍成名的原因是多方面的,含蓄、谦和的微笑,善良、真诚的为人,质朴、纯净的情感,端庄、大方的形象。其中最重要也是最关键的一点是,她的微笑、她的语言、她的一举手一投足都倾注了她的情感和热情。这种情感是真实自然的,正如她自己所说的:"我对主持人工作倾注了几乎全部的热情和创作的激情,里面绝对没有虚假、表演的成分。"

另一方面,主持人应对情感进行适度的控制和把握。如果主持人对感情毫无节制地表现,那将会影响媒介应有的准确、公正与客观,妨碍主持人与受众之间的交流与沟通。美国一位电视新闻节目主持人在波黑战场上报道说:"站在这里,我为周围死难者感到悲伤。"这时他的眼里饱含着泪水,但他接着又说:"但这不符合新闻节目的要求,因此,我又忍住了泪水。"这种真诚而又质朴的陈述、深情而又有节制的表露深深打动了所有的观众,让观众感受到了这位主持人的敬业精神和媒介素养,更让观众感受到了这位主持人的社会良知和正义感。

二、对嘉宾情感的调控

主持人的情感如果不能引起嘉宾、受众的共鸣,那么这种感情投入与感情渲染就成了一种无效劳动。主持人要把情感倾向明确地传达给嘉宾和受众,并以含蓄的语言唤起他们的共鸣。

在中央电视台第十四届青歌赛美声组第三场直播中,主持人董卿最后在送别落选选手时说了这么一段话:

> 我们都知道今年四年一届的世界杯又拉开了序幕,而过一会儿是东道主南非队和墨西哥队揭幕式赛事正酣的时刻。今年的世界杯主题曲有句歌词是"天涯不过,你我胸怀"。这一刻我们可以把它看作是离开舞台的一刻,这一刻我们也可以把它看作是新的旅程起航的时刻,就看你们用

什么样的胸怀去对待它,祝福我们年轻的选手们,也感谢你们用青春、用歌声装点了我们的舞台。谢谢你们,你们也辛苦了!

在民族组第三场直播中,董卿最后在送别落选选手时说:

屈原之所以伟大,除了他的才华之外,更重要的是因为他的爱国情怀和高洁的志趣。所以我想对于我们的年轻人来说,如果今天的这次小小的失利,能够让他们认识到自己在歌唱水平上有所差距,除此之外,还能够磨砺我们的意志,还能够坚定我们的情怀,我想,那真的就是一笔宝贵的人生财富了。所以在最后我也想用屈原在《离骚》当中的诗句,来作为告别。"路漫漫其修远兮,吾将上下而求索。亦余心之所善兮,虽九死其犹未悔。"

在流行组个人单项决赛第三场,选手离开前,有的选手哭了。董卿说:

不要哭,你们知道吗?当你们一个个和大家告别的时候,我突然想到了莎拉·布莱曼的那首歌 Time to Say Goodbye(《告别时刻》)。但是我倒是更愿意和各位分享这个歌曲背后的故事。1996 年德国最著名的拳击运动员亨利·马斯克要为自己举办一场退役告别赛,所以他特意邀请了他最喜欢的歌手莎拉·布莱曼来为他比赛结束之后进行助兴演唱,莎拉·布莱曼为这个优秀的运动员精心地挑选了这首歌。但是出人意料的是,亨利输了这场比赛,他以一个败局为自己传奇般的运动员生涯画上了一个句号。但是,这首歌曲却因此在全世界传唱。所以有人说一个悲伤的告别,造就了一个音乐的传奇。故事到这里原本应该结束了吧,但是没有,谁又能够想到十年后,也就是在 2007 年,亨利再一次复出,他已经 43 岁了。他复出之后一举击败了十年前的那个对手,也创造了自己运动生涯当中的又一个奇迹。所以我想说的是:人生是难以预料的,告别无时无刻不在,什么时候告别并不重要,今天还是明天,重要的是当你走了之后,有没有人记得你,记得你曾经来过,记得你曾经笑过,记得你们曾经用年轻的生命歌唱过。谢谢你们。

以平等、自然、亲切的方式与观众进行交流,以求唤起他们内心深处的共鸣,是主持人的最佳选择。

在《超级访问》节目现场,主持人李静问嘉宾孙悦:"节目开始之前我先问你一个问题,假如你是一个节目主持人,向观众介绍嘉宾时,头脑里一时堵塞,记不起这位嘉宾的名字了,你会怎么办?"孙悦摇摇头,好奇地反问:"你都是怎么办的?"李静笑了笑说:

> 如果这位嘉宾很出名,在观众中已有影响,我就对观众说:"你们大家都知道他的大名吧?"观众中很可能有脱口而出的,我正好顺着报出来。如果这位嘉宾不太出名,我就把话筒递给他,偷巧地说:"请你向观众作自我介绍吧。"我想今天的嘉宾大家都肯定知道她的大名,不用她自我介绍了吧?(观众齐呼孙悦的名字,孙悦的情绪顿时也高涨了起来。)

李静深谙调动嘉宾情绪在节目中的重要性,所以她在介绍嘉宾孙悦时,首先以一个假设问句开场,摒弃了循规蹈矩的传统开场法,巧妙地把孙悦置身于主持人的情境,在问答的互动中抛砖引玉地引出了孙悦,给人耳目一新之感,既活跃了现场的气氛,又调动了嘉宾的情绪,为顺利进行访谈奠定了基础。

三、对受众情感的调控

受众参加活动的目的不一,文化背景、知识修养、生活阅历、思维方式、人生态度等有着较大的差异。主持人要发现受众共同的兴奋点,从而调动受众的感情。

1. 以"我"介入,感染受众

以"我"做话头在传播学上叫自我表露。传播学认为,自我表露是人际传播的基础,人们通过自我表露相互了解、相互沟通,建立和谐、良好的人际关系,从而在亲切、自然的氛围中进行人际传播活动。主持人在活动中以"我"做话头介入节目,有利于情感的交流,有利于以"我"独特的体验、视角、见解来感染受众、影响受众,让受众与主持人的情感相亲、相近、相似。

以"我"做话头介入节目,意味着主持人应围绕节目内容,以个人独特的经历、感受、视角切入话题,以期增加内容的可信度和亲切感,唤起受众内心的认同,感染受众的情绪。中央电视台主持人王雪纯对此深有体会。她认为,通过"我"表达的是一种对事情的看法、是一种体验,是为了自然地切入话题,是为了感染受众。她说自己要努力达到的境界是:"不露痕迹,把我的感觉说出来,又把'我'淡化;每句话看似随口说出,却真是我想说的,又是你想听的,又是节目需要的,三者结合得天衣无缝。"

如1998年初春河北张北发生地震,敬一丹在3月23日的《东方时空·面对面》中是这样开始节目的:

> 我昨天刚刚从河北张北地震灾区回来。看到北京迎春花开了,向阳的地方冒出了小草,就想起坝上那大片冰雪,那逼人的寒气,那风卷着雪形成的白毛风,还有孩子们冻得通红的脸。这一切,其实并不遥远……

敬一丹以"我"的亲身经历、感受,使受众产生了心系灾区、情牵灾民的情感。

2. 叙述引路,营造氛围

在节目中,面对千变万化的内容,主持人无法完全了解、把握受众对这些内容的关心程度和感情体验,情感的调动不仅仅会无的放矢,更可能会南辕北辙。这时最好的办法就是用讲故事的方式,让曲折、动人的故事情节深深地吸引受众,使受众不知不觉地进入节目的情感氛围。倪萍在《综艺大观》一期节目中谈到人文关怀问题时,讲了一段她亲身经历的故事:

> 在我众多的电视朋友当中,有这样一位小朋友,她叫赵迎,是北京80中学的学生。我们的节目,她每次都看,场场不拉,一边看一边还录了像。我们第一次见面是获悉她得了癌症的那一天。当我驱车赶往小赵迎家,推开虚掩着的房门,我惊呆了,墙壁四周贴了数十张自己在不同时期的照片。我发现在房间一角的床上坐着一个面色苍白但十分清秀的少女。不一会儿,小姑娘像见到久别的亲人那样,猛地扑在我怀里,"哇"的一声哭了起来,凄厉的哭声像一把锋利的尖刀刺在我的心上,我紧紧搂住小姑娘,眼中的泪水禁不住地往外流。尽管我还没有做母亲的体会,但此时此刻我凝视怀里不断哭泣的小姑娘,着实感到自己应该像母亲那样尽一份职责。我真不能想象一个普普通通的主持人竟会对这个小姑娘产生这样的影响。大约过了十多分钟,小姑娘慢慢地平静了,她仰起脖子目不转睛地看着我说:"倪萍阿姨,我会死吗?"我心中顿时一阵酸楚,强忍着悲痛佯装笑脸,轻轻拭去脸颊上的泪水慢慢地说:"放心吧!倪萍阿姨一定会救你的。"在以后的几个月中,我四处奔波,访遍了京城的名医,找来了各

种治疗癌症的偏方,甚至还召集了一些闻名遐迩的气功大师。但这一切仍无济于事,残酷的病魔使小姑娘一天比一天衰弱。当小姑娘病得不能动弹时,我正好在南方录制节目,一时无法联系。小姑娘躺在病床上喘着气,断断续续对她母亲说:"妈妈,我可能再也见不到倪萍阿姨了,你一定要代我送一件黄毛衣给她,因为倪萍阿姨在电视上穿黄色最漂亮!"等到我在南方得知小姑娘病危、星夜兼程赶回北京时,小姑娘已经匆匆走了,只留下给我的那件黄毛衣。……

在这里,倪萍讲述了一个凄婉动人的有关生命和死亡的故事,对人物命运的牵挂与关注,使受众以极大的兴趣、带着深厚的感情聆听这个故事,和主持人一道感触着酸楚和悲哀。

3. 细心观察,及时应对

一名头脑清晰、善于思考和发现的主持人,善于通过对一些细节的观察,带领观众进入节目的情境,也善于抓住一个瞬间的场景,引发观众的思考和感悟。比如中央电视台主持人李小萌在一次采访中有这样一个场景:她刚刚问了一个问题,就有一个士兵从远处跑来笑嘻嘻地对着镜头,她注意到这个细节后立即把话题转向这个战士,问他怎么"这么愿意表现自己",也由此把观众的注意力引向这个战士。从这个战士"高兴呗,想上电视呗"等回答,生动地说明了训练虽然很辛苦,但是战士们个个开朗乐观。主持人对现场进行灵活机动的掌控,不断调动着采访对象的情绪,而被采访者的情绪也直接带动着观众的情绪。我们可以想象,如果主持人对现场的变化不敏感,这期节目也就会陷入固定模式,平淡无奇,达不到引人入胜的效果。

在某些节目中,主持人与采访对象之间看似进行着简单的一问一答,却体现着主持人对采访现场的驾驭判断能力,在2004年1月5日《新闻调查》栏目之《张润栓的年关》节目中,主持人对于法院的深入调查得到充分体现:一个小时前还在办公室与记者交谈的执行法官张宏,在新闻中心主任高保明的口中却"突然出差"。面对如此"回避",主持人是如何据理力争的呢?

高保明:张宏已经走了!

主持人:刚才还在办公室看到他,什么时候走的?(惊讶,追问细节)

高保明:他说刚走的。(谎言暴露)

主持人：他跟我说今天下午在办公室,怎么会忽然出去了呢?（穷追不舍）

高保明：那他们领导说他已经走了,去执行公务了。（没了耐性）

主持人：出差这么急?（反问）

高保明：执行工作和别的工作不一样。（强词夺理）

主持人：张润栓的案子他三年都没有执行,这个案子这么急?（点明要害,再次反问并驳斥）

高保明：这我没法跟你说！（试图摆脱）

主持人：希望能采访你们法院的院长。（提出要求）

高保明：不行！（严厉拒绝）

主持人：希望院长就这个事表明一个态度。（仍心平气和地表明态度）

高保明：你这是啥意思呀？（突然发现记者在后面拍摄,气愤地用手遮挡镜头）

主持人：您别激动,我们很有诚意来了解这件事情,希望能够听到法院的声音。高主任……（主持人继续追问,高保明快速走入一家店铺,主持人追入后发现高保明已经不见了）

在采访中,主持人用心留意了每一个细节,观察到了采访对象的微妙变化,从而能够很好地驾驭节目。

第四节　控制进程

在节目的行进过程中,主持人应当对节目流程了然于胸并且驾驭自如,通过语言技巧上的起、承、转、合,最终圆满地完成主持工作。在一期节目中,如果在控制节目进程的环节出现失误,那么节目就必将以失败而告终。

一、主导节目进程

对于一个主持人来说,对节目的把控,不仅来自语言本身,更来自未开口便能彰显出来的强大气场。主持人绝不仅仅是在自己的"一亩三分地"中耕耘,而应当是一个杂家。白岩松便是一个典型代表。有人曾这样评论："与其说白岩松是一个懂社会学的主持人,不如说白岩松是一个会主持的社会学家。"所以,主持人必须在广义备稿的环节,专注于阅读,广泛涉猎各学科知识,不是做一个只能背稿的人,而是做一个能够产生内容的人。对于一个底蕴深厚、气场强大的主持人来说,主持技巧反而退居其次。主持人机智的反应可以处理现场的紧急情况,也可以为节目增色添彩。下面以《开讲啦》的一期节目《科比·布莱恩特:如果你永不畏惧》节目为例,分析主持人撒贝宁的自信、机智与幽默。先看撒贝宁在开场的一段主持词:

> 今天与众不同,这是我做《开讲啦》节目以来第一次在我说话的时候就有人欢呼。尽管我知道,这个欢呼声不是给我的。(观众笑)当别人问我,你喜欢什么运动的时候,我会很骄傲地说"篮球""basketball"!但是每当我说完这句话的时候,对方的表情感觉就好像我爱上了一项不该爱上的运动。但是我一直到今天都没有放弃,我始终在心里告诉自己,总有一天,你会和世界上最好的篮球运动员站在同一个舞台上。(观众欢呼、尖叫,掌声持续了5秒,撒贝宁很自信地笑了)今天是一个梦想实现的日子。

撒贝宁的这段开场和以往不同,他以自身的故事引出今天的话题。不论是最开始的掌声不是给他的也好,还是别人嘲笑他不适合打篮球也好,都无法打击他的自信。他最后的一句"我始终在心里告诉自己,总有一天,你会和世界上最好的篮球运动员站在同一个舞台上",更是突显了他的自信。

(通过短片,周杰伦教科比用自身的"正能量"开讲)

撒贝宁:我知道你跟周杰伦合作唱过一首歌。尽管在那首歌里科比就唱过几个词儿,但是科比给自己那首歌的演绎打的是A+。(观众笑)

科　比:我知道你们肯定不想听。我唱得不好。

撒贝宁:我们太想听了。(现场观众起哄尖叫、鼓掌)

科　比:我唱得不好,老是忘记歌词。而且周杰伦的歌词尤其记不住。

(现场RAP的音乐起)

撒贝宁:把你最想说的话,能用这种音乐的方式告诉我们吗?

科　比:我来做音乐部分,你来作词。(科比有点紧张,现场气氛开始热烈)

撒贝宁:好的。(大家掌声不断)

(科比开始用嘴巴和话筒打拍子)

撒贝宁:24号科比身高一米九八,在场上是绝佳的后卫。他的绝杀是后

　　　　仰跳投,面对他没有人敢说自己是老大。(观众再次开始尖叫)
　　　　经过很多年,他做了很多事,得了很多冠军,但是他不罢休,他仍然还想奋斗、他还想打。他的目标可能是下一个六连冠、七连冠、八连冠,永远是场上的王者,科比·布莱恩特。

(观众起立、沸腾,科比大笑然后和撒贝宁击掌)

科　比:我们要出个唱片才好呢! 我们出个唱片吧,就我和你。
撒贝宁:你觉得我的词基本上正确吗? 你的目标是七连冠、八连冠?
科　比:你的每一个词我都听懂了,我觉得太棒了!

　　科比和撒贝宁的音乐合作是即兴的,事前没有准备。在这种情况下,撒贝宁的歌词基本准确又比较贴切,足见他的功底。观众被科比和撒贝宁的现场表现所吸引,尤其是撒贝宁的现场作词,引起了在场观众的欢呼。

二、营造节目气氛

　　广播电视节目要想吸引更多的受众,需要主持人通过幽默的语言、积极饱满的情绪,营造良好的节目气氛。

　　有人说,幽默是主持人的法宝。主持人的幽默,一方面是个性使然,另一方面也来自平时的积累。一些主持人总是能够在节目中妙语连珠、精彩不断,这主要是因为他们掌握了幽默的技巧、积累了大量幽默的段子。当然,幽默不是恶俗,那些市井间腥、膻、色的粗俗段子是绝对禁止的。2012年和2013年中央电视台的春节联欢晚会,主持人不再是像过去那样以报幕的方式串场,而是开始用以脱口秀为底色的串联小品衔接节目,在控制节目进程方面收到了良好的效果。

　　2020年4月,"小朱配琦"这个词条冲上了热搜第一。被网友誉为"超级段子手"的朱广权和"人间唢呐"李佳琦合体,为湖北带货直播。朱广权段子张口就来:

　　　　初来乍到,技术不好,手艺不妙,请多关照。我命由我不由天,我就属于佳琦直播间。

　　　　支持湖北我最拼,我为湖北胖三斤。

　　有网友评价说:"在罗永浩的直播间未收获的快乐,在朱广权的主播间都得到了。"

据报道,这场公益直播累计观看1.22亿次,直播间点赞数1.6亿,累计卖出4,014万元的湖北商品。

在节目进行中随机应变,抓住各种机会,营造节目气氛,成为优秀节目主持人必备的能力。要具备这样的能力,仅仅低头背稿子是完全不行的,必须要学会"眼观六路,耳听八方",随时注意现场变化,抓住每一个细节。人们也许无法就一个宏观命题发表长篇大论,但一般能就一个微观的问题谈谈自己的观点。中央电视台的白岩松、董卿、尼格买提、撒贝宁,湖南台的汪涵、何炅、李锐、谢娜,东方卫视的曹可凡等主持人都是善于抓细节的高手,他们经常会根据节目现场的情况,用幽默的语言随机应变,主持人还可运用语调、情绪的变化,营造节目氛围,引起观众的共鸣。比如主持大型节庆联欢晚会或主题晚会,主持人语调比平时应更高亢,情绪更饱满,这样才能调动起现场和电视机前观众的情绪。另外,直播类节目往往容易发生意外,而化解意外最好的方法,也是抓住现场细节即兴发挥,将受众的注意力转移开来。许多优秀主持人甚至能够将意外转化成节目效果。

任何节目主持的技巧,都是在实践基础上总结出来的,而理论的学习永远无法取代实践的打磨。

思考题

1. 语境包括哪几个方面?
2. 节目主持人应如何提高自身的临场应变能力?
3. 举例说明主持人应如何营造节目氛围?

第五章 节目主持人的传播策略

本章要点

1. 了解语言传播与情感传播的策略
2. 了解品牌传播的策略

何谓传播？传播是社会信息的传递或社会信息系统的运行。① 节目主持人的重要职责是将有意义的社会信息传递给受众，受众接收信息并反馈新的信息，媒体接收反馈信息并不断修正自己传播的社会信息，从而使整个社会信息系统良好地运行。如何能使受众愿意接收主持人传播的社会信息并有效反馈，这便关乎传播策略的问题了。

主持人的传播活动兼具人际传播和大众传播的双重属性。一方面，主持人与现场的观众有面对面的人际传播；另一方面，主持人通过媒体平台实现了一对多的大众传播。为了实现有效传播，主持人可以采用以下几个传播策略：语言传播的"三维"策略、情感传播的"自己人"策略、品牌传播的"意见领袖"策略。

第一节 语言传播策略

传播学者李普曼曾提出了重要的"拟态环境"的概念，认为拟态环境是大众传播媒介通过对新闻和信息的选择、加工和报道，重新加以结构化以后向人们所提示

---

① 郭庆光.传播学教程[M].北京：中国人民大学出版社,1999:5.

的环境。① 这种拟态环境并不是客观环境的再现,拟态环境与客观环境之间存在着差异。主持人掌握正确的语言传播策略,才能使媒介呈现的拟态环境最大限度地接近现实环境。

如何使受众愿意倾听,主持人的语言需要从"时间""空间""深度"上下功夫,即主持人语言的"三维"策略。

一、语言要有可信度

传播学者霍夫兰提出了"可信性效果"的概念:一般来说,信源的可信度越高,其说服效果就越大;可信度越低,说服效果越小。受众会因为从主持人那里得到真实的信息,而对主持人产生信赖感。主持人应提升自身语言的规范性、可信性,尤其在"把关人"经常缺失的新媒体时代,主持人更应该以传递真实信息为第一要务。

2020年,全民抵抗新冠疫情,在抗疫过程中,一些谣言也随之产生。2020年1月一张图片在各大网站传播开,该图片把中央电视台1月20日《新闻1+1》连线钟南山院士的画面作为背景,标题的前半句属实,写道"所以,戴口罩还是有用的",但后半句话却把专家提醒的"75%酒精可以灭杀病毒"扭曲改写成了"饮高度酒对抗冠状病毒"。白岩松在1月22日《新闻1+1》节目中马上澄清:

> 喝高度酒?那没病的,不得喝死了!这样的谣言怎么来的呢?李兰娟院士在杭州接受采访的时候,她的原话是:"75%的酒精,是能够杀灭这个病毒的,所以大家如果去买这些东西,在日常经常接触的地方,想要定期去消毒一下,都是可以的。"此处李兰娟院士所指的是医用酒精,且擦拭才能消毒。同时,利用钟南山院士的画面,更是利用网友对钟南山院士极度的信任。希望谣言尽早终止,不要让谣言破坏我们抵抗疫情所作出的努力。

二、语言要生动

广播电视节目有审美娱乐和教育感化功能,这就要求主持人的语言要生动有趣,给人以启迪。

---

① 郭庆光.传播学教程[M].北京:中国人民大学出版社,1999:127.

《奇葩说》是一档说话达人秀类综艺节目。这一节目诞生于2014年,由爱奇艺倾力打造。截至2019年年底,《奇葩说》系列节目已播出六季,节目不仅获得了网络观众的好评,官方媒体也对其给予了高度评价,人民网曾做如下点评:"节目需要的是那些有态度、具备高超的语言技巧和无懈可击的辩论逻辑才能的人。在节目中,你不仅能在导师的调教下锤炼口才,还将领略到说话、做事的个中奥秘,成为社会认可的新兴气力,以颠覆的姿态力推青春正能量。"这档节目能俘获大批年轻观众的主要原因就在于其语言的生动有趣。在一期《奇葩说》中主持人马东言:"随着时间的流逝,我们终究会原谅那些曾经伤害过我们的人。"导师蔡康永立即补充道:"那不是原谅,那是算了。"之后两人的这段话也激起了许多网友的感怀与思考。著名主持人水均益明确表示:"我们所说的'口语化'绝非指'淡而无味',对于主持语言,我们要求平常但不能平淡,要精彩,平常要有内容,每一句话力争做到'言之有物、言之有趣、言之有益'。"[1]要做到这一点,主持人必须不断更新自己的知识结构、充实自身的知识储备。

三、语言要有深度

主持人一方面要保证传递的信息真实,语言旁征博引、生动有趣,另一方面还要使评论语言明快凝练、响亮有力、耐人寻味。面对由美方发起的贸易战,在2019年5月13日晚上的《新闻联播》中,主持人康辉掷地有声地播报了一篇国际锐评,准确而有力地表明了我国的立场与态度:

> 谈,大门敞开;打,奉陪到底。经历了五千多年风风雨雨的中华民族,什么样的阵势没见过?在实现民族复兴的伟大进程中,必然会有艰难险阻甚至惊涛骇浪。美国发起的对华贸易战,不过是中国发展进程中的一道坎儿,没什么大不了,中国必将坚定信心、迎难而上,化危为机,斗出一片新天地。

---

[1] 水均益,赵俐. 个性展现的基础:访《焦点访谈》主持人水均益所得[J]. 现代传播,1995(4):56-61.

第二节　情感传播策略

精神分析学家哈特曼曾以德国议会选举为契机进行了一次实验,哈特曼设计了两种号召选民支持社会党的宣传小册子,一种采取"诉诸理性"的方法,一种采用"诉诸感情"的方法。结果是,在发放了"诉诸感情"小册子的社区,社会党选票增长率最高。这个实验使人们认识到情感传播策略对传播效果起着重要作用。主持人在主持节目时正确地运用情感策略,才可能赢得受众的喜爱和信赖,形成"自己人"效应。中央电视台自主研发的大型文化原创节目《中国诗词大会》第四季于 2019 年 2 月 5 日在央视综合频道首播,该节目一直秉承"赏中华诗词、寻文化基因、品生活之美"的宗旨,主持人董卿的语言也践行了这一节目宗旨,以诗词为媒介,拉近了节目与观众的距离。在节目第四季的第一场,董卿这样开场:

> 《中国诗词大会》是与大家一年一度的相约,今年已经是第四个年头了,我们携手走过了一个又一个春夏秋冬。一起看"人面桃花相映红",一起听"稻花香里说丰年",一起叹"霜叶红于二月花",一起盼"风雨送春归,飞雪迎春到"。季节有四季,诗词也有四季,代代相传,生生不息,就让我们在《中国诗词大会》花开四季的舞台上,再一次来感受中华文明的璀璨辉煌,品诗意人生,看四季风光。

主持人的言辞紧扣你我共度的诗词时光,这是观众与节目的不解之缘,也是观众与主持人的情感递进。

第三节　品牌传播策略

节目主持人的品牌意义在于主持人成为栏目的一个固定形象,比如,提及汪涵,大家就会想到《天天向上》;提及何炅,大家就会想到《快乐大本营》等。将优秀的节目主持人打造成品牌明星,已经是一些经营理念先进的媒体努力的方向。如何发挥品牌传播策略,成功地推介宣传名主持呢?我们可以从传播学者拉扎斯菲尔德的"意见领袖"理论中获取一些策略。意见领袖是指在人际传播网络中经常为他人提供信息,同时对他人施加影响的"活跃分子",他们在大众传播效果的形成过程中起着重要的中介或过滤的作用,他们将信息扩散给受众,形成信息传递的两级传播,即大众媒介—意见领袖——般受众。显然,意见领袖颇具人格魅力,具有较强的综合能力和公信力,在社交场合比较活跃,通晓特定问题并乐于传播和接受相关信息。具体来说,节目主持人的品牌传播策略包含以下几个方面。

一、人格魅力

获得观众肯定的主持人首先具备一定的人格魅力,许多媒体为了塑造主持人的良好形象,积极推广各种公益慈善活动,让主持人成为公益慈善的推动人。

深受观众喜爱的湖南卫视主持人汪涵一直主动热心公益事业。2013年1月25日,汪涵担任"湖南省文明交通形象大使",参加了湖南省"文明交通行动计划"领导小组组建的湖南省文明交通志愿者"天天宣讲团",在全省开展一系列文明交通宣讲服务活动。2015年7月,汪涵自费465万元发起了一项湖南方言调查"响应"计划,意欲保护方言。该计划将用五到十年时间,组织10支调查研究团队,对湖南53个调查地的方言进行搜集和研究,以录音、录像、文字等方式保存方言资料,进行数据库整理,并将最终成果捐献给湖南省博物馆。除此之外,主持人汪涵还置身于环保公益事业,担任了湖南省国土资源厅"爱地球·看我的"形象大使以及"世界自然基金会麋鹿保护大使""湖南省环保公益大使"等,并以公益大使的身份拍摄"我想有个家"公益短片,个人出资及募资并携手圣火公益基金会向"我想有个家"捐款。作为舆论意见领袖的主持人,应有一份发自内心的社会责任感和人文关怀,才能以德服人、彰显人格魅力,才能真正走进受众的内心。

二、包装宣传

2013年春节前后,中央电视台综艺频道主持人合作演唱原创歌曲《生活就是舞台》,并录制了精美的MTV,平均每半小时播出两次,这样的宣传攻势无疑加强了受众对主持人的关注度。具体来说,对于主持人的包装宣传包括以下几个方面。

1. 共享主持人资源

如何为主持人提供更广阔的表现空间,媒体可以采用共享主持人资源的策略。例如两个节目的主持人相互客串,既降低了节目制作成本,又提高了主持人的出镜率。例如2020年1月26日,中央电视台《经典咏流传》第三季在综合频道首播。该节目将古典诗词与音乐结合,邀请明星或普通人作为经典传唱人,用流行歌曲的旋律演唱古典诗词。节目中主持人撒贝宁邀请另外三位中央电视台主持人康辉、朱广权、尼格买提组成"'康撒朱尼'央视boys",现场传授背诵古文的经验,把千古名篇《岳阳楼记》传唱给全国学生。同频道主持人合力,低成本高效率,吸引观众无数。

2. 用主持人的名字做节目名称

用主持人的名字做节目名称,将主持人的名字融入节目名称中,久而久之,主持人会逐渐成为节目的符号象征。例如春妮的谈话节目叫《春妮的周末时光》、高晓松的脱口秀叫《晓说》、金星的访谈节目叫《金星秀》、撒贝宁的法制故事节目叫《小撒说法》、李静的谈话节目叫《静距离》等。

3. 利用新媒体

主持人开通微博,发布与自己工作生活相关的信息,观众通过微博可以多方面地了解主持人,并与之互动。很多知名主持人的微博、抖音粉丝数量达到了几十万甚至上百万,这些主持人将个人微博、抖音与节目遥相呼应,可以培养节目受众、引导收视潮流。另外,传统媒体还可以与新媒体平台建立长期的联系,让主持人定期到网站做客,和网友直接交流。

三、品牌营销

品牌营销就是从目标受众的特点和需求出发,对主持人进行品牌培育的过程。主持人的品牌培育是媒体和主持人共同努力的结果。

1. 主持人对自身能力的发掘与提升

一个人要想成功,需要持之以恒地把时间和精力花在"有目的实践"上。对于主持人来说,"有目的实践"不是到处去主持,而是"功夫在诗外"的深入社会、深入生活的经历、学习、积累和思考,是知识结构的充实和更新,是生活阅历的积累和沉淀。当一个主持人仅凭职业经验和技巧就能"脚面水平蹚"的时候,就会失去真诚、真情,失去动力,从而面临职业危机。

2. 媒体为主持人提供发展平台、制定职业发展规划

比如设计适合主持人的节目形态,节目是主持人品牌展示的平台,主持人必须深入参与节目,置身于内容生产的核心位置。国内一些电视台已经开始了这方面

的实践,例如北京台主持人节目创新竞标、凤凰卫视鼓励主持人节目创新、中央电视台主持人主导或参与栏目创新等。此外,播音员主持人的相关管理部门应制定职业生涯规划,研究品牌主持人的培养打造及可持续发展,在工作中进行跟进式的细致的帮助、指导,使主持人有职业安全感和职业发展期望。[①]

思考题

1. 主持人的语言传播策略包括哪些?
2. 如何从包装宣传的角度有效地实现主持人的品牌效应?

---

① 陈艳彩.分众时代电视节目主持人品牌化经营[J].湖南工业大学学报,2009(4):102-105.

第六章　节目主持人的角色认知

本章要点

1. 了解节目主持人的个人角色、媒介角色与社会角色
2. 了解如何使主持人的个人角色、媒介角色、社会角色相统一

"角色"这个词源于戏剧。英国戏剧家莎士比亚在《皆大欢喜》一剧中有这样一段台词:"全世界是一个舞台,所有的男人和女人都是演员,他们各有各自的进口与出口,一个人在一生中扮演许多角色。"这段台词可以说是社会学角色理论的最初表述。"角色"是"处于一定社会地位的个体,依据社会客观期望,借助自己的主观能动性适应社会环境所表现出的行为模式"。

从社会学意义而言,主持人的每一次"出镜"或者"出声"都是角色化表演;受众对于主持人社会角色的认知是否合理、是否正确,也将决定其对主持人的角色期待和身份认同。

节目主持人的"角色"表演和戏剧中的"角色"表演不同。戏剧舞台艺术中所提到的"角色"是指演员所扮演的剧中人物。节目主持人的"角色"表演是演"自己",是一种非角色的表演。两者之间的共同点都是要将"角色"置于规定情景之中,并要对不同的规定情景做出不同的反应。应天常对主持人角色行为特征的解释是:符合节目或栏目主旨的真实的自我表现、自我体验、自我展现、自我实现,但绝不是自我表演。主持人所充当的角色应该是复合的,而非单一的。一般来说,主持人的角色形象应该由个人角色、媒介角色和社会角色三种角色构成。

第一节　个人角色

"个人角色"是指节目主持人独特的个人体验、个人色彩和个人陈述,即一种特定的、不可替代的个性或者说是独特的"这一个"。应该说,每一档节目在其策划、定位的阶段,都会认真选择与其风格、特色协调统一的节目主持人。节目主持人也会在主持节目之后,有意识地调整自己,使自身个性与节目风格协调统一。

个性是一个人在社会生活实践中经常表现出来的既比较稳定又带有一定倾向性的心理特征(兴趣、爱好、能力、气质、性格等)的总和。构成个性最重要的部分是气质与性格。气质是指一个人先天的脾气、秉性,性格是指在环境的影响下后天形成的行为习惯与态度。美国哥伦比亚广播公司电视新闻节目总编导唐·休伊特认为,如果把节目比作一桌好菜的话,节目主持人的个性和风格便是必不可少的调味品。主持人在信息传播中发挥着桥梁和纽带作用,他们以个性化的传播方式,拉近了媒体与受众之间的距离,增强了人际传播的亲和力和感染力。

应天常在《节目主持人通论》一书中,借鉴瑞士心理学家卡尔·容格的人格理论对主持人的"我"进行了分析:

一是"本人"(Id),是无意识的核心部分,代表一种本能,简言之,是"跟着感觉走",受"快乐原则"(Pleasure Principle)支配的"我"。"我是怎样就怎样",包含着"本我"的成分。"本我"是社会所不容的,所以总被压抑在无意识中。前面说有人要"亮"出"本我",别说当节目主持人了,也许早就把别人吓跑了。

二是"自我"(Ego),它是处于对自己清醒认知状态的"我",卡尔·容格称之为公开的"自我"(Ego),也有人解释为"镜中之我",是通过观察他人对自己的评价,作出自我调整之后的"我"。"自我"是戴上"人格面具"的"我",是"人格化自我",也是一个人日常社会生活中符合自己角色身份的自然形态,即有些主持人所说的"本色"。

三是"超我"(Superego),是从"自我"提升而来的"道德化的自我",或曰"创造性自我"(Creative Self),这是对"自我"的超越。"超我"是人格形成最文明的部分,是主持人超常态的表现,也是我们应努力追求的目标。

节目主持人都是戴上"人格面具"的"自我",他"扮演"着社会和媒介所需要的特定角色。一个人格健全的主持人,必然会选择与社会理想一致的风格,致力于自己理想的目标。①

主持人在广播电视节目中的"我",不等同于生活中的"我"。主持人的个人角色应该定位在生活与舞台之间,这个"我"高于生活中的"我",剔除生活中的随意、随性和自我;又不给人以"表演"的造作感,是更质朴、更高尚、更完美、更具有社会责任感的"我"。主持人应善良、真诚,具有正义感和社会责任感。罗曼·罗兰曾说:"要把阳光播撒到别人心里,首先在自己的心里要充满阳光。"

只有个性鲜明、独具魅力的主持人才能在众多同行中脱颖而出,成为被受众注意和选择的对象。曾志华认为:"人——文化人——电视人——主持人,这样的层级基础支撑起主持人这个角色。在大众传播的过程中,主持人首先是以个人形象出现在受众视野之中,而以人际传播的方式达到大众传播之目的的行为指向,更使主持人的个人角色在节目进行中以个性的张扬为终显符号。正是因为每一个传播主体都具有鲜活的生命力,主持人也由此有了拉近节目与受众距离的亲和力以及个性上的色彩斑斓。"②

中央电视台节目主持人沈力,被观众喻为"良师益友""信得过的大姐""知心妈妈"等。在广大观众眼里,沈力是一个真诚的人,她的话语是真实的,她的情感是真实的。她说:"气质是指一个人的稳定的个性特点,它看似无形实则有形,气质常在一定程度上反映出一个人的内心世界,同时也最能显示出一个人的文明程度。因此,主持人不要只在容貌衣着上下功夫,还要不断提高自己的素质。"

中央电视台节目主持人敬一丹认为,主持风格是主持人性格的自然表现,她反对刻意"塑造"而主张自然"流露"。从业以来,敬一丹一直保持着本色主持人的风貌——端庄、朴实、大方,给广大观众留下深刻的印象:从容真挚的叙述中饱含着情感,沉稳冷静的评论中闪烁着理性的思考。

主持人的个人魅力来源于自身的生活阅历、知识结构、审美修养、艺术品位、道德素养等。娴熟的主持技巧也许可以使主持人一时成名,但如果没有健康向上的

---

① 应天常.节目主持人通论[M].武汉:武汉大学出版社,2007:42-43.
② 曾志华.电视节目主持人的个性化培育[J].视听界,2006(1):42-45.

人格魅力与底蕴深厚的学识涵养做支撑，最终也只能是昙花一现，不会有长久的艺术生命力。

第二节 媒介角色

"媒介角色"是指节目主持人自觉地将个性与媒介的需要结合起来，以更好地体现媒介的特质，完成媒介赋予的角色任务。媒介角色也可以说是职业角色，其要求既来自节目的内容和风格定位，也来自节目主持人的媒介人物这一身份。前者要求节目主持人在言行表达上与节目风格相一致，后者则要求节目主持人具备基本的职业素养和道德情操。张颂指出："任何时候，我们都不能忘记自己的'公职身份'。我们出现在话筒前和屏幕上，不是一种个人行为，我们肩负着阶级的、历史的使命，是国家机器上的一个齿轮和螺丝钉。"[1]

媒介角色决定了主持人出现在广播电视节目中时，不是代表个人角色，而是代表他们所属的媒介。"主持人在到达岗位时，在面对镜头、面对观众时，要'把他个人的生活跟外套一起挂起来，当他完成工作准备回家时再摘下来。除了自己的麻烦，还要把他们自己的倾向性、背景、政治观点和偏见一同挂起来。'"[2]

作为媒介角色的主持人，坚守的应该是作为新闻工作者、媒体人的职业操守。曾志华认为："主持人在镜头前的一举一动、一言一行，都应该是为实现信息的最优化到达而作为。所以，任何自我欣赏、自我表演的个人化展示，任何自说自话、自我呻吟的私密公开，以及怪异的服装、媚俗的表情，都是应该摒弃的。"[3]

中央电视台《中华医药》栏目自1998年6月1日开播以来，坚持"弘扬五千年传统医药文化，再创新世纪绿色健康潮流"的栏目宗旨，定位为"向海内外观众传播中医药文化，倡导健康科学的生活方式，具有较高文化品位和权威健康资讯的服务栏目"，其以信息量大、服务性强、制作精良等特点在中央电视台诸多知名栏目中独树一帜。从内容上看，《中华医药》融知识性、服务性、文化性于一体，充分展示了博大精深的中医药文化。可以说，执着于民族文化坚守与输出的电视栏目理念，是主持人洪涛和她的节目团队的制胜法宝。她虚心学习中国传统文化，钻研医药

---

[1] 张颂.情声和谐启蒙录[M].北京:北京广播学院出版社,2004:79.
[2] 博伊德.广播电视新闻教程[M].北京:新华出版社,2000:154.
[3] 曾志华.电视节目主持人的个性化培育[J].视听界,2006(1):42-45.

知识,主持风格亲切自然,从而独树一帜。

中央电视台主持人敬一丹,既有新闻节目所要求的端庄大气、客观公正的职业风格,也具备一个媒介人物的职业素养和道德情操。她多次深入到新闻现场采制节目,并参加"重访大别山、建设新农村""给孩子送双运动鞋""慈善1+1""母亲邮包""母亲健康快车"等公益活动。在她的节目里,观众总能感受到一种对于社会大众的人文关怀。

胡智锋认为,在过去几十年的时间里,广大电视节目主持人在中国电视发展中扮演了重要的角色,谱写了辉煌的篇章。今天,节目主持人在提升中华文化的影响力、促进和谐社会的建设、提升媒介的影响力和传播力方面,理应担当起更重要的责任和义务。特别是在汶川地震、抗冰救灾、雅安地震等突发事件中,一大批广播电视节目主持人,以高度职业的精神以及负责任的态度,坚守工作岗位,连续奋战,公开透明、全面及时、富有人性化地进行了报道,赢得了受众的广泛好评,为提升媒介的公信力、影响力、传播力,树立良好的媒介形象作出了积极贡献。

第三节 社会角色

"社会角色"是指与人们的社会地位、身份相一致的权利、义务的规范与行为模式,它是人们对具有特定身份的人的行为期望,是构成社会群体或组织的基础。

主持人既是广播电视中的媒介人物,又是社会中的公众人物,承担一定的社会责任。随着社会的发展,主持人的社会角色也会发生一定的变化。

广播电视的出现改变了人们的生活方式。"节目主持人"这一角色的出现丰富了社会角色的分工,也为我们提供了更多的思考空间。他们怎样吸引受众的关注?怎样在塑造自己形象的同时维护节目和社会公众的利益?提升影响力的具体细则数不胜数,但总的原则是不变的,那就是坚守住这个社会角色的良知。戈夫曼将人类的日常生活当成一幕丰富多彩的舞台剧,每个人都是剧中的演员。广播电视节目主持人可能就是最常站在镁光灯下的那一群人。① 由于社会角色的特殊性,一些主持人在受众中树立了较高的威信。主持人的社会角色要求主持人自觉地在节目中发挥启人心智、发人深省、愉悦身心、沟通情感的社会作用。

---

① 高贵武,杨奕.节目主持人的影响力及其生成[J].中国广播,2012(5):5-8.

如何将主持人的个人角色、媒介角色、社会角色统一起来呢？

首先，主持人的个人角色与媒介角色要统一。既要发挥自身的优势和长处，也就是自身的丰富阅历或者人格魅力等，同时也要与媒介角色的要求相符合。主持人必须在遵循节目宗旨、升华节目主题的前提下进行再创作。只有符合频道、栏目、节目的定位，主持人才能够在一定的空间内发挥个性。例如谈话类节目，主持人是谈话现场的组织者和掌控者，因而适当透露一些个人信息，不仅可以拉近与受众的距离，也可以活跃气氛。如北京电视台《夫妻剧场》节目的很多谈话内容涉及个人生活，对此，英达曾经做过一个比喻："作为主持人，我如果总是安然地站在岸边把嘉宾推下水去让嘉宾单方面地自曝隐私，肯定是不对的，人家也不干；我的做法是，自己先跳下水去说说自己的'糗事'，再把别人拉下水，这就成了，不但人家肯说，而且节目气氛也才坦诚、生动。"[1]

其次，主持人的个人角色与社会角色要统一。广播电视担负着传播先进文化，弘扬民族精神、科学精神、人文精神和法制精神，推动人类文明进步的社会责任。主持人作为公众人物，其一言一行、一举一动受到社会的高度关注。因此，主持人应保持高度的责任感，树立良好的社会形象。只有社会形象良好的主持人，才会对引导社会文化思潮、推进社会主义文化建设起到正面的作用。

角色冲突客观存在，如何选择是每个主持人都会面临的问题。在个人利益、媒介利益和社会利益相矛盾时，主持人应该遵循个人利益从属于媒介利益、社会利益高于媒介利益的基本准则。节目主持人应自觉约束自己，牢记自身的媒介使命和社会使命，形成正确的角色认知。

思考题

1. 主持人的角色形象包括哪几个方面？
2. 谈谈你对节目主持人媒介角色的认识和理解。
3. 节目主持人应如何树立良好的社会形象？

---

[1] 翁佳.关于电视访谈节目语言传播研究的若干思考[EB/OL].（2005-08-31）[2015-10-12]. http://news.xinhuanet.com/newmedia/2005-08/31/content_3426991_3.htm.

第七章 节目主持人的形象设计

本章要点
1. 了解节目主持人形象设计的原则
2. 掌握节目主持人形象设计的具体方法

在我国,节目主持人形象设计还属于一个新的学科领域,涉及化妆造型设计、服饰学、色彩学等领域的内容。长期以来,把化妆当成上镜前临时描描眉、画画唇、涂涂脂粉的一般做法,已被专业化、规范化的化妆理论与实践所取代,并逐步开始上升到"整体造型设计"。2002年,中央电视台举办了"红河杯全国首届电视主持人形象设计大赛"。这次大赛以电视节目主持人的整体形象和包装设计为切入点,通过对主持人外在形象的塑造,使主持人的主持风格、栏目角色更为鲜明突出,提高电视节目主持人的综合素质。在竞争日趋激烈的今天,电视节目主持人的形象设计也趋于个性化和国际化,以顺应经济全球化条件下对电视媒体从业人员更高的形象要求。一般来说,中央台、省级台、地市台都配备了专职的形象设计师和化妆师,会针对不同栏目的主持人进行形象设计,但也有一些媒体特别是县市级媒体因条件所限,没有专职的化妆师。即便有专职的形象设计师,主持人也可根据自己的审美理解,提出合理的建议,与化妆师交换意见,共同塑造良好的屏幕形象。因此,主持人有必要学习和掌握基本的化妆造型要领。

第一节　形象设计的原则

节目主持人整体造型具有独特的设计要求,既不等同于舞台和影视剧化妆,又不等同于生活妆。形象设计师必须根据节目的内容、特色和风格,对主持人进行整体形象设计。节目主持人的形象设计必须坚持三个定位:第一,以栏目性质定位;第二,以个性特征定位;第三,以外形条件定位。如果单纯从外形条件来做形象设计,会使主持人形象和节目风格错位,也会失去个性特色与风格。

一、以栏目性质定位

不同的节目类型对主持人的形象要求不同,如果形象塑造与节目风格错位,便难以被受众认可、接纳,难以产生共鸣。节目是主持人整体形象的载体,没有具体的节目,主持人形象就失去了存在的价值。因此,节目的内容、气氛和环境,对主持人的造型风格有着制约性的影响。节目内容严肃,主持人整体造型就必须庄重;节目内容、气氛轻松,主持人整体造型就可以随意一些。主持人的整体造型既要与节目协调,更要在节目中醒目突出。主持人的形象不突出,就会湮没在现场观众之中,无法显现自身在节目中的主导作用。新闻节目播音员主持人的形象,应定位在职业风格的基础上,任何夸张的修饰都会影响新闻节目的公正性和可信度;而生活节目主持人造型略显随意和自然,则能增加与观众之间的亲和力。

二、以个性特征定位

节目主持人整体造型要符合主持人的个性特征。化妆造型的一个重要目的就是扬长避短,塑造更加得体的主持人形象。

而每个人在外貌上都有自己的优缺点,呈现出不同的特征,所以在化妆造型的时候,设计师应该根据主持人自身的生理特征来选择不同的发型、服装、配饰和化妆手法,以此来弥补缺陷、强调优点,塑造具有鲜明个性风格的、高识别度的主持人形象。

三、以外形条件定位

广播电视播音员主持人代表着广播电台、电视台的形象,言谈举止有着广泛的社会影响和示范效应,因此播音员主持人应自觉树立良好形象,维护媒体公信力。中国广播电视协会《中国广播电视播音员主持人自律公约》第十三条明文规定:主持人应树立健康向上的声屏形象,尊重大众的审美情趣和欣赏习惯。切忌把节目变成展示奇装异服、另类饰物的舞台,特别是少儿节目主持人的服饰、发型、化妆等,要充分考虑到对未成年人的影响,应展示出主持人积极乐观、健康向上的形象和精神风貌。

第二节 化妆技法

具体的化妆可分为基础化妆和重点化妆。基础化妆是指整个脸部的基础敷色,包括清洁、滋润、收敛、打底与扑粉等,具有护肤的功用;重点化妆是指眼睛、睫毛、眉毛、脸颊、唇部等局部化妆,包括扫眼影、描眼线、画眉毛、修饰睫毛、画鼻影、涂腮红、涂唇膏等。

一、基础化妆技法

1. 清洁皮肤

皮肤要清洁干净,保持良好的光洁度和湿润度,否则妆面浮在不洁净或粗糙的皮肤表层,就无法产生妆容质感。在未涂敷底色之前,主持人必须除去面部皮肤的油污,才能开始化妆。除去面部油污的方法,一般有油洗和水洗两种。如果条件允许,最好是油洗,即选用洗面奶、清洁膏这类的油质皮肤清洁剂洗面。这样既能除去面部油污,使面部洁净;又能保护皮肤,免除肥皂等碱性物质对皮肤的不良刺激。

2. 滋润皮肤

主持人在清洁面部后,皮肤会发干,应用爽肤水轻拍面布和颈部,然后再加一层润肤液,使未经化妆的面部洁净、清爽、滋润。这种润肤液能增强化妆品效能,使妆容持久、均匀、细柔,且不易改变色泽。特别是夏季,使用润肤液可使皮肤呈现天然的日晒色,有利于保护皮肤。具体方法是:以中指和无名指并用的方式,把适量的润肤液,由面部中央向四周轻轻抹匀,不要用力过大以免拉伤皮肤。

3. 打匀底色

涂底色可以起到修正肤色、矫正不理想脸形和遮盖瑕疵等作用。打底色是真正开始化妆的第一步,也是最重要的一步。底色的型号与质地的选择要接近个人肤质和肤色,并且一定要打匀。粉底的种类很多:膏状粉底遮盖效果最好,能遮盖大部分瑕疵,改善皮肤质感;液体粉底光滑细致,有透明感;干湿两用粉底,既可当蜜粉定妆,又可避免脱妆,无油腻感。主持人皮肤好,可选择有透明感的液体粉底;皮肤有瑕疵或斑点,就用遮盖力强的膏状粉底;肤色偏黄,可用略带粉色的粉底,这样会使面部看上去白净一些。涂底色的具体方法是:先用美妆蛋或粉底刷蘸取少量粉底霜或粉底液,由上而下、由内而外地在面部斜向涂开。注意利用海绵的弹力均匀涂抹,切勿用力过大,防止造成皮肤拉伤或出现肤色不均匀的现象。底色是"第二层皮肤",要适量、均匀,特别是嘴角、眼角和鼻唇沟处不要遗漏。除了面部外,还应涂抹与面部相连的脖颈等身体部位。与女性相比,男性的毛孔比较粗大,因此男主持人化妆时,需要遮盖力比较强的粉底。男主持人如果想要提高面部立体感,可以使用哑光的粉底配合高光和修容粉。

4. 定妆

定妆能有效地防止因带妆时间过长而产生脱妆或妆色移位的现象。具体方法是:先以粉扑蘸取少许定妆粉,抖匀;在妆面上轻轻印按,再用粉刷清除面部多余的浮粉。扑粉的顺序可以从上到下、从内到外、先浅后深。也可以用粉刷,按照额头—鼻梁—面颊—面部两侧—下颌—脖颈的顺序,轻轻扫粉。注意扑粉不可过多、过厚,以自然为宜。

二、重点化妆技法

1. 画眉毛

主持人应用质地稍硬的眉笔,从眉毛最浓密的中间部位开始画起,眉头处应该扫得淡一点。从眉峰到眼角,画出一条流线形的眉毛,然后用刷子轻轻地梳理。画好之后,用化妆棉按几下眉毛,以固定眉形。也可以用眉刷蘸取适量眉粉,从眉头处轻柔地提拉扫向眉峰,然后再从眉峰逐渐扫向眉尾。画眉时要"两头淡,中间深,上边虚,下面实",控制好眉笔着色的力度,使眉毛呈现出自然状态。女主持人眉形可呈修饰状,男主持人眉形要表现得大方自然。

2. 扫眼影

首先用毛刷清扫眼影粉,将不同颜色的眼影粉刷得层次均匀。然后在眼线内侧涂上较深的眼影,以衬托出鼻梁的线条。具体方法是:用一支眼影刷蘸取适量深色或冷色调眼影粉,在上眼睑紧靠眼睫线的上方轻轻晕染。也可以用眼影刷在上眼睑后半部分适当进行晕染,使眼睛显得大而有神。男主持人在画眼影时,要注意得体自然,不要有过浓的修饰痕迹。

3. 描眼线

东方人的眼睫毛一般较短、较稀,眼睛神韵较弱,因此可以描眼线来修饰。具体方法是:用化妆笔的一端侧锋紧贴眼睫毛,从内眼角拉到外眼角至眼尾时,逐渐提拉收笔。用眼线笔描画时,首先采用上眼线后2/3、下眼线后1/3的画法,然后用棉花棒或细小的眼影刷轻轻晕开,使妆效更加自然。如果睫毛浓密,可以不画眼线,只在眼尾扫些眼影。描眼线时注意,上眼线略粗于下眼线,上长下短,眼尾勿封闭。颜色上深下浅,运笔内实外虚。

4. 修饰睫毛

修饰睫毛有三种方法:卷睫毛、涂睫毛膏和粘贴假睫毛。

(1)卷睫毛

大多数亚洲人的睫毛都没有弯曲度,所以涂睫毛膏前,先要用睫毛夹将睫毛卷起来,使睫毛翘立,扩大眼睑部的弧度,使眼睛更为有神。如果睫毛较短,卷睫毛时可以用睫毛夹向里轻轻地夹压一下。如果没有痛感,就表示位置正好,然后再压10秒钟即可。

(2)涂睫毛膏

涂睫毛膏能使睫毛色泽深浓、美观,更具立体感。不同颜色的睫毛膏适合不同颜色的妆容。涂上睫毛时,应将镜子放置在较低处,使自己视线向下,将睫毛刷由睫毛根部向梢部刷染。在刷染过程中,慢慢移动睫毛刷,使睫毛液均匀地涂染在睫毛上。涂下睫毛时,镜子抬高,视线向上。用一只手绷紧眼睛下部肌肉,可以避免睫毛液碰到脸上。睫毛刷先竖起来,左右拨动睫毛梢,然后再横拿睫毛刷刷染。睫毛膏涂好以后,应用睫毛梳顺着睫毛生长方向轻轻刷一遍,以防睫毛互相粘连。

(3)粘贴假睫毛

相比于睫毛膏,假睫毛能够产生更强的装饰效果。贴假睫毛之前,先夹弯真睫毛,用假睫毛对比个人眼形,修整假睫毛,使之能够贴合眼形。在假睫毛立面上涂胶,等待胶半干后,先中间、再两边尽量贴紧睫毛根部粘贴。用手或睫毛刷向上梳理睫毛,使外眼角处睫毛自然翻翘。最后观察假睫毛根部,确保每一部分都贴紧皮肤。

5. 画鼻影

主持人应以正前上方的主光投照为标准进行表现,此时面部的鼻子应该是最高的,鼻子正面受光时最亮,而两侧偏暗。所以要把鼻梁正面提亮,鼻侧画暗,使鼻子挺起。具体方法是:画鼻侧影时,用化妆笔蘸取少量阴影色,从眉头下、眼眶上缘、鼻骨处画一弧线;在鼻梁与内眼角的中间,两头虚开,可一直延伸到下面,但不应拉到鼻尖,避免鼻形过长和不自然。男主持人要用高光粉底强调鼻梁,显现出俊毅的线条。

6. 涂唇膏

首先应在嘴唇上薄涂一层润唇膏,然后用唇线笔从上唇中间沿唇边分别向左向右勾勒出适宜的轮廓,再在下唇的唇边根据脸形的需要勾画出理想的轮廓,然后在轮廓内涂上口红,使唇线与口红色融为一体。

(1)平唇

如果是平唇,化妆时先以颜色较深的唇膏涂于嘴唇外缘以突出唇形,然后用颜色较淡唇膏涂向嘴唇的中部,最后在上下唇涂鲜红色唇膏,使唇部显得丰满。

(2)细唇

如果嘴唇过于细薄,就会显得缺少表情,这时就要使嘴唇显出圆的弧形。轻轻用唇笔描画唇线的外部,然后把唇线抹匀,使唇膏与唇线融合。上唇用颜色较淡的唇膏涂抹,上下唇的唇膏色泽都不宜太深。

(3)宽唇

如果是宽唇,可在唇上先扑上一层粉底遮盖住原唇线,然后用唇笔在原唇线内另画新的唇形,缩短唇角线,强调弓形轮廓。在新唇线之内涂颜色较深的唇膏,使修饰后的嘴唇不再显得突出。

(4)上下唇厚薄比例不当

如果上唇太薄,可用稍淡的唇膏越过原唇线加宽,下唇可用较深的唇膏涂抹,造成收缩的感觉,以减少厚度。如果下唇太薄,可用淡色唇膏把原唇线涂宽,而上唇则用深色唇膏以减少厚度。

7. 涂腮红

根据所用腮红的品质、类型不同,使用腮红的方法有很大差异。常用方法是:用一支腮红刷,蘸取适量腮红,均匀扫在颧骨下凹陷位置,即嘴角到耳孔的连线上,然后将浅色腮红扫在颧骨处。注意不要有明显的边缘线,应是若有似无的感觉,边缘与底妆自然衔接明显的。平面处腮红要左右对称,位置准确,富有立体感。

第三节 发型设计

头发位于人体的最高点,是一个人身上最吸引人视线的地方,在主持人的形象美中占有举足轻重的地位。发型设计需要依据以下几个原则。

一、依据脸形

脸形是发型设计最重要的依据。主持人要巧用发型来修饰脸形,掩盖脸形的不足,使发型设计和脸形完美搭配。如长脸形的发型设计应该横向拓宽脸形,使脸颊两侧的头发显得蓬松一些,适合留刘海儿,以缩短脸的纵向长度。圆脸形给人一种单纯可爱的感觉,但由于轮廓过于圆润,立体感不强,上镜后显得没有质感,所以发型设计时应加高头顶发型的高度,使头顶部蓬松,两侧的头发要尽量服帖。方脸形给人比较稳重的感觉,但由于这种脸形四周轮廓明显,使女性显得不够柔和。设计发型时可以有一点小波浪,使线条变得相对柔和,还可以把刘海儿修剪成斜向的,改变直板的感觉。不宜剪成齐耳的短发,否则会显得更呆板。正三角脸形上窄下宽,比较适合烫发根,让头顶的头发蓬松起来,可以留一点刘海儿,使较窄的上额部显得丰满。这种脸形适合留中长发,用发型来遮挡比较宽的腮部,使整个面部的比例显得比较和谐。倒三角形脸形的人一般比较清秀,脸形上宽下窄,很上镜。发型上,可适当地增加面颊两侧的蓬松度。菱形脸的人看上去颧骨略微突出,显得严肃,也容易显得比实际年龄大。发型上要注意增加额头部头发的蓬松度,减少面颊部头发的蓬松度,适合留刘海儿,适宜直发、外翻发型。

二、依据体形

在设计发型时,还应考虑体形的因素。身材瘦长的人,多数脸形也是瘦长的,一般颈部较长,可采用两侧蓬松、横向发展的发型,如大波浪、内扣短发。身材肥胖的人,一般颈较短,头发不宜留长,最好采用略长的短发式样,两鬓要服帖,后发际线应修剪得略尖。身材矮小的人适合留短发,如留长发,则应在头顶部扎马尾或是梳成发髻,尽可能把重心向上移。身材高大的人不宜留短发。

三、符合节目定位

主持人的发型应与所主持的节目相协调。一般而言,新闻节目主持人留短发比较干练、精神,综艺娱乐节目、谈话节目、少儿节目等类型的节目主持人,灵活度则大一些,可以设计一些有个性的发型。主持人的发型还应与演播室环境和户外现场主持环境相适应。不论采用哪种方法,都要注重美观大方、自然得体,不宜采用怪异的、五颜六色的发型。

第四节 服饰搭配

服饰是主持人外在形象的重要组成部分,它直接参与视觉形象的塑造,是一种传递信息、交流思想、塑造形象的无声语言。国际通行的着装 TPO 原则值得主持人学习和借鉴。"T"(Time)指时间,意思是应根据时间来决定服饰,春、夏、秋、冬,一天中的早、中、晚的服饰都要合时宜;"P"(Place)指地点、场所、场合、位置、职业,服饰应该与所处的场合相协调;"O"(Object)指目的、目标、对象,意思是应有目的地选择服饰。

一、端庄大方

端庄大方这一原则是广大节目主持人在服饰选择上的出发点和基本点。因为它既体现了中华民族传统的审美观念,又符合我国的国情和党的广播电视事业的特征。主持人在服饰上不能过于随心所欲,而应坚持端庄大方的总体原则。一般来说,主持人的服饰不宜过于华美、奢侈,也不宜过于惊艳、妖娆,否则会使受众产生轻浮玄虚、华而不实的感觉,也就无法对主持人产生信赖感,因此会拉大主持人与受众的距离,影响节目的传播效果。近年来,一些节目主持人着装暴露之风有所蔓延,这与广播电视传播强调的宣传功能、教育功能、引导功能背道而驰,应引起重视。2004 年,《广播影视加强和改进未成年人思想道德建设的实施方案》出台,希望通过实施"建设工程""净化工程""防护工程""督察工程",在全社会形成有利于未成年人健康成长的舆论环境和文化氛围。通知明文规定了主持人在着装上要抵制低俗媚俗现象:"不能因过分突出个人风格、个人品位而标新立异、哗众取宠,不能为追求所谓的'轰动效应'而迎合低级趣味。主持人不宜穿着过分暴露和样式怪异的服装。"

二、符合节目要求

主持人节目一般分为新闻评论类、社教服务类、综艺娱乐类和谈话交流类等几种类型,不同类型的节目对主持人的着装风格要求不同。新闻节目用事实说话,报道客观事件时必须准确、真实、有说服力。它的这一特点要求主持人的服饰要朴实、大方,款式不宜太时髦、太随意,面料不宜太薄、太软、太透,项链、耳环、戒指、手镯等饰品应慎重佩戴,力求简洁、宁缺毋滥。社教服务类节目可适度放开,但也要遵循与节目主题和内容相符合的原则,合理选择服饰。

少儿节目主持人的服饰不宜太古板,否则就会拉大与青少年儿童的距离,无法塑造可亲可信的荧屏形象。鞠萍曾经说过:"如果让我在牛仔裤、紧身衣和宽松肥大的服装中选择,我一定会选后者,这倒不是牛仔裤、紧身衣没有美感,而是对于幼儿教师缺乏实用性。如果要给孩子们做示范动作,穿着紧绷绷的服装,自己会感到不舒服,孩子们看了也会觉得吃力——节目的性质决定了我的服饰不应与其他主持人一样。如果我也穿着一身西装端坐在屏幕前,恐怕孩子们会不喜欢。"少儿节目的内容和受众决定了鞠萍总是穿着宽松舒适的休闲便服,与她自然、清新、亲切的主持风格相得益彰。近年来,中央电视台月亮姐姐、红果果、绿泡泡,金鹰卡通卫视主持人小燕子、E哥、小虎等少儿节目主持人,经常在节目中根据特定的主题选择服装,深受青少年观众的喜爱。

综艺娱乐节目主持人对服饰的选择更加宽泛、自由、随意,可以根据节目的特定场合和气氛合理选择,尽情地展示自我的个性与魅力。

三、贴近时代

主持人的服装应该是介于创意性较强的艺术装与过于简约的职业装之间的一种服装,既要端庄大方,又要具有强烈的时代感。电视节目主持人不仅传递电视节目信息,同时也传递着时尚流行信息。为了更好地报道2008年北京奥运会,北京电视台专门聘请服装公司,全面设计主持人和记者的服饰,最后采用带有祥云图案的红白两色系的套装作为主持人出镜的服装,采用带有祥云图案的红白两色系的休闲服作为记者出镜的服装。祥云图案是2008年北京奥运会火炬的元素图案,随着奥运火炬在全球的传递,这一图案已经家喻户晓。加上北京电视台的台标也是由红白两色组成的,这种服饰设计极具协调感,充分展现了北京电视台主持人团队良好的精神风貌,受到了广大观众的认可。

如果是两位或多位主持人共同主持节目,他们的服饰应在色彩、款式上互相呼应,与节目气氛相协调。例如湖南卫视综艺节目《快乐大本营》,节目的服装设计师会根据每期主题确定相同的色系。例如,青春的草绿系列、热情的红色系列、活泼的黄色系列等都是主持人服饰比较常用的。同时,在款式上根据每个主持人的特点进行一些变化,但总体的风格是统一的。在一期主题为"找朋友"的节目中,设计师采用多色系混搭风格,将观众和嘉宾一起带回多彩多姿的童年时光。

四、兼顾环境

主持人无论是在户外自然环境下主持,还是在演播室主持,服饰都要与背景相协调。在自然环境下,主持人要注意其服装色彩与环境色的搭配。比如在阳光强烈的情况下,不宜穿浅色服装,适合穿颜色较鲜艳的服装。而在演播室内,就要考虑布景的颜色、灯光与服装的关系,三者明暗反差不宜过大,否则会在交界处产生漫反射现象,使轮廓不清晰。不能采用强反光,特别是发亮的面料,会产生耀光,损失色彩的层次感。而过于吸收光线的面料则会使所有接近暗色调的层次感丧失,因此应该避免使用与背景反差过大的色彩,避免使用反光性特别强的面料,应采用色彩柔和、纯度较低、反差较小的面料。一位主持人在主持节目时,上身穿一件粉红色长袖上衣,下面穿一条黑色长裤。而节目现场背景是由大色块、高亮度的黄色和绿色组成的,图案也很丰富。这样的背景已经很花哨了,主持人过于艳丽的服装与现场的背景"相冲",看得人头晕目眩,破坏了美感。另外,过于细小繁杂的图案会产生模糊不清的视觉效果,简约的图案则能产生良好的视觉效果。

五、注重色彩

主持人的上镜服装应讲究颜色的对比。红色系象征着温暖、热情与兴奋。浅红色的长裤或裙子,上身可搭配白色或米黄色的上衣,用深红的胸花来点缀上衣,使之与下身的浅红色相呼应。如果是浅红色的格子花裙,可以和深红色的上衣、外套搭配。黄色系属于暖色系,象征活泼、欢乐、热烈。浅黄色上衣可与咖啡色裙子、裤子搭配。浅黄色与白色由于色调太过接近,在视觉效果上容易彼此抵消,所以并不是很理想的搭配。深蓝色与深绿色也不宜互相搭配。蓝色与紫蓝色可以搭配,如果是小碎花图案,这两种颜色可以产生水乳交融的效果。绿色系象征自然、清新、宁静、安全和希望,容易使人联想到自然界的植物。我们可以按花色系中主要的颜色将之归类为某一种颜色,然后进行搭配。通常小碎花布料可以搭配同色系的素色布料,如粉红碎花布搭配粉红色裙子等。而大花式的衣服最好不再用同色系搭配,而改用对比色或白色搭配。如果是两截式的服装,一定要注意深浅的对比,如果上身色浅,则下身色深;如果上身色深,则下身色浅。白色系象征纯洁、神圣、明快与和平,最能表现一个人的气质。黑色系象征神秘,不宜搭配中间色,如粉红、灰色、淡蓝、草绿等柔和的颜色。

六、巧配饰物

饰物是指能够起到装饰作用的物件,如耳环、项链、戒指、手镯、眼镜、围巾、领带、胸花等。饰物要与人的体形、发型、脸形、肤色及服装和谐统一。主持人佩戴饰物的要求是：数量宜少不宜多；颜色应与服装色调相协调；形状不宜过大、过于夸张；材质不宜过亮，以免反光；结构不宜太复杂，以免摇晃。同时，佩戴饰物必须注意男女差别。女性佩饰的种类繁多，选择范围广，男性佩饰应少而精。

思考题

1. 主持人的形象设计应把握哪几个原则？
2. 主持人的服饰搭配应注意哪些问题？

第八章 电视新闻评论节目主持艺术

本章要点

1. 了解电视新闻评论节目的特点与分类
2. 掌握电视新闻评论节目的主持技巧

随着媒介生态环境的发展变化,电视新闻评论节目在传递信息、引导舆论、监督政府等方面发挥着越来越重要的作用。新闻节目的质量既是衡量电视媒体综合实力的重要依据,也是电视媒体生存和发展的基础。在信息传播急剧膨胀的今天,电视新闻节目在传递新闻的同时还肩负着解读信息、提供观点的功能。在"新闻立台、评论强台"观念的统摄下,能够艺术地驾驭新闻评论节目已经成为主持人必备的专业能力之一。

第一节 电视新闻评论节目的产生与界定

一、电视新闻评论节目的产生

在我国电视发展的初创阶段,电视新闻评论主要是由播音员宣读《人民日报》社论、新华社社论,只是把这些报纸媒体上的静态性评论文章转化为可听的动态性画面,主要以"本台评论""本台短评""评论员文章""编后话"等形式在《新闻联播》中出现。1980年7月,中央电视台推出的《观察与思考》节目,成为我国电视新闻评论节目的发端。1993年年底,中央电视台成立新闻评论部,并于1994年4月

1日推出了电视新闻评论节目《焦点访谈》,这宣告中国电视新闻评论行业进入全面发展时期。[1] 各级各地电视媒体随之也相继开办了各具特色的新闻评论节目。

二、电视新闻评论节目产生的原因及背景

电视新闻评论节目不仅传递观点,同时承担着"信息影响者"的角色。节目依靠严密的论证逻辑、犀利有见地的表达为受众提供立体化和全方位的观点、立场。因而,电视新闻评论节目从一出现就受到广大受众的关注与欢迎。电视新闻评论节目的产生有着深刻的时代背景,与当下中国社会的政治、经济发展有着密不可分的联系,主要原因包括以下三个方面。

1. 改革开放后我国舆论环境逐渐宽松

改革开放以来,党和政府十分重视新闻媒体的舆论监督作用,并将其上升到完善民主监督制度的高度。习近平总书记在主持召开党的新闻舆论工作座谈会上强调:"新闻媒体要直面工作中存在的问题,直面社会丑恶现象,激浊扬清、针砭时弊。"随着舆论环境的进一步宽松,信息传播越来越透明,新闻媒体的自主性和话语权也得到进一步增强。这些都为媒体的舆论监督、民意表达创造了良好的条件,为新闻评论节目的产生打下了社会基础。政治文明的进步带来了新闻媒体的繁荣,良好的舆论监督机制也为中国继续深化改革、努力进行新时代中国特色社会主义建设提供了良好的舆论环境。[2]

2. 媒介竞争的需要

互联网新媒体的诞生与发展对广播电视行业产生了极大的冲击。网络新媒体的即时性、互动性和丰富性使得广播电视媒体在时效性、信息量方面相形见绌。网络新闻评论相较于传统媒体新闻评论显现出自由开放、参与面广、影响力强的优势,成为网络新媒体在媒介竞争中的又一利器。在网络新媒体的冲击下,广播电视的开机率已呈现下降态势,广播电视媒体独大的局面已经成为历史。新媒体环境下的新闻竞争主要表现为对新闻解释权的竞争。对广播电视媒体而言,独家报道已不大可能,但多年来积累的专业新闻工作队伍却在深度报道和新闻评论方面优

---

[1] 张雨雁. 从电视新闻评论类节目兴起看新闻评论员队伍建设[J]. 中国广播电视学刊,2012(7):66-67.
[2] 陈力丹. 舆论学——舆论导向研究[M]. 北京:中国广播电视出版社,2012:190.

势突出。因此,创办视角独特、严谨权威的品牌型新闻评论节目将成为广播电视媒体在未来媒介竞争中的法宝。

3. 受众的需求

网络新媒体在变革媒介生态和为受众提供丰富信息的同时,也带来了信息冗余、新闻品质较差、舆论导向错位、虚假新闻横行等诸多问题。淹没在信息海洋中的受众已不满足于简单地了解事实,他们更希望得到一些深度解读,获得一些新闻表象上看不到的东西,因而对相同事件进行不同视角的深度解读、权威阐释尤为必要。电视新闻评论节目以主持人或新闻评论员展开对新闻事件的评论为表现形式,不仅形象生动而且权威可信,能够较好地满足信息时代受众的需求。

三、电视新闻评论节目的界定

对于电视新闻评论节目的定义众说纷纭,具有代表性的有:涂光晋教授在1998年出版的《广播电视评论学》一书中,将"电视新闻评论"定义为"综合运用画面、声音、屏幕文字和解说、论述性语言等多种传播手段的声画合一、视听结合的新闻评论,是一种'形象化的政论'"。涂光晋教授对电视新闻评论节目的界定是从电视的"声画合一"和新闻评论的政论性特点进行概述的。丁法章教授在《新闻评论教程》中对"电视新闻评论"的定义为"只要是电视媒体对新闻事件和社会问题发表意见、分析判断或述评的电视报道形式就是电视评论"。谭天教授在《电视新闻评论节目的划分》一文中指出,电视评论节目应具有新闻性与政论性这两个新闻评论的重要特点。新闻专题是对事件性新闻做直截了当的全程报道或调查性报道,传递的是事实性信息,不加意见和评说;而新闻评论则是在事实性和调查性报道的基础上发表言论,阐述观点,传递意见性信息。

综上所述,我们认为在界定新闻评论节目时,其概念不仅要涵盖新闻评论的功能和形态,而且要注意到主持人或新闻评论主体在节目中发挥的作用。因此,所谓新闻评论节目,是主持人、新闻评论员或媒体机构在立足于新闻事实的基础上,有针对性地发表观点,阐述立场,具有一定倾向性和内在逻辑论证结构的新闻节目形式。新闻评论节目传播的是一种带有意见性与立场性的信息。

第二节 电视新闻评论节目的特点与分类

电视新闻评论节目是以主持人为评论主体展开的。通过新闻评论节目,受众不仅与主持人有着拟人际传播的互动,可以看到当事人和有关方面的责任人或专家学者对这个问题的看法和观点,还可以得到媒体对这个问题的点评和议论。电视新闻评论所传播的意见是多方位整合后的观点,它的论据与论点,无论来源还是表现形式,都要更为丰富和多样,具有更强的接受性和感染力。[①] 在节目形态日益多元化的今天,新闻评论节目的特征和类型也在不断演进之中,出现了述评式评论节目、谈话式评论节目等形式,并逐渐朝着多元化、专业化、个性化方向发展,但其政论性、新闻性的本质属性始终未变。

一、电视新闻评论节目的特点

1. 论题的新闻性

电视新闻评论主要针对社会生活中新近发生的热点问题,以新闻事实为依据,发表意见性信息。在互联网时代,新闻的时效性越来越强。这个新闻可能刚刚发生或正在发生,媒体就零时差、零距离地把记者看到的画面同步传达给受众,主持人和评论员就会在演播室现场或通过视频连线作出即时点评。新闻报道理念"TNT"(Today News Today)即当天新闻当天播报,如今已经转变成"现在消息现在报道"(Now News Now)的"NNN"模式。因此,电视新闻评论节目的论题要紧跟时代的步伐,追踪社会生活,做到"言当其时",为受众提供最新最快的观点和判断,这样才能充分发挥舆论的导向作用。

2. 论理的思辨性

新闻评论贵在说理,力求独立思考,说理说得有力度、有厚度和有深度。独立思考是新闻评论应有的理论品质,在对新闻事件进行分析论证的过程中,新闻评论应结合当前工作和思想实际,敢说别人不敢说的话,会说别人不会说的话,善于说别人说不好的话。同时,注重深度思考,解读事件时不忘提出自己的观点。节目在

---

① 李薇.电视新闻评论节目的类型及特点辨析[J].声屏世界,2010(7):18-19.

反映问题时,要以小见大,从微观到宏观一一解析,分析问题产生的原因以及可能带来的影响。评论的力量不在于说了多少道理,而在于它字里行间渗透出的思想性和这种思想的深刻性。主持人在新闻评论节目中是这种思辨性的主要体现者,因此主持人一方面要注意主持时语言表达的品质,另一方面要注意有声语言传播中内在语的准确应用。

3. 论据的形象性

与纸媒抽象的文字符号不同,电视新闻评论节目是一种诉诸受众视觉与听觉的节目形式,它可以综合运用画面、音响、屏幕文字、图表等多种传播符号,以及演播室访谈、电话或视频连线、插播新闻片等手段,充分展示其"形象化政论"的特征,让受众产生一种身临其境之感,从而大大增强新闻评论的真实性、现场感、直观性。与此同时,主持人和新闻评论员通过分析、评判新闻事件来与受众交流,诠释节目的倾向和内容,使评论极具说服力和感染力,产生良好的传播效果。例如中央电视台新闻频道《新闻1+1》播出的《谁的霾?》。节目通过数据图表、1952年"伦敦烟雾事件"的历史影像、全国各地实时监测画面、街头采访等手段为受众解读北京等地区雾霾产生的原因,让全国的受众切身感受到雾霾所带来的影响,最后作出论断:政府要担起责任,下决心转变经济发展方式,我们每一个人也应承担起责任,这样现实与理想的距离才不会遥远。

4. 评论主体多元化

电视新闻评论节目的评论主体是多元化的,既可以是主持人在演播室发表评论,也可以是记者在事件发生现场进行述评,还可以是其他与新闻事件有关的当事人、政府官员或有关权威人士等。评论主体的多元化使得不同的评论主体间的交流性得到加强,它可以把持不同观点的人集结到一起,使不同观点之间形成对话、交流、交锋和互补。这样不但能增强节目的形象性和真实感,还可以在很大程度上改变单向灌输的弊端,提高受众的参与热情,使受众在参与和交流中对事件作出准确判断。

二、电视新闻评论节目的分类

随着新闻事业改革步伐加快,新闻评论节目逐渐摸索出适应广播电视媒体传播特点的多种节目类型。在新闻评论节目创作过程中,许多节目形态是相互交叉的。只要有利于传播效果和舆论导向的实现,节目形态可以根据具体情况而变化。随着对新闻评论节目的深入认识和现代视听传播的发展,还将出现更多新的节目形态。就目前所呈现的特征来看,电视新闻评论节目可以归纳为以下几种类型。

1. 述评式新闻评论

述评式新闻评论是新闻评论节目最常见的类型。它的形式是叙述新闻事件与发表议论相结合;它的特点是客观真实地叙述新闻事实及其背景,同时对新闻事件进行简明扼要的分析和评判,有述有评,评述结合。从节目的构成与篇幅上来看,述往往多于评,但节目的重点在于评,评是目的,述是为评服务的。述评式新闻评论节目主要有两种形态:一种是以《焦点访谈》《新闻调查》为代表的调查式。在这类节目中,画面是承载节目内容的主要传播符号,"用事实说话"的"镜头"是叙述性信息的主要表达方式,主持人的评论与新闻事实的叙述是交叉进行的。另一种是以《新闻周刊》《世界周刊》为代表的资讯组合式。在这类节目中,主持人对一周新闻进行归纳总结,接着对其中具有话题性的新闻做简单的点评。除了主持人独到的点评外,新闻信息别出心裁的组合方式也为主持人的点评起到了铺垫作用。

2. 谈话式新闻评论

谈话式新闻评论引入了人际传播,无疑是对新闻评论话语形式的重大改变。这类节目以某一新闻事实或社会现象为评论对象,在注重时效的同时,希望"透过现象说本质"。其节目构成要素是:演播厅主持人、嘉宾、适度穿插的新闻短片,有时还会有现场观众参与讨论。在这个谈话场中,主持人和嘉宾形成一种互动的评论形式,人际传播和大众传播形成了良好的结合,从而增强了传播力和影响力。凤凰卫视的《时事开讲》、中央电视台的《新闻1+1》、北京电视台的《锐观察》等都是这类节目的代表。

3. 读报式新闻评论

2003年起,广播电视上出现了一批具有明显新闻评论特征的读报类节目,如《马斌读报》《有报天天读》等。以电视为载体,将平面媒体和电视媒体相结合,取材于各大报纸的焦点内容,对多家媒体的观点进行整合,以主持人读报的形式播出,并加以独特的评论;形为读报,实为评报。它在资讯爆炸的当今,扮演了信息筛选机的角色。在这批读报节目中,以凤凰卫视的《有报天天读》最具影响力。在《有报天天读》的影响下,内地也纷纷办起了读报读网节目,此类节目借力报纸评论和网络评论,使电视台成为各类媒介新闻评论集成的平台,大大丰富了电视新闻评论的内容。电视、报纸、网络媒体的结合起到了取长补短的作用,弥补了电视新闻信息量不够丰富的缺陷。同时电视媒体通过借鉴报纸和网络新闻评论分析独到犀利的长处,弥补了自身理性不足的缺陷,增加了报道的深度。

4. 辩论式新闻评论

辩论式新闻评论是指在主持人的调控下,多位现场嘉宾各持观点对新闻事件进行分析、评判与争鸣,这种评论形式不苛求追寻权威结论和终极真理,但求畅所欲言和头脑风暴。与传统的新闻评论节目相比,辩论式新闻评论节目打破了以往主持人或评论员一种声音、一个观点的传播形态。这类节目深谙观众的收视心理,以激烈的观点交锋作为包装形式,是电视新闻评论节目中冲击力最强的新军。代表性节目有《时事辩论会》《一虎一席谈》等,可以说这类节目为电视成为一个容纳多元意见、履行公共责任的舆论场作出了创造性的贡献。[①]

第三节 电视新闻评论节目主持方法与技巧

近年来,新闻评论节目大量出现,并呈现出一种立体化、常态化的发展趋势,评论类节目主持人的地位和作用在不断加强,这对节目主持人也提出了更高的要求。评论类节目主持人不仅要把握好节目进程,控制谈话节奏,有效提问和串联,还要在节目中准确点评,发表自己的看法和见解。主持人不仅代表一个节目的形象,也代表媒体的形象和水平。为了提升节目的品质,增强节目的权威性和影响力,作为节目灵魂的主持人,掌握新闻评论节目的主持方法和技巧至关重要。

一、构建多学科知识储备

多读书、多写作、多交流是储备多学科知识的重要方式。读书是提升修养和增加知识储备的最重要的方式。读书要涉猎广泛,尤其是政治学、经济学、历史学、社会学、伦理学、哲学等学科,尽量做到博古通今。主持人只有具备了深厚的文化底

[①] 高传智. 观点的深化及其表达——电视新闻评论栏目可持续化发展策略探析[J]. 中国电视,2011(8):25-28.

蕴,才能为他人解答疑惑。写作是锻炼逻辑思维能力最直接的方式,写作能让人思维敏捷、思路清晰、观点鲜明。交流是思维碰撞出火花的方式,不同世界观、价值观的相互碰撞,产生的结论会更加理性与客观。多交流不仅是与专家学者的交流,还包括与广大群众的交流,只有多接地气才能坚定自身发表评论时的立场。①

二、养成良好的工作习惯

一是要养成收集资料的习惯。新闻评论节目涉及社会生活的方方面面,因此资料搜集是多角度、多层面的,主要包括:与节目所要评论的事件、话题等相关的政策法规,与事件有关的专业知识、社会的各种反应、社会各阶层所持有的观点等。随着互联网和手机等移动新媒体的普及,随时可以搜索到事件的最新进展,这为主持人尽可能多地丰富准备材料提供了可能。新闻评论节目主持人还要养成及时整理资料的习惯。由于社会新闻事件经常呈现出类型化的特征,所以节目做完之后要习惯于分类整理现有资料,这些资料会成为此类节目的灵感、论据或材料。

二是要养成良好的工作心态。稳定积极的心态是主持人做好评论节目的基础。在主持过程中,如果心态不好,就有可能出现提问失误、评论过火等问题。主持人集媒体立场、百姓视角、个人感悟于一身,所以在主持过程中应该采取平等的心态,适当调动内心的情感,积极引导评论员说话,从观众的视角发问,协助评论员完成评论,让观众听到和看到评论员真实、精彩而又有深度的评论,切不可喧宾夺主。同时,还要对新闻评论事业怀有无限热爱,有正义之心,有情怀,有勇气,敢于表达,不畏强权,不轻易改变自己的立场等。

三是保持清醒的头脑和明晰的思路。新闻评论节目主持很大程度上体现了主持人的个性特征和主观能动性,清醒的头脑是展开这项工作的前提条件。工作中,新闻评论节目主持人要针对某一新闻事件搜集到的信息资料,理清思路,明确评论目的和方式;对节目评论涉及的核心和关键点做到心中有数,形成基本的框架和提纲。同时,要从观众的视点寻找评论的贴近性。主持人在一定意义上是观众的代言人,是在替观众提问题,为观众答疑解惑。② 因此,在工作的准备阶段,就应该从观众的角度出发,针对观众可能会有困惑的地方进行发问,使评论更接地气,更贴

---

① 吴郁.当代广播电视播音主持[M].2版.上海:复旦大学出版社,2008:142.
② 钟姝.主持人与广播时事评论类谈话节目[J].中国广播电视学刊,2011(1):66-67.

近老百姓的利益和诉求,从而增强评论的针对性和有效性。

四是要有高度的国家社会责任感,在选题和评论时,主持人要客观理性,不能不顾一切,只顾表达自己的观点和看法,而应该有理智,心中有一把尺,清楚自己的话语说出去可能造成的影响,所以主持人应能恰当地掌控节目局面,给观众提供恰当的观点。①

三、掌握巧妙的提问策略

在演播室中,主持人与嘉宾、评论员面对面的交流是人际传播,而反映在节目播放过程中,主持人也在对观众进行大众传播。在节目中,主持人最大的作用是代表观众向嘉宾、评论员提出问题,在与嘉宾、评论员的交流中,传达出观众所需要的信息。

提问分为开放式提问和封闭式提问两类。开放式提问发挥空间大,信息量足,便于追问,但较难控制谈话走向和时间节奏;封闭式提问可以得到态度明确的回答,便于掌控节奏,但信息量偏小。评论节目的提问是对两种提问方式的灵活运用。主持人用封闭式提问可以带动对方情绪,控制节奏,制造紧张冲突;用开放式提问可以打开对方的话匣子,获取新的信息,延缓情绪。②

比如一期凤凰卫视《时事开讲》节目,针对上海、安徽等地出现的甲型 H7N9 传染病毒,主持人姜声扬说:"在'非典'出现十年后出现 H7N9,我们已经有十年的准备期了,我们准备好了没?"通过这样一个开放式提问,将为观众带来哪些信息呢?接下来,评论员郑浩提到十年前"非典"病毒肆虐时,国家还没有一个健全的应急响应机制,如今,十年过去,我们的应急机制已经开始起作用。尽管有病源不确定、人与人之间会不会传染、疫苗尚未研发成功等三个担忧,但是让观众感到放心的是,有关部门作出了一系列应急响应,让老百姓吃下了定心丸。这样的一问一答,不仅消除了社会上流言的传播,更让观众有了从容面对的信心。

凤凰卫视的评论节目《新闻今日谈》播出了一期《中美核电技术平起平坐,核事故中国不会有》,主持人兼评论员阮次山在节目一开始,针对核电技术开门见山地向国家核电技术公司党组书记王炳华先生提问:"什么叫第三代核电技术呢?"

---

① 洪文琦.融媒体环境下电视新闻评论节目主持的创新——以《中国舆论场》为例[J].今传媒,2018(8):140-141.
② 白贵,王艳.论电视新闻评论员的角色定位[J].新闻与写作,2003(12):40-41.

接下来,针对王先生回答中的细节,阮进一步追问:"我们国家所采用的是以美国AP1000技术为主的第三代核电技术,我们的技术如何?在现有项目中所占的比重是多少?"阮次山的提问细致、形象、富有层次,让观众清楚地了解了第三代核电技术,及其在中国核电技术中所占的比例。好的提问就应做到指向明确、语言简练、表达清晰。

香港凤凰卫视的新闻评论节目主持人曹景行在谈及《时事开讲》的成功经验时着重指出了提问策略的重要性。他说:"《时事开讲》是对新闻一个很直接、很迅速的反映,操作起来比较难。我不可能什么都讲,也不能什么都解答,但我能够提出问题,比答案重要,因为新闻明天会怎样谁也不知道。"其实,在面对新闻事件和新闻人物的时候,主持人在某种程度上和受众一样,是"未知者"和"欲知者",他要代表受众问出心中的疑惑,以便探求事实的真相。主持人通常并非真正有疑问,而是力图通过正问、侧问、设问、追问、反问等多种方式,为受众尽可能多地提供理解信息的角度和脉络,从而帮助他们获得相对完整的资讯。主持人发问的目的主要有三个:一是提请注意,二是增加视点,三是引发思考。有观点认为,在当前日趋多元的社会舆论场中,"随风潜入夜,润物细无声"式的观点传递更容易为受众所接受。

四、灵活控制节目的进程

1. 宏观把握

新闻评论节目主要是通过主持人与嘉宾、评论员之间的对话、交流来承担评论任务的,受众对评论观点的认可程度在互动中逐步增强。主持人是评论开展的调度人和协调者,在节目行进的过程中,主持人通常从宏观视角控制节目进程,让视频短片、电话连线、演播室现场评论等多个环节穿插有序地进行;主持人同时扮演着质疑者的角色,在对嘉宾、评论员的评论有不理解的地方时,代表观众发问,寻求更全面、深入的解释。① 因此,在准备一期节目时,主持人要有全局观念和系统性思考,做到胸有成竹;在节目进行的过程中,主持人要能动地调配节目元素,推进新闻评论不断走向深入。

---

① 周俊,毛湛文.解析电视新闻评论节目的说服力——以《新闻1+1》为例[J].电视研究,2012(2):38-40.

中央电视台新闻频道时事评论直播节目《新闻1+1》采用主持人加观察员的主持样态:白岩松机敏犀利,活泼而不媚俗,深刻而不呆板;董倩沉稳理性,有深度,条理清晰,采访能力出色。主持人与观察员双向互动,形成开放的话语场。主持人不仅是一个提问者和串联者,而且对节目观点进行宏观把控,对新闻意见进行有益的平衡和补充,把问题的思考空间留给观众,在每个"关节点"发出疑问,防止受众落入窠臼,既把他们"引进来",又让他们能理清思路,顺畅地"走出去"。

2. 控制节奏

新闻评论节目主持人要善于控制与嘉宾交流程度的深浅,调节双方的情绪,把握节奏的缓急以及谈话的时长,做到有计划、有控制、有节奏。主持人控制节奏,不仅能让评论有更好的传播效果,同时也能使节目更加精彩。有时,话题谈论的尽兴不尽兴不是最重要的,主持人应依照预先设计的流程,稳妥地推进节目的进程,使节目达到预期的传播效果。一般来说,节目中的嘉宾都有一定的语言表达能力和较强的专业素养,在这样的氛围下,有些经验不足的主持人往往就会在评论的过程中被嘉宾牵着走,丧失节目主导权,这需要主持人引起高度重视,尽量避免出现这种情况。

在凤凰卫视《一虎一席谈·虐童教师该不该重判》的节目中,媒体人江小鱼和一名心理学家持截然不同的观点,在争论气氛十分紧张的时刻,双方的情绪也非常激动。就在这时,主持人胡一虎及时按下"暂停键",机智、冷静地引用了两个人辩论中的一个词"人性",他说:"两个人都提到了'人性'这个词,那么人性当中最尊贵的价值,也必须在这个PK当中体现出来,就是包容和尊重。两位呢,先稍微包容尊重不同的观点,我们来听一下场下的嘉宾(的观点)。"这样,两位嘉宾停止了略带火药味的争论,心平气和地接受了主持人的安排。如此适时"降温",既化解了可能存在的"危机",有效控制了节目进程,又让观众看到了一场热热闹闹、充满理性的思想交锋。因此在主持节目时,主持人应该事先与嘉宾做好沟通,掌控好评论的节奏和时间,或者准备多种预案,对节目总体播出时间有更灵活的处理。

五、善于作出精当的点评

主持人恰到好处的点评是新闻评论节目主持艺术的重要组成部分。点评重在"点",不要层层铺展,而要短小精悍、点到为止,力求精准、到位。

1. 态度平易，富有个性

新闻评论节目中主持人犀利而深刻的观点、独特的个性表现可以吸引更多的观众。但个性不是另类，新闻评论节目主持人点评话语中所体现的个性需符合主流价值观。

在2020年5月9日《一虎一席谈·新冠抗疫之战，谁能成为终结者？》这期节目中，胡一虎最后总结说：

> 谢谢各位嘉宾的连线分享，算算时间，我们与新冠疫情已经共处100多天了，因为封城防疫，因为社交距离，让我们彼此像一座座的心灵孤岛。这期间，还好有一个个的跨海大桥，它们连接着你我，它们就是站在生死最前线的医护人员。在疫情暴发的第一时间，他们就像是警铃，警醒我们小心这个病毒；当病人住进了重症病房，他们又像门铃，定时定点向病患嘘寒问暖；在疫情蔓延、人性最黑暗的时刻，他们仿佛风铃一般，让春风吻上我们的脸。再过两天，就是国际医护节，《一虎一席谈》团队祝福全球的抗疫医护人员，医德传世、护身利疫。

在《一虎一席谈·虐童教师该不该重判》这期节目中，胡一虎评论道：

> 今天的《一虎一席谈》是我们自我反思的最好机会，这不仅是大人非常严肃的理性的探讨，同时也是小朋友的欢乐天堂。今天，我才顿悟了一件事情，可能我就是一个"虐童"的主持人，以前只要小朋友来这里，我们就说不要讲话，千万不要讲话，你会影响到我们的情绪，你会影响到我们收音。但是这个事情也让我们自我反思，是不是我们自己没有让孩子自由发挥自己的个性。所以今天谢谢你，谢谢！有观众朋友提醒我不能说话了，那好，就把时间留孩子们，让他们有一个快乐的童年，不要随随便便看到不喜欢的画面就打马赛克，或把胶布贴到他们嘴上，还有希望今天的节目当中没有贴任何的马赛克。

胡一虎这两段温暖人心的结尾，让激烈的争论结束于一个温馨的氛围中。当然，良好的节目效果与主持人胡一虎平易善良的态度以及独特的个性魅力密不可分。

2. 重点提示,点到即止

主持人要学会在节目进行的过程中,稍加议论,引导受众注意新闻的重点。这样既有提示作用,又有解释作用。点评的时候,主持人必须在尊重新闻客观事实的基础上进行。在梳理新闻事件脉络的过程中适当加入自己的解释性话语,使受众在接收信息的过程中自然地接受主持人的观点。此外,点评还要言简意赅,为受众留出思考的空间。

在2020年3月26日《新闻1+1》关于新冠疫情科研攻关的节目中,白岩松对话中国科学院院士周琪。白岩松首先开门见山,点出医学科研在抗击疫情需要努力的三个方向:第一是病毒的研究和检测手段的推进;第二是有效药物的寻找和特效药的研发;第三是疫苗开发和大规模应用。简短的分析,层次清晰。接下来,白岩松提问:针对新冠病毒的研究我们了解多少,100分,我们了解了多少分?在全世界扩散,病毒有没有发生变异?现在大家比较担心的是无症状的感染者,这些人反映了病毒的什么特性?在没有特效药的情况下,科研人员如何锁定有效药?疫苗全世界也面临合作竞争,那么最后的结局可能是什么?周院士对这些问题——作出回答。白岩松从周院士的回答中反思,立刻指出我们国家从药物研发到医疗器械方面都有很大的上升空间,面对这次疫情,我们是否可以进步得更快一点?周院士回答中国在面对疫情时出现了一些短板,白岩松马上追问,如果我们有短板的话,您觉得我们缺什么?资金、机制变革、还是人才?可以看出,白岩松提出的问题非常到位,逻辑清晰,重点突出,点到了事件的要害。

3. 鞭辟入里,引发共鸣

新闻评论对受众是否产生影响,关键在于受众是否对主持人的话语产生了发乎于心的共鸣。这种对受众的说服通常要同时诉诸感性和理性的方式,主持人在评论中应运用丰富的情感和理性的点评来调动受众的情绪,让受众参与到节目中来,激起他们的情感共鸣。

2020年6月16日《新闻1+1·今日汛情:预警与应对》报道了全国各地近900多万人受灾,49.5多万人紧急转移安置,直接经济损失206.7亿元的新闻。面对今年国家防大汛、抗大旱等工作,白岩松在采访国家应急管理部应急指挥专员张家团时问:"从1998年洪水之后,大家印象非常深的大洪水,虽然有媒体报道,但后来不都没事了吗?有些人是不是觉得没什么大事吧,三峡也有了,会不会有一种松懈的心理,觉得不可能出大问题,您觉得现在全国各地相关防范工作做得怎么样?"白岩松从人们防汛的心理设想入手,对防范工作是否到位提出疑问,在关乎人民生命安全的问题上,任何细节都不容忽视,引发了广大观众的情感共鸣。在2020年7月2日《新闻1+1·"超常"暴雨,如何守护生命安全?》节目中,主持人董倩分析冕宁县大马坞村、大堡子村撤离遇险情况梳理时,谈到在暴雨洪灾预防预测过程中有很大难题,谁该撤谁不该撤?到底怎么抉择?当水真的来了,再让大家转移,三个小时来不来得及?这些问题都是观众急切想要知道的。通过这些问题,主持人将内心的焦急和担忧情绪直接呈现给观众,让观众切身体会到疫情中政府和人民如何艰难地面对汛情。最后董倩评论道:"刚才我们复盘这样一个悲剧,目的是为了这样的悲剧不再重演,那么汛期之下,大江大河甚至中小河流都在经受汛情的考验,我们做好准备了吗?"通过理性的反思和深度发问,提醒各地群众做好防汛的各种准备,避免类似事件再次发生。

4. 预见警策,发人深省

新闻评论节目主持人点评的一个重要作用,是对新闻报道中崭露头角又有些盲目性的事物有洞察端倪的分析。这种具有预见性、警策性的点评,需要对事物的发展规律、政策法规、社会现状进行综合把握。隐而未现的信息容易引发受众的反省与思考。预见警策能力是对主持人主持能力的较高要求,也是主持人塑造自我品牌的核心能力。

《一虎一席谈》从楼市调控、房价走向、住房保障等角度,做了一期两会特别节目《房屋新政能否继续遏制房价过快上涨》。节目中,主持人针对调控政策出台后,房价越调控越上涨的现象,现场采访了中国房地产开发集团理事长孟晓苏。

胡一虎: 这段时间调控的动作也蛮多的。

孟晓苏: 出现了越调控越上涨的局面。这个我们看到了国十条、国八条、国六条、国四条、国五条、新国八条,又新国五条,但是呢,房价却在这五年里持续上涨。

胡一虎: 11%递增。

孟晓苏: 递增11%。这个越调控越上涨,从总体上来看,房价这五年,数据表明,它还是在历史上十五年来最高的。

> **胡一虎**：你用这些数据、这些走势，你就想证明一点，就是过去这十多年来，你觉得这种调控越调越乱，价格越来越高，对不对？但是我想反问一下，假设没有这些调控，它的这个走势会是怎么样的，你想过吗？

节目的最后，胡一虎说：

> 每一年我们在这边做节目的时候，都特别关心中国房地产的发展，但是今天有一位委员，坦白说我们非常希望他能够来到现场，他是谁呢？我相信大家都知道就是这位政协委员，姜委员。姜委员在这个时刻，你可以看到他的头发都白了，他说一半部分是媒体搞的，一半部分就是在为这个房价伤脑筋。这一位政协委员他有一个声音，特别提醒我们在讨论过程当中，永远不要忘了，那就是谈到了中国（房价调控）牵涉到利益的问题，尤其像房地产，绝对不可能让13亿人都满意，只能符合大多数人的利益，也符合长远的利益。希望我们的政策出台真的是符合大多数人的利益，符合长远的利益，这样中国的房地产才能够健康地发展下去。

主持人胡一虎这段评论精练、严谨、巧妙，在发问和点评的过程中不断通过相关数据材料追问挖掘有预见性的信息。这样的发问与点评满足了受众的信息需求，起到了升华主题、发人深省的作用。

5. 开门见山，真诚表达

广播电视讲究时效性。因此，在点评时要遵守"开门见山"的原则，一开口就表达出自己的观点，做到先声夺人，吸引受众。

例如，《新闻1+1》中报道了河南郑州一篮球场上打篮球的青年与跳广场舞的老年人的冲突。白岩松是这样开场的："这两天在网上有两张对比性的照片很火，我们来看一下……"开门见山不拖泥带水，通过网络热图引发受众兴趣。《新闻1+1》节目的宗旨是传播正能量去解决问题，而不是"拉偏架、挑事情"。所以在播放完这张图之后，他迅速做了补充："但是我觉得沸腾起来的舆情基本把这件事带沟里去了，因为它演变成了老年人和青年人之间的冲突，其实应该完全不是，应该是我们在前进中不同需求的人们针对有限的场地所产生的冲突。"在这段开场评论中，白岩松表达了自己对该新闻事件的态度，通过这段话迅速让受众明确了节目的导向和事件的矛盾,展现出了强烈的人文关怀。①

六、强化多屏互动的思维

飞速发展的移动互联网已经和传统媒体并行成为主要的信息传播渠道,能够汇集电视、PC、手机功能在技术上实现三屏合一,再加上移动网络使用成本的降低和速度的提升、智能手机的普及,使用手机观看视频、收发信息已经成为人们的习惯。在这样的媒介发展背景下,传统媒体也迫切需要以移动互联网作为自身融合发展的重要阵地,联合广电网、电信网、互联网三个信息传播渠道,让这些不同形态的媒介产品传播信道实现互联互通。②

1. 了解新媒体特性,强化多屏互动思维

对于新闻评论类节目主持人来说,能力提升至关重要的点在于要熟练掌握新媒体的特点,熟悉不同媒介平台的功能和效果,并从用户的角度出发,利用这些新媒体的平台特色及优势,强化与观众的互动效果。中央电视台的融媒体新闻评论节目《中国舆论场》的主持人鲁健就是典型代表。

《中国舆论场》引入了3D立体虚拟观众席,用在线大数据分析把握舆情焦点,并能在直播的同时实现电视端、PC端、移动端大小屏交叉互动。节目创新的多媒介联动形式缩短了受众和媒体的距离,增强了受众主动性,实现了真正意义上的受众参与。"大屏连小屏"最具亮点的应用就是节目直播中的手机视频连线。节目围绕热点舆情展开讨论时,除了由直播间现场嘉宾发表评论、回复观众提问外,节目还采用手机视频通话的方式与特邀嘉宾/评论员进行远程连线。③ 例如,2020年6月1日的节目讨论"疫情下美国社会凸显出来越来越多的弊端"这一问题时,主持人鲁健通过手机视频电话连线坚守美国纽约的总台记者徐德智,关于美国民众这种愤怒的抗议活动,现在已经蔓延至30多个城市,这些抗议活动严重到什么程度? 美国警察和军队有没有进行弹压? 这些抗议的人群有没有具体的诉求? 记者

---

① 申兴华.浅谈主持人语言样态在不同电视新闻评论类节目中的体现——以《新闻1+1》和《马后炮》为例[J].视听,2019(7):159-160.
② 陈昕怡.媒介融合背景下电视新闻评论节目研究——以中央电视台《中国舆论场》为例[D].武汉:武汉大学,2018.
③ 陈昕怡.媒介融合背景下电视新闻评论节目研究——以中央电视台《中国舆论场》为例[D].武汉:武汉大学,2018.

从抗议活动的现状、群众诉求等方面为观众解读美国疫情之下的社会乱象。接着,女主持人通过手机互动屏幕分享,在节目中直接投屏观众的互动留言,如微信名为"老王"网友的问题"死亡病例如此之高,特朗普还自夸防疫政策又早又好,现在又要终止与世卫的关系,究竟有何算盘?"

《中国舆论场》利用留言投屏、手机视频直播、实时互动人数统计等方式进行多重互动,打破了单向度的传播方式,让更多观众参与进来,使更多意见性的信息得到展现,并延展到电视之外的舆论场中,提高了观众与节目的黏合度。

2. 加强与受众实时沟通,寻求平民化视角

所谓"平民化",有两种含义:第一,寻求平民化的视角,拉近和目标受众之间的距离,避免说教式的传播意见性信息;第二,使用平民化的语言,特别是地方电视台,要选择贴近百姓关心的新闻进行评述。因此,主持人在对新闻事件进行评论时,要将专业化的术语转化为通俗易懂的平民化语言。同时,要摆脱高端、精英路线,走差异化道路,关注普通受众的需要,这不仅能够加强节目与受众的联系,还能达到引领受众的作用。[①]

阿尔法狗对战韩国棋手李世石引发人类对智能机器的思考一时成为热门话题,《中国舆论场》为此设计了一期节目。女主持王端端先以观众熟悉的红包口令,发出"人机大战"的口令,男主持人鲁健则紧接着机智幽默的为节目强行植入广告。男女主持默契的配合、紧扣热门话题、幽默轻松的主持风格打破新闻评论节目一贯严肃的节目风格,为新闻评论节目增添趣味性,同时也体现了节目平民视角的特点。

> **王端端:** 我们第二个红包口令与刚才的内容有关,重要的事情说三遍,那么第二个红包口令就是"人机大战""人机大战""人机大战"。尽管我们并不希望真正的战争发生啊。
>
> **鲁　健:** 输入红包口令就可以抢红包了,那么在这里,刚才端端说重要的事情说三遍,那我也说三遍吧,您现在收看的是《中国舆论场》《中国舆论场》《中国舆论场》,这是中央电视台推出的一档全新的栏目,这是我们今天的第一期首播,每个星期天的 19 点 30 分

[①] 卢佩华. 媒介融合下电视新闻评论节目的困境与突围[J]. 新闻研究导刊,2017(1):150.

到 20 点 30 分一个小时的时间为您直播,大家可以通过各种方式参与节目。

电视新闻评论节目主持人通过平民化的视角与语言,能够使自己更真诚地面对嘉宾、受众以及搭档,加强节目的开放与观众的互通,使节目真正做到"沟通社情民意,传递中国声音"。

第四节　电视新闻评论节目主持人能力生成

播报新闻、即兴评论是主持人依托自身良好的有声语言传播能力,在分析稿件、感受稿件基础上的二度创作。新闻评论则是主持人在分析、判断新闻事实的基础上,发表自己的观点和看法。新闻评论节目主持人的思想构成是一个复杂的理性思维体系,是其人生观、世界观、价值观和职业观的总和。在过去很长一段时间,新闻评论节目主持人的职业训练偏重于感性思维的提升,对语言表达的训练也多停留在易感、可感的层面。而事实上,新闻评论节目主持人的感性思维与其理性思维有着密不可分的关系。理性思维是一种有明确的思维方向、充分的思维依据,能对事物或问题进行观察、比较、分析、综合、抽象与概括的一种思维,是人们把握客观事物本质和规律的能动活动。这样的思维方式可以帮助我们将感性思维的混沌感性整理为清晰感性,通过逻辑整理把意识片段进行主要联系定义,并以此作为认识参照,之后再对所确立的主要联系定义进行认识抽象。感性思维的认识表达是由创作主体的知识体系和认识水平决定的。因此,只有联动训练理性思维和感性思维,才能提高新闻评论节目主持人的专业技能。

我们可以把新闻评论节目主持人的能力培养概括为四个基点、三个维度和两个层面。

一、四个基点

四个基点是新闻评论节目主持人技能训练的理论落脚点,在现有的新闻评论播音主持训练中,多集中于语言表达训练上,对决定表达样式形成的思想基础却鲜有触及。事实上,新闻评论节目主持人的外在表达,不论是有声语言表达还是副语言表达,都应当有相应的内在思维做支撑,若不能牢牢地把握思想与外在表达之间的逻辑关联,则很难准确地驾驭节目进程。决定外在表达的思想、意识,就是由以下四个基点决定的。

1. 信仰

信仰,不是一个虚无缥缈的词语,很多人一看到这个词就认为其缺乏实际意义,但恰恰相反,没有信仰的新闻评论节目主持人是缺乏灵魂的。《现代汉语词典》中对信仰的定义是"对某人或某种主张、主义、宗教极度相信和尊敬,拿来作为自己行动的榜样或指南"。人的崇高信仰,不是与生俱来的,而是从优良的教育中学来的,是从爱的熏陶中萌发的,是在适宜的环境中培养出来的。崇高的信仰,来自伟大的时代,来自伟大的社会。信仰最根本的意义就是能够赋予短暂的人生以永恒的意义,因此信仰作为思想基础的最基层,对人的思想、行为起着导向性的作用。

那么,新闻评论节目主持人应该具有什么样的信仰呢?换句话说,应当尊崇什么人或者什么主张呢?我们应当从信仰的社会功能开始说起。信仰,是人们对于世界及人生的总看法和总方针,它是一种精神纽带,是一个组织或阶层、一个社会或国家成员团结奋进的精神基础和精神动力,具有生活价值的定向功能、社会秩序的控制功能、社会力量的凝聚功能、行为选择的动力功能。所以,新闻评论节目主持人信仰的树立,应当以促进国家、社会和人民团结奋进为前提,其核心思想就是"为人民服务",即"人民的利益高于一切"。新闻评论节目主持人将"人民的利益"作为最尊崇的精神主张,可以贯彻"以人为本"的思想,即我们的新闻不能脱离"人",要以"人"为核心。中国历史上的"以人为本"思想的精髓就在于人贵于物,"天地万物,唯人为贵",其理论的关键点就是实现以"人"为核心的人与自然、人与社会的和谐。比如一年一度的两会新闻,新闻评论节目主持人就要学会从看似抽象的文字里提炼出"人民的利益",为受众解读党和政府通过什么样的政策来为人民服务,保障人民的利益。

2. 理念

理念,有两层含义:一是一般意义上的观念或观点,二是哲学意义上的观念或学说。通常我们将它理解成"观点、看法或者主意"。

构成新闻评论节目主持人训练体系的科学理念较为复杂,涉及语言学、播音学、新闻学、社会学、哲学、心理学等学科。只有以不断丰富的理论知识作积淀,才能够培养科学的视角和广博的眼界。新闻评论节目主持人的培养不仅包括语言表达能力的训练,更在于训练其获取信息和加工处理信息的专业能力。因此,我们不能够仅仅局限在语言表达技巧的阈限里,而应以更开放的视野加强自身的分析能力、信息加工能力和评述能力的训练。

理念从基础理论而生,搭建了解决实际问题的桥梁。新闻评论节目主持人系统地收集理念,确立其全面的专业思想。例如,在研究新闻与社会的关系时,权利和公共领域理论体系使我们知道,新闻与公共关系、文化和日常生活都有着密切的联系,这是对传播理论的新的整合。

3. 态度

态度来源于人们的欲望、需求和信念,是人们在自身道德观和价值观基础上对事物的评价和行为倾向。根据心理学专家的解释,态度是一种假设,它表示一个人喜欢或者不喜欢一个事物的程度,态度大致是新闻评论节目主持人正面或者负面的意见。

态度是一个宽泛的理论概念,包括众多的信息,如自我认知理论、社会判断理论、平衡理论等。在沟通中,态度是可以改变的,这意味着不管是态度的发出者还是接收者都会受一些信息或者情感的影响,研究新闻评论节目主持人态度的目的是帮助我们找到说服的方法。在20世纪五六十年代的耶鲁大学,卡尔·霍夫兰认为,态度的变化就好像沟通的反馈一样,包含信息比如目标特征、来源特征和信息特征。它们告诉我们什么是观众的需要和我们如何为他们的需要服务。例如,观众需要为了生活而获得信息,而记者的工作是告诉我们实在的情况,就像一面镜子,新闻评论节目主持人需要设法从各种新闻来源中找到真正的影像,于是主持人的态度会发生变化,在整合信息之后,主持人将自己的思想倾向性在可感的层面予以体现出来。

4. 方法

对新闻评论节目主持人创作方法的研究,属于方法论层面的应用。方法论是一个复杂的概念,是对某一特定学科的学习和研究的过程,方法的权限与方法的普遍性被认为是成反比的,这意味着方法越具体、切口越小,越具有针对性,其力量就越大。

(1) 质疑与追问

质疑与追问可以深化对理论的思考并扩大学科的视野。设计几个与主题相关的问题可以促使主持人深入思考，并在思考的过程中不断积累经验。比如关于"新闻娱乐性播报"问题的探讨中，我们可以通过质疑的方式来认识这种报道样式产生的原因及其生存环境。曾经有一位教师在课堂上用四个问题来启发学生。第一个问题是，你看什么样的"新闻"？接着用三张新闻图片来继续发问：这个故事讲了些什么？这个故事怎么样？这一张又如何？这四个问题帮助学生将活生生的问题与理性的思考联系在一起，比较三幅图片从而找出其中的差异。在讨论中，同学们能够获取丰富的学术信息，同时还能够进一步发散思维。

(2) 总结与归纳

总结与归纳的好处一是用理论武装自己，二是用历史武装自己，即站在历史的高度，纵观人类文明的发展进程，透过一个广博的视角来审视人类文明发展的规律，并且从基础理论中找到佐证。对历史和理论的研究积累，也有两大好处：一是帮助我们了解一些重大理论的发展历程，二是有利于锻炼逻辑思维能力，将理论与实践经验有机结合起来。

总结与归纳的训练对新闻评论节目主持人的聚合性思维质量的提升是很有帮助的，现有的一些聚合性思维训练多在就事论事或者在表象概括层面就止步不前了，而增加历史和理论方面的总结归纳练习，可以强化聚合性思维的深度。

(3) 提炼关键词

关键词就像路标一样揭示着新闻的重要性，它可以帮助我们抓住新闻的实质。关键词是通过某种特定的观察分析而得到的，它能全方位地训练新闻评论节目主持人的聚合性思维能力，是培养创造性思维必不可少的组成部分。我们通过一段新闻导语来看关键词的作用。

> 国土资源部昨天下午召开了全国国土系统会议，再次出台抑制房价和地价的新规定。其中一条就是在住房和保障住房用地供应计划没有编制和公布之前，各地不能再出让住房用地。国土资源部将于4月上旬向各地公布住房及保障性住房用地的供应计划。

新闻评论节目主持人提炼关键词时要达到两个要求，第一是准确，第二是快速，即又快又准地提炼出关键词，把握新闻的要义和逻辑。关键词的提炼一定要和新闻的传播目的和传播重点紧密联系起来,比如这条新闻是说调控房价的,其传播目的就是让百姓看到政府为了稳定住房市场作出的努力,以给人信心和希望。于是,我们可以尝试提炼出"抑制""不能"和"保障"等词语,向受众展现政府解决房价问题的决心和信心。而通过这几个关键词之间的逻辑关系:"为了抑制,不能……,而且还要保障……"就可以将整条新闻的逻辑结构搭建起来。

二、三个维度

思维是表达的源泉,思维水平决定了表达水平。语言学界关于思维和语言的讨论从古代就有,直到现代还有新的观点提出,较有影响的是语言学家乔姆斯基的"语言学革命"、苏联学者鲁利亚的"内部语言理论"以及美国语言学家切夫的"言语化过程"等。其中,鲁利亚和切夫的一些学术观点为新闻评论节目主持人的训练提供了理论支持。对于新闻评论节目主持人来说,其思维、动机外化成有声语言要经过一个言语化的过程,即将思想先转化成由既有回忆构成的图式,再将这些图式言语化。因此,表达者反应是否敏锐,提取语言储备进行组合的速度是否敏捷,决定了他能否达到"慧于心而秀于口"的境界。

新闻评论节目主持人的训练体系应立足于新闻节目主持人言语化的过程设计,将思维的成果通过编码过程传播出去,其中新闻评论节目主持人的思维训练分为三个维度:逻辑思维训练、感性思维训练和批判性思维训练,这三个训练有助于主持人言语化进程的完善。

1. 逻辑思维训练

逻辑思维是思维的一种高级形式,其特点是以抽象的概念、判断和推理作为思维的基本形式,以分析、综合、比较、抽象、概括和具体化作为思维的基本过程,从而揭露事物的本质特征和规律性联系。

逻辑思维是新闻评论节目主持人表达过程中很重要的一个组成部分,它可以将支离破碎的新闻要素按照一定的规律组合起来,完整表达新闻的内在含义和传播诉求。通过逻辑思维,新闻评论节目主持人可以对感性材料进行理性的分析思考,揭示出物质的本质特征,从而达到对具体对象本质规定的把握。

2. 感性思维训练

感性思维是一个动态的过程,从理论上来说,它是从混沌感性到清晰感性的整理过程。所谓混沌感性是指认识建立在感觉基础上,并以意识片段为形式的世界描述,此时的认识描述只是断裂的有限认知,并且是多意识的分离结论,对世界的认识处在无法定义和理解的认识搜集阶段,而清晰感性思维可以实现分支认识的协同认知,定义和理解事物存在。

通俗地讲,主持人的感性思维训练就是通过整合创作主体的情感体验,将静止的文字转变成动态的画面,从中获得感性的印象,并将这种感性的印象通过可感、易感的形式传递出去,使受众获得情感共鸣。

3. 批判性思维训练

批判性思维是一种基于充分的理性和客观事实而进行理论评估与客观评价的思维,它不为感性和无事实根据的传闻所左右,批判的目的在于探寻事物的合理性,促使人们思考更深层次的问题。

批判性思维训练的目的是提高新闻评论节目主持人严谨推断、善于辨析、灵敏思考的能力。培养新闻评论节目主持人的批判性思维,对于其应付复杂多变的世界,提升现代社会生活的人文精神都是必要的。

从新闻评论节目主持人的思维体系来看,批判性思维是基础。通过批判性思维,主持人对新闻的整体背景有才能较为透彻的认识和了解,明确传播目的和动机,从而把握新闻报道的逻辑。主持人通过逻辑性思维将具体的新闻要素有条理地进行整合,明确篇章间、段落间、句子间的逻辑关联性,并通过感性思维的图式将理性思维传播出去。

三、两个层面

新闻评论节目主持人能力训练涉及两个层面的内容:一是思维层面,二是表达层面。现有的新闻播音训练教程对表达的技巧总结得较为充分,大体集中在画面语言和有声语言的表达方式上,然而为什么要这么表达,却鲜有触及,深入不下去。因此,在未来的理论研究和技能训练中,我们要努力突破这一点,为外在的表达寻找内心依据。语言水平是由思维水平决定的,想要提高语言表达能力,就要提高思维水平,强化思维品质。

当代语言学研究将语言和思维的关系聚焦到三个问题上:思维的不同类型、意识的不同形态和语言的不同形式。

1. 思维层面

新闻评论节目主持人思维层面的训练,是综合性思维水平提高的过程。不同的学者对思维有不同的分类方式,比如钱学森就将思维分成"形象、抽象、灵感",兹维金采夫将思维分为"形象、概念、技术"。而新闻评论节目主持人的思维类型是基于其对新闻的理解分析过程来区分的,因此和新闻自身的特性密切相关。新闻的四大传播特点是真实、准确、及时、简明,所以要求主持人的思维方式也具有相应的特征。

思维层面的训练,从科学原理上来分析,属于认知语言学范畴,也就是说我们关注的不仅仅是语言本身,更是生成语言的人脑语言系统。这个系统探讨的是语言的处理过程:感知、识别、存储、加工和提取。从具体应用层面上说,就是从文字中获取信息,然后根据大脑中已经储存的既有信息进行价值判断,并进行语料组合,然后以音声化的形式传递出去。

瑞士语言学家费尔迪南·德·索绪尔说:"在语言状态中,一切都是以关系为基础的……一方面,在话语中,各个词,由于它们是连接在一起的,彼此结成了以语言的线条特性为基础的关系;另一方面,在话语之外,各个有某种共同点的词会在人们的记忆里联合起来,构成具有各种关系的集合……它们的所在地是人们的脑子,它们是属于每个人的语言内部宝藏的一部分。"这个观点为我们提出的观点——语言由思维引导,思维影响语言——提供了有力的理论支持。新闻评论节目主持人的语言体现的就是这里所说的"关系":语言之间的关系、语言和生活的关系、语言和世界的关系,这种关系之间的严谨组合,构成了新闻评论节目主持人的思维体系。

2. 表达层面

从新闻评论节目主持人的创作过程来说,表达层面是最易感的部分,受众可以直观地通过视觉和听觉感受到主持人的思想。在这个感受过程中,需要有实体承载创作者的思想及情感,这个实体就是语言。有学者提出了语言的符号学说,指出语言作为一种符号,连接了物理的概念和心理的概念。通俗地讲,语言符号是一种两面的心理实体:一面是概念,一面是可感形象。人们通过语言符号系统来表达观念,这里有两个必备的要素:一是表意,二是可感。这样我们就把新闻评论节目主持人所能运用的视觉和听觉表达手段及其实现的传播功能都纳入我们的符号系统研究范畴了。

要想全方位提高新闻评论节目主持人的主持技能,只有牢牢抓住表意与可感之间的逻辑关联,才能做到内容与形式的良性互动。

思考题

1. 什么是电视新闻评论节目,它产生的原因有哪些?
2. 电视新闻评论节目主持人应如何把控节目的进程?
3. 主持人如何在电视新闻评论节目中做出恰当的点评?

第九章 电视社教服务节目主持艺术

本章要点

1. 了解电视社教服务节目的特点与发展趋势
2. 掌握电视社教服务节目的主持技巧

如果按内容对节目进行分类,我国广播电视学理论通常将节目划分为四种类型,即新闻性节目、文艺性节目、社会教育性节目和服务性节目。1950年4月,中央人民政府新闻总署给广播宣传规定了三项任务:第一,发布新闻、政令;第二,社会教育;第三,文化娱乐。这三项任务高度概括了广播的社会功能,也为广播电视节目的类型划分提供了重要的政策依据。依据上述要求,中央人民广播电台设置了新闻、教育、文艺、服务四大类节目,体现了媒介功能决定节目形态的理念。而按照上述"四性"划分广播电视节目的做法,延续时间长,社会影响大。1998年国家哲学社会科学研究"九五"规划重点项目图书《中国电视论纲》将电视节目分为"新闻节目、社教节目、文艺节目、服务节目"。

在这四种节目形态中,新闻性节目、文艺性节目因其传播内容的规定性,主持技巧与风格迥异,适宜分开进行学习和研究。相比之下,社教性节目与服务性节目虽然在节目功能、传播内容上有些差异,但主持技巧、主持语言的风格却十分接近。特别是20世纪80年代以来,随着电视节目发展的日臻成熟,社会教育和生活服务类节目的制作手法、节目功能日益交叉融合,均呈现出对象性、知识性、服务性和时效性的特点。因此,本章将二者结合起来,把此类节目称为"社教服务节目"。

第一节　电视社教服务节目概况

在广播电视节目发展历程中,社教服务节目相对年轻,但发展迅速、样态丰富,是电视节目系统中的后起之秀。

一、社教服务节目的界定

1. 社教节目

《广播电视辞典》对社教节目的定义为:那些以社会教育为宗旨的将同一内容或同一类型的节目归为一栏,使它有固定的名称、标志、开始曲和时间长度并安排固定的时间予以播放的节目。

2. 服务节目

《广播电视辞典》将生活服务节目定义为:以实用性内容为主,直接为观众日常生活、学习、工作服务的电视节目。这类节目通过传播信息、解答问题和反映群众呼声,帮助观众解决日常生活、学习和工作中的各种实际问题,为社会提供直接、具体的服务。节目注重使用价值,力求满足观众现实生活中的各种服务需求。

二、社教服务节目的分类

电视社教服务节目的内容和形式具有丰富性、复杂性以及交叉性,分类方法一般有:按节目内容分类、按社会功能分类、按受众设定分类、按节目构成与传播形态分类。在这四种分类中,具体的节目在内容或形态上会有一定的交叉。

1. 按节目内容分类

这一分类方式主要依据节目主题、内容素材进行划分。具体包括信息类节目、道德法制类节目、健康养生类节目、科学技术类节目、生活时尚类节目、文化历史类节目、婚恋交友类节目、情感故事类节目、职场财经类节目等。

2. 按社会功能分类

这一分类方式主要依据节目的功能与作用进行划分,是实际操作中常用的分类方法。

(1)知识性节目

知识性节目为受众提供维系社会发展所需的社会规范和文化知识,如历史、科技、经济、法律、金融、医药、考古、道德等。中央电视台法制栏目《今日说法》、科技节目《走进科学》《探索发现》等都是颇具影响力的知识性节目。

值得注意的是,随着电视节目功能的深化,知识性节目已经不仅仅局限于某一专业领域知识的介绍与普及,一些节目开始关注社会道德建设,如中央电视台的《感动中国》、湖南卫视的《平民英雄》、河北卫视的《真心英雄》等。它们大都以弘扬社会主义道德为宗旨,以情感抒发为视角,积极传播社会主义核心价值观,起到了弘扬中华民族优秀传统美德的作用。还有一些节目开始关注人的情感需求与自我价值,如中央电视台综合频道的《开讲啦》关注青年人对生活、生命的思考,湖南卫视的《少年说》构架起青少年与亲人朋友情感沟通的桥梁。

(2)服务性节目

服务性节目主要向观众介绍烹饪、养生、美容、服饰、家装等家庭生活实用知识,为观众提供生活方面的具体信息。这类节目题材广泛、内容丰富,具有极强的实用性与服务性,深受观众喜爱。这类节目常采用聊家常的形式播出,生活气息浓郁,如中央电视台的《回家吃饭》等。

(3)教学类节目

教学类节目是系统地传授某一类文化科学知识的节目。它是课堂教学的扩大和延伸,突破了传统课堂教学的时空局限,把教育面扩大到整个社会。现今很多教学类节目将知识与趣味相结合,如中央电视台科教频道2019年开播的《考古公开课》,以电视公开课的形式聚焦20世纪中国考古的重大发现,通过对考古学知识的普及性介绍、对遗迹遗址的还原性阐释、对精美文物的深度解读,搭建了一个国家级权威考古知识平台。节目邀请著名专家担任主讲嘉宾,利用多样的视觉手段,在专家学者与现场观众的互动之中构筑了一个轻松愉快、寓教于乐的公共课堂。

3. 按受众设定分类

社教服务类节目的对象性十分突出,节目一般都是为某个特定对象设置的。

常见的对象性节目有少儿节目、农民节目、军事节目、女性节目、老年节目等。少儿节目中,中央电视台的《大风车》《智慧树》等充满童趣,深得童心。央视少儿频道、金鹰卡通频道、炫动卡通频道等,对开发少儿智力,培养少儿的生活习惯与人文情怀有着重要作用。农业节目中,中央电视台的《聚焦三农》《致富经》等以为广大农民服务为宗旨,内容多为农村发生的各种新人新事、农民所需的各种信息,以及有关农业生产的各种科技知识等,深受农民朋友的喜爱。此外,还有针对女性的《半边天》、针对老年人的《夕阳红》等,都是非常有代表性的对象性节目。如今,节目类型进一步细分,出现了针对职场白领的《职场健康课》、针对妈妈的《超级育儿师》、针对减肥人群的《超级减肥王》等。2017年11月,深圳娱乐频道《好"色"之师》开播。节目瞄准时尚话题中的一个环节——色彩搭配,邀请时尚博主、流量网红及著名歌手、模特等打造了一个兼具时尚潮流与趣味性的特色节目,吸引了大量25—34岁的女性观众。细分受众并策划制作有针对性的内容,这是对象性节目发展的必然趋势。

4. 按节目构成与传播形态分类

(1) 专题型节目

专题型节目即内容相对集中、可以形成统一主题、结构相对紧凑的节目。如中央电视台的《今日说法》每期集中剖析一个典型案例,以记者的相关调查为主线,或访谈,或演播室连线,邀请法律专家针对案例介绍相关的法律知识,以此达到向观众普及法律知识的目的。

(2) 杂志型节目

杂志型节目是把若干不同内容、不同体裁、不同形式的节目单元加以组合,由主持人将其串联成一个有机整体的节目。如少儿节目《智慧树》就设有"我爱变魔术""请你像我这样做""道哥和摩尔""咕咚信箱"等节目单元。

(3) 访谈型节目

访谈型节目以主持人与嘉宾在演播室的访谈为节目形式。如中央电视台《健康之路》每期邀请权威的专家做客演播室,以访谈的方式为观众传播实用、科学的健康知识。

(4) 竞赛型节目

竞赛型节目是以竞赛的方式呈现节目主题与内容,推进节目进程。如中央电视台的《中国汉字听写大会》《成语大会》《诗词大会》等。节目让观众从中国传统文化中汲取营养,涵养心灵,颇受好评。

(5)真人秀节目

真人秀节目是近年新兴的一种节目形式,具有纪实性、故事性和游戏性特征。如江苏卫视的婚恋节目《非诚勿扰》、湖南卫视成长养成观察节目《我家那小子》《我家那闺女》等。这样的传播形态使知识的传播带上了故事性、娱乐性的色彩,更容易激发观众的好奇心。

第二节 电视社教服务节目的特点与趋势

电视社教服务类节目传播知识、提供信息、弘扬中华优秀传统文化,促进社会主义精神文明发展,社会价值和社会影响力巨大。随着分众传播、频道细分等环境变化,电视社教服务节目交叉融合,呈现出诸多特点。

一、电视社教服务节目的特点

1. 知识性

传播科学、正确的知识是社教服务节目的首要任务。无论时代如何变迁,传播形式如何改变,这类节目的首要特征一定是知识性。上至天文地理,下到衣食住行,远起亘古文明,近达新兴时尚,这类节目就是以普及、传播与人们工作、生活相关的知识为宗旨。丰富的信息量、实用的生活知识、前沿的科学探索都应在这类节目中得以体现。

2. 服务性

服务意识是电视社教服务节目的核心意识。如今,广播电视传播更强调"以人为本",注重人文关怀。它最本质的内涵就是尊重每一个人,关爱每一个人。社教服务节目与人们的切身利益与需求息息相关,因此它必须依据普通老百姓日常生活中关心的问题和知识文化需求来进行节目制作,强化并凸显服务性。

当然,这一服务性兼具服务和引导两层含义。节目不仅要解决观众切身问题和需求,同时要引导观众树立良好的道德文化修养与健康的生活理念。如中央电视台2020年推出的《生活家》,聚焦日常生活中的"热点"与"痛点",通过"生活达人"的创意竞技,不仅解决了人们生活中常见的一些问题,还以此引导人们树立"人人都能成为生活艺术家"的理念,鼓励人们养成健康积极的生活习惯。

3. 对象性

对象性是电视社教服务节目服务性功能的具体落实。讲求对象化、注重针对性是社教服务节目发展的必然趋势。类型化、分众化的传播背景要求社教服务节目必须针对明确的对象进行节目创作。了解受众的收视心理,熟悉受众的收视习惯,更易于加强节目的针对性,强化节目的专业性,从而更好地满足受众需求。比如《夕阳红》就是一个典型的以老年人为收视对象的电视社教服务节目。它于1993年10月开始在中央电视台一套节目中播出,一直深受老年观众的欢迎。

4. 专业性

专业性是电视社教服务节目的突出特点,其包括两个方面的内涵:第一,知识传播、内容选择的专业性。社教服务节目涉及的领域和内容包罗万象,这些领域知识的选取与表达都具有专业性,尤其像军事、农业、科技、健康等主题节目对专业性要求更高。第二,传播过程中的专业性。社教服务节目主题和内容往往通过实验验证、讨论分析、体验感受等方式来展现,在这个过程中,使用的方法、选择的嘉宾都应具有专业性,只有这样才能让节目结论科学合理,具有公信力。

二、电视社教服务节目的发展趋势

随着我国传媒产业的飞速发展、传播手段及传播观念的不断更新,电视社教服务节目不仅内容和数量不断增加、形态和功能产生了剧变,而且衍生出一系列专业化频道,如科教频道、法制频道、旅游频道、少儿频道等。其目标对象逐渐精分化、多样化,节目形态构成要素也从单一走向多元,故事讲述、情景剧、综艺、游戏等元素都融入这类节目中,还涌现出题材各异的社教服务类真人秀节目。可以说,现在的电视社教服务节目呈现出故事化、娱乐化、时尚化、品牌化等发展趋势。

1. 故事化

故事化是社教服务节目叙事平民化的一种表现。它表达通俗,情节跌宕,寓情于理,符合受众的审美需求和认知习惯,是现今社教服务节目的主要叙述方式之一。如央视《走进科学》、北京卫视《档案》、辽宁卫视《揭秘》等均以故事化手法增强传播效果。这样以故事为载体,设置悬念和戏剧冲突,用未知的结果引起观众的收视期待,在很大程度上刺激了观众的好奇心。同时,用情节化的手法来刻画人和事,也让节目更加形象生动,更具感染力。

如今,故事化的叙事手法已经不仅是讲述一个故事了,而是深化为一种故事性的叙事节奏。以矛盾冲突、情节起伏作为节目的叙事线索,串联起整个节目。比如湖南卫视的《巧手神探》,不仅融合了游戏、真人秀的表现手法,更吸引人的是把"巧手"从被观赏的客体变为掌握主动权的出题人,设置"巧手"与"神探"两大阵营"过招"的故事模式。让矛盾冲突、情节起伏牵引着观众来收看节目,从中感受到匠人匠心和中国优秀传统文化的魅力。

2. 娱乐化

随着分众化时代传媒产业的竞争越发激烈,电视社教服务节目为吸引更多受众,尝试运用轻松活泼的娱乐化表现形式,将竞技、情景剧、真人秀等娱乐元素渗入其中,把知识、服务和娱乐元素有机地结合在一起,寓教于乐,让大家在休闲放松的同时,学到有用的东西。比如中央电视台《中国汉字听写大会》《中国成语大会》《中国诗词大会》等通过紧张有趣的竞技游戏,使观众在游戏、悬疑、揣测、惊喜中追逐每一个环节,同时达到普及中国传统文化知识的目的。湖南卫视《变形计》《爸爸去哪儿》《向往的生活》《谁知盘中餐》等将真人秀作为节目的表现手法,使观众获得一种参与性更强的收视体验。中央电视台《国家宝藏》则是以小剧场形式演绎文物的前世今生,节目每期都邀请知名演员担当国宝守护人,极大地调动了观众的视听感受,广受好评。

3. 时尚化

随着生活水平的提升,人们的审美诉求空前提高。为了满足观众的审美需求,社教服务节目在内容选择和外在包装上,都向着现代化、时尚化的方向发展。在内容选择上,涌现出大量以时尚为内容的节目,如安徽卫视《美丽俏佳人》。该节目以年轻时尚的女性为收视目标群体,介绍美容、服饰、化妆等时尚潮流,吸引了很多追求时尚的女性。在节目包装上,《美丽俏佳人》也日趋时尚化,主持人的形象设计、特技的运用、字幕片花的提示点缀、画面色彩的搭配都很新潮。

4. 品牌化

实际上，社教服务类节目的品牌化运营方式已发展了一段时间，涌现出一批受到观众认可的品牌节目和著名主持人，如《今日说法》和撒贝宁、《交换空间》和王小骞、《美丽俏佳人》和李静、《非诚勿扰》和孟非、《家政女皇》和方琼等。如今，融媒体时代来临，社教服务节目也进入品牌建设的新时期。很多节目依托媒介融合，多渠道、多维度打造节目品牌，提升节目价值。如北京卫视《上新了，故宫》将拍摄地选在了故宫，不仅展示了故宫许多尚未开放的区域与文物，还结合文创设计这一新兴元素，让节目既神秘又年轻，也让更多的年轻人学会欣赏古老的故宫文化。同时，为了扩大节目影响力，节目采用"专家+明星"的嘉宾模式科普故宫文化，运用"两微一端"与观众进行深度互动，形成了多向化、立体化的品牌效应。这样的品牌化运营方式越来越多地成为社教服务节目的常态化选择。

第三节 电视社教服务节目主持技巧

社教服务节目是我国电视节目中最早有"主持人"出现的节目。1983年元旦，中央电视台《为您服务》开播。随着主持人沈力在电视屏幕中的一声问候，主持人的概念第一次进入普通大众的视野，"主持"这一语言传播样态正式在电视社教服务节目中诞生。

主持电视社教服务节目，首先要明确自己在节目中的定位。主持人不仅要承担公众传播者的职责和义务，还应依据电视社教服务节目的特点积极地做好一名"服务者""引导者""倾听者""体验者"。

电视社教服务节目的主持风格应区别于新闻节目的理性沉稳，综艺娱乐节目的愉悦欢闹，呈现出真诚亲切、自然大方的风貌。主持人的语言也相应地具有通俗质朴、谦和恳切、生动灵活的生活化特点。

比如《为您服务》以"全心全意为观众服务"为节目宗旨，主持人沈力给自己定了几个标准：不能端着架子高高在上，态度必须亲切；服装要与老百姓接近；说话不能像念稿子，要用生活中的语言。此后，每个周日晚上，《为您服务》都会准时与观众见面。在短短的15分钟里，节目提供了衣食住行、商品消费、家庭教育、文明礼仪、环境美化等丰富的内容，宛如一部"家庭百科"。主持人沈力如话家常，娓娓道来,语言亲切和蔼,气质端庄大方,使观众如沐春风。节目播出后,观众反响强烈,信件雪片似的飞来。

一、社教服务节目常用的主持方式

社教服务节目内容丰富,形式多样,因此要求主持人尽可能多地掌握不同的主持方式,如串联、演示讲解、体验式报道访谈,等等。

1. 串联

串联就是用语言将素材有机地结合起来,使得节目具有连贯性和逻辑性。这是社教服务类节目运用最为广泛的主持方式。主持人作为节目与观众的桥梁,在节目开篇、素材的起承转合及节目结尾出镜主持。中央电视台《今日说法》《走进科学》、北京电视台《档案》等都采用了这样的主持方式。

> **主持人**(开场):1950年的9月15日,朝鲜中部西海岸的小港口仁川一夜之间成了全世界关注的焦点。那天,干涉朝鲜内战的联合国军从6艘航空母舰上起飞了500架舰载飞机。在夜幕的掩护下,飞临朝鲜半岛的上空。同一时刻,由7艘巡洋舰、32艘驱逐舰和86艘其他舰艇组成的庞大舰队突然抵临朝鲜西海岸⋯⋯
>
> (插入"以美军为代表的'联合国军队'登陆仁川"短片)
>
> **主持人**(承接):这是一个大胆而且违反作战常识的决定,也只有像麦克阿瑟这样的指挥官能够做得出来。为什么这么说呢?先让我们一起来了解一下这位富有传奇色彩的五星上将⋯⋯
>
> (《档案·朝鲜战场风云录》)

2. 演示讲解

这种主持方式需要主持人在主持过程中进行具体操作,以展现某个事件或物品的特点,使节目更加直观,更具可看性和生动性。

> **主持人**:今天我要给大家分享的就是这个磁悬浮腕托。它的设计高度呢,符合人体工程学的18毫米,能让你的手掌在尽可能保持平行状态的时候,明显感觉到腕部的压力变小。
>
> 磁悬浮是利用磁力克服重力,使物体悬浮的一种技术。它是利用

电磁力,实现无接触支撑和导向的。与一般的腕托相比,磁悬浮技术的使用是它的神奇所在。底座的磁力可以让腕托软垫悬浮于空中,和由电磁效应形成的"磁悬浮"不同,它里边采用的是磁性超强的固体磁源,加上特别的"360度磁悬浮微锁结构",使得整个腕托可以随着手腕多角度活动,如同给你的手腕加了一个舒服的枕头。经过上百万次的实验,长时间使用它也不会凹陷。

(《时尚科技秀·当科技"盘"上健康》)

3. 体验式报道

体验式报道也常被称作外景报道。最早在新闻节目中出现,如今也广泛应用于社教服务节目中。比如美食、旅游、购物等节目的主持人,到真实的外景地去体验、感受,比在演播室介绍、解说更具真实性、趣味性和生动性。

(攀登巴丹吉林沙漠必鲁图沙峰部分)

主持人: 被称为巴丹吉林沙漠五绝之一的沙漠珠峰就在我们的身后了。现在它的高度有多少?

嘉　宾: 它目前的最新统计数据是1611.09米。从沙山脚下到峰顶的相对高度达到500多米,比非洲撒哈拉沙漠的世界第二高沙山还要高出70多米。

主持人: 我们的挑战就在那里了!

(上车后)

主持人: 我们要一直往上冲,这个坡度大约是在60度吧!我看着老师一直在呈着"S"往上走,迂回地绕。这次希望有一个全新的挑战。来到沙漠之后,我觉得每天都像在坐过山车一样,只要是在车上,只要是在沙漠里,坐在车里行走的时候,永远都像坐过山车一样来回上下。现在我已经适应了这种状态,最重要的是我们今天一定要挑战一下最高峰。心脏有点受不了,有点紧张。

(车遭遇沙窝之后)

主持人: 我现在很明显感觉到这个车轮在打滑,这个手现在抓在哪都感觉很多余。我现在能完完全全感受到这个车正在呈一个斜面的45度夹角。

嘉　宾：这条路不好走啊！

主持人：我很明显感觉到这个车一直在盘旋……这是我这两天在沙漠里坐车心情最紧张的一天。我能看出来那个车辙印非常的深。因为下过雨的原因，所以沙子变得非常硬。

（历经种种困难成功登顶后）

主持人：在沙山上行走是一件很辛苦的事情。除了觉得累之外，剩下的就是害怕，因为这个地方实在是太高了。但是当我站在这个地方往下看的时候，尤其是夕阳西下的巴丹吉林沙漠，真的是太美了。你看！全都是跌宕起伏的沙山，还有清澈的湖水。这一切的艰辛、害怕全都是值得的。而我们现在能做的、要做的就是静静地凝望它。

（《远方的家·美丽的巴丹吉林沙漠》）

4. 访谈

社教服务节目常常要邀请各行各业的专家、学者参与节目录制，因此常常涉及访谈。主持人与嘉宾的访谈可以是节目中的一个环节，也可以是整个节目的结构形式。

（播放案件视频）

主持人：您看这个案子，乍一看老太太80多岁了，身体又不好。大儿子不赡养，拒绝给赡养费，而且也不管老太太、不看老太太，然后全交给小儿子，扔给弟弟了。深究一下，发现大儿子不是不赡养，他一直是给赡养费的。后来老太太因为生病，把赡养费调得高了。然后大儿子的意思是说，我也已经老了，没什么收入了，我拿不出那么多赡养费。表面争的是这点钱，实际上争的是感情上的不满足。对这个案子，您怎么解读？

嘉　宾：根据我国法律的规定，关爱老人、赡养老人是整个社会全方位的一个义务，当然首先要从子女做起。那么关爱老人、赡养老人主要包括生活上的照顾、经济上的供给和精神上的慰藉，还要照顾老年人的特殊需求。那么在本案中就体现为日常赡养老人的两个误区：行动片面以及纠结于能不能收获什么。赡养老人有三个方面：物质上、精神上、生活上。本案中，老人对物质和经济上基本感到了满足,但她的精神上是缺乏的。常回家看看,给老人精神上的照顾也是赡养的义务之一,但很多人忽略了。

主持人:其实这种案子里面,都藏着一个情感问题。我觉得,情感问题法官可以去做思想工作,但最终法官解决不了。所以情感这个部分,我觉得可能做家长的要引以为戒,对孩子得公平,不要伤了人家的心。伤了人家的心,到老了,你再要回来就不容易了。就像这个案子这样。但下面这个案子可能更极端,也是孩子感觉到强烈的不公平,孩子委屈在先,然后这个并不怎么合法的决定在后,我们一起来看。

(《夜线·养儿防老难事多》)

二、社教服务节目主持人的主持技巧

1. 强化服务意识,把握受众特点

对象性、服务性是社教服务节目最具特点之处。受众之所以收看社教服务节目,是因为节目内容与他们的生活息息相关,可以得到一些有益和有趣的信息。所以,主持人要主持好这类节目,首先应从受众的角度出发,精准把握受众的特点与需求,强化服务意识,针对目标受众设计相应的表达方式,使节目更好地达到预期效果。

沈力在谈《为您服务》节目创作过程时曾说,当时节目组了解观众需求的渠道只有"观众来信"。节目组每月平均收到3,000多封信,高峰期有5,000多封。她每封信必看,节目中60%—70%的选题都来自观众的来信。正是因为节目"从观众中来,到观众中去",所以广受欢迎和好评。

因此,要做好社教服务节目主持人,一定要"深入群众",摆正自己的位置,用真挚的情感联结节目和观众,与观众成为互相尊重、平等交流的朋友。

中央电视台经济频道《交换空间》曾被评为"最受欢迎的财经生活服务节目"。主持人王小骞在节目中与嘉宾和观众积极互动,把服务意识落实到言行中,她的真诚、大气和热情给观众留下了深刻的印象。

(主持人王小骞陪红队选手回到家里,等待验收)

主持人:起了个名字,挺紧张啊,心有点跳得厉害,对了,就是紧张。

红队女:我到楼下还没有这个感觉呢!

主持人：哦，一到自己屋里……

红队女：我就想好事了。

主持人：哈哈，就想好事了啊？来，起了个名字，跟绿有关，叫暖香绿意。

红队女：暖香绿寓？

主持人：意，来，三二一。（取眼罩）戴上眼镜，好好看。

红队男：哎呀，没想到，怎么变化这么大，我寻思会有很大变化，就没想到变化会这么大，我一生啊没住过这么漂亮的房子。

主持人：哎哟，您这过奖了，过奖。

红队男：真的，真是这样。

主持人：周阿姨，您怎么样？哟，周阿姨眼泪汪汪的啊，怎么样啊？这个绿色喜欢吗？

红队女：喜欢喜欢。

主持人：喜欢呀，嫩绿嫩绿的，是吧？

红队女：住了一辈子白房子，这回，这有情调。

主持人：有情调，哟！您这词儿用得好。王叔，怎么有情调，有什么情调啊？

红队男：她把这些个组合到一块，哎，就显得特别，按我们东北话说，哪个（地方）都好看。

主持人：这样，我给两位介绍介绍，您说。

红队女：明天我卖票让他们来参观。

主持人：卖票？非营业、非营业场所，哈哈。

红队男：我觉得这个设计师既满足了我们老戈壁滩人的这种生机盎然的愿望，也满足了我们老人这种比较清淡的也不是特别花的（想法）。

主持人：也不是特闹腾。

红队女：比我想象得（好）。

红队男：另外一个像我这么多年技术人员的追求创新，我觉得这个情调也有。

主持人：也有啊，这样，叔叔阿姨，我给你们介绍介绍，咱们先向左转，您看到这墙上的一朵花了吗？这是手画的。

红队女：哎呀，都快 70 岁了。

主持人：老伴儿都 70 多啦！

红队女：是，怎么说呢？

主持人：啊，这灯好看不？

红队男女：好看，看哪儿都好看。

主持人：看哪儿都高兴是吧？这沙发没换，就给它换件衣服，换沙发套了。

红队男：跟新的一样。

主持人：跟新的一样，就是，您看这个了吗？这个墙面您摸摸，叔叔阿姨都来摸摸，一点乱七八糟的味儿都没有，您不喜欢了，您往上泼水，还能扒掉。

红队男：喜欢，这挺好。

红队女：还不喜欢，哪儿有这话啊。

红队男：首先我寻思我们追求的是绿意，别给我屋里头弄得全是绿绿的、阴沉沉的。

主持人：哦，那不会那不会。咱现在用的这绿啊，是这种早春的嫩绿，就特别像那个刚刚冒芽儿的小草、春天的第一茬，是吧？这个绿主要是出现在餐厅。原先您家这个餐厅啊就是墙很长，现在啊把它这个垛口垛口延伸到这儿啊，让这个餐厅变得小一点，让这个客厅啊比例就对了。条纹的画布也是纯棉布，您摸摸，也没味儿啊。纯棉的，连桌布都是啊！这是餐区，这样能打破一下这个绿的单调。阿姨，还剩了点儿布条做了两幅装饰画，咱不能浪费东西。

红队女：我好好看看，啊，就是……

主持人：就是这个桌布啊。

红队男：哎呀，就是这个啊，环保啊！

主持人：这是更小的布条了，这是更下脚料的布条了。

红队男：这是真有创意。

红队女：我跟你讲，这远看的时候我都没看出来这是什么，我以为是两幅画呢!

主持人:是吗?您看这个,咱不能浪费东西是吧?来,咱再来看这儿,您原来柜机不搁在这儿嘛,这柜机搁在这儿呢,一是它不大好看,二是空调家电它也不是那么好看、不是那么美观,这儿呢就给您加了一隔断,这隔断呢非常结实,钉在地上了啊!

红队女:哎,真好。

主持人:您看,您的入户门在这儿,这儿一进门,屋门就对着,不大好,对吧?它显得不好。

红队女:它那个那个……

主持人:就起那个影壁。

红队女:哎,就那屏风。

主持人:屏风啊,就算是个软隔断。

红队男:这设计师,还真……

主持人:有点创意。

红队男:哎,真有创意。

红队女:这辈子咱真有福气,赶上这《交换空间》了。

(《交换空间·天鹅湖PK暖香绿意》)

在这段互动中,王小骞担任了主持人、分享者和介绍者的角色。作为主持人,她引导整个节目的流程,揭示改造主题——分享改造喜悦——介绍改造详情——组织评价总结。角色的转化根据内容而变,自然流畅。在分享过程中,她始终挽着老两口,就跟自家的闺女一般,和他们共同欣赏,共同喜悦,适时抓住周阿姨表情的变化,使幸福的感觉不断蔓延;及时强调王叔叔感慨时提到的"情调"一词,将老人心中的感受抒发出来。在"介绍改造详情"的环节中,王小骞介绍得有条不紊,思路清晰,重点突出,中间不断根据两位嘉宾的情绪反应进行巧妙的衔接,在引导他们表达感受变化的同时,也将装修知识和设计师的理念深入浅出地告诉电视机前的所有受众。

2. 注重知识讲解,发挥中介作用

电视社教服务节目的专业性特点要求主持人具有相应的专业知识。很难想象,一个缺乏中医药知识的节目主持人能对"望、闻、问、切"表达得准确生动,一个缺乏经济学知识的主持人能将证券交易节目主持得引人入胜。所以社教服务节目主持人要熟悉自己主持的节目涉及的相关领域，具备相应的专业学识。

在节目主持过程中，主持人要注重知识讲解，综合运用各种表现手法，激发观众的收视兴趣，使受众在吸收知识养分的同时也能感到身心愉悦。遇到专业性太强的语言时，要做到深入浅出，化深奥为通俗，帮助受众理解。比如，在一档科技节目中，主持人谈到"水"的时候这样说：

> 水，无处不在，沟渠、江河、海洋，乃至云雾、虹霓、雨雪、冰霜都是水。水形态不定，或潺潺湲湲，或滚滚滔滔，或浩浩荡荡。水极其平凡，但又十分宝贵：动植物缺了它，生命就无法延续；工业农业少了它，生产就只有停顿。水比棉柔软，比钢坚硬。坚持不懈，滴水可以穿石；团结一致，涓滴可以成海……

在这段主持词中，主持人首先准确清晰地介绍了水的处所、形态和作用，从动与静两方面对水的质地进行了形象的介绍。然后又从具体跨越到抽象，对水的特质进行了多方面的联想，使受众不仅获得了有关水的知识，还从中受到了深刻的启迪。

同时，在有嘉宾出现时，主持人还常常担负着"中介"的作用。在访谈环节，主持人应做到以下几点：

第一，发挥专家的"权威"作用，做好受众"解惑"的引路人。

我们要求主持人成为某一领域的"准专家"，并不意味着他们能代替真正的专家，因为专家的权威性是主持人无法企及的。而对受众来说，他们更希望听到专家的建议和指导，而不是看到主持人与专家之间进行一场艰涩的学术对话。在这样的受众期待中，如果主持人不能恰当地摆正自己的位置，在节目中随意打断嘉宾的谈话或者经常抢话，极力发表自己的一些"高见"，摆出一副"无所不知"的架势，就可能因为"显摆"而招致观众的厌烦和不满。即使主持人在这一领域已掌握了一些知识，也不能以"专家"自居，而应积极主动地发挥好自己"铺路搭桥"的作用。社教服务节目面对的受众非常广泛，而受众的层面又复杂多样。不管面对哪一个层面的受众，主持人都应以通俗易懂的形式实现服务目的，最大限度地满足不同受众的不同需求，这是主持人应努力追求的目标。

第二,了解受众的兴趣爱好,做好受众"求知"的代言人。

在主持人、嘉宾和受众组成的谈话场中,为了更好地体现嘉宾的作用,满足受众的需求,主持人一方面要驾驭节目的进程,协调各方面的关系,使节目有条不紊地层层推进,另一方面要转换角色,站在受众的位置上,想他们之所想,做好受众"求知"的代言人。

第三,顾及受众的认知水平,做好专业用语的"翻译"。

社教服务节目以传播知识为主,专家在问题解答时难免会涉及各种专业用语,有些受众可能无法准确理解这些专业用语,主持人就要在认真倾听嘉宾解答的同时,站在受众的角度提出问题,让嘉宾用通俗易懂的语言"翻译"这些专业用语。

总之,主持人应在节目中找到"应知"和"欲知"的结合点,找到受众需求与嘉宾专长的结合点,充分发挥好"中介"的作用。

3. 把握节目特征,注重口语表达

电视社教服务节目主持人要努力做到:少一份正襟危坐的呆板,多一份平易亲和的灵动;淡化循规蹈矩的播报,增加富有见地的点评;突破传统的节目串联方式,探寻故事化的叙事方式。

(1)故事化的生动表达

如今,电视社教服务节目不但饱含信息量,还具有故事性。那么作为主持人,如何讲好故事呢?中国社会科学院新闻与传播研究所研究员时统宇就提到广播电视节目中故事化叙事的几个手法——悬念、揭秘、感动。主持人作为故事的讲述者,可以用"悬念——揭秘——感动"为线索来设计语言:首先运用停连、重音、语气、节奏等语言表达技巧与适度的表演技巧来营造悬念;然后从语言逻辑的角度进行讲述,谋篇布局,层层揭秘;最后注重内在情感与外在技巧的和谐统一,吸引受众、感染受众,达到情感共鸣。事实证明,讲故事的高手能够通过讲好故事创造非常好的看点、卖点,收到良好的节目效果。

串联词一:

朋友们,大家好!欢迎您收看今天的《走进科学》。现在,我想问您一个问题,您听说过飞檐走壁吗?哎,我要这么一问,您肯定会说我不仅听说过,我还看过呢!没错,像电影《卧虎藏龙》《十面埋伏》里面那些武林高手,他们在刀光剑影之中身轻如燕、飞檐走壁,那是真叫一个绝啊。

而现在我们都知道,影视作品中的飞檐走壁大多都是神话的、夸张的,采用了一些电影特技处理和艺术包装。但是今天呢,在我们的节目当中,我们将为您介绍一个原汁原味的、活生生的"高空飞人"。

串联词二：

不瞒您说,小时候我也喜欢翻个墙头、爬个树、摘个槐花什么的。但那个时候比较笨,再加上协调性也不大好,经常是爬不上去或是爬上去了下不来。后来学了牛顿的万有引力定律之后才知道,咱们人在地球上他就挣脱不了地心的引力。就算是咱们拼命地减肥,但是这一个人他总不能没有一点质量吧？您要是有了质量的话,就肯定受到地球的吸引,就会产生重力,所以在通常情况下我们是很难真正做到飞檐走壁的。那么您想了解葛强到底是怎么飞檐走壁的吗？别着急,咱们接着往下看。

串联词三：

这个电影当中它有夸张的成分,我们可以看到蜘蛛侠的手指上有很多锋利的齿尖,所以它能够钩住墙壁的缝隙。这样,它就可以助蜘蛛侠一臂之力。虽然蜘蛛侠的重力也是向下的,但是他用手钩住墙壁之后,加上双脚踩在缝隙间,有一个向上的支撑,能够保证他在攀爬的时候不至于从高空坠落。不过确切地说,蜘蛛侠他是在爬壁,而不是在走壁。爬壁,有点类似攀岩,攀岩只要给手脚一个固定的支撑点就行。不知道您刚才注意到没有,不管是蜘蛛侠他在爬墙的时候,还是葛强在走壁的时候,他们都有一个共同之处,那就是他们都尽量地紧贴着墙壁,这又是为什么呢？

（操作模型演示解说——）

这个葛强,他既不是蜘蛛侠,也不是我们在电影当中看到的那些武林高手。他其实和我们普通人一样,都是普普通通的人,但也应该说他是一个奇人。即便是奇人,也并不意味着他可以腾空一跃十几米,他也绝对做不到像我们电影当中看到的蜘蛛侠那样自如地爬上墙,那么怎样才能使葛强尽可能地再走得高一点呢？

现在呢,我们就假设为葛强搭上一个倾斜的梯子,而这个身着迷彩服的小人儿就是葛强。我们来看一看,这样在梯子上走,肯定要比在垂直的墙壁上走要稳当得多,也比较容易找到平衡。大家可以看一下,这个坡度它不是很陡,所以小人儿就比较容易找到平衡,也就能爬上去。但是您再看,现在如果我把梯子给它放得坡度高一点的话,那么这个小人儿,也就是葛强,他想爬上去就不那么容易了。你看,他爬不上去了。这就说明,这个垂直高度越高,也就是说葛强走壁的高度越高,那么飞岩的效果就越好。但是,就像我们刚才看的那样,他也就越容易掉下来。那么梯子与墙究竟是一个什么样的角度最合适呢?既(使葛强)不滑下来,又能让葛强到达一个相对比较高的高度呢?

(《走进科学·飞檐走壁》)

人们之所以爱看故事,就在于它有吸引力、有情节、有悬念、有人物、有情感。故事化的生动表达,不仅能够满足受众对节目内容深层解读的要求,还能满足人们对情感家园的追寻。所以,讲好故事是社教服务节目主持人应当掌握的技能。

(2)口语化的亲切交流

老舍先生在谈口头语言和书面语言的区别时说过:"世界上最好的文字就是最亲切的文字。所谓亲切,就是普通的话,大家这么说,我也这么说,不要用了一大车大家不明白的词汇。"口头语言听起来不仅通俗易懂,而且让人感到自然亲切。比如:"在这件事上,你抱什么态度?""你对这件事怎么看?"这两个问句意思大致相同,但大家更习惯用后面的说法,前面的说法听起来有些不自然。社教服务节目的主要传播对象是老百姓,他们在收听、收看节目时往往是伴随性的,所以主持人要选取容易让老百姓听懂的词语来传达节目信息,做到口语化的亲切交流。

中央电视台气象节目主持人宋英杰以个性鲜明的语言特点给受众留下了深刻印象。在这样一个发挥空间极其有限的节目中能有此收获,的确是难能可贵的。

其实我们大家都经常和冷空气打交道。不过,冷空气有强有弱,范围有大有小,有的冷空气小得在这样的图上都难以看清,但有的冷空气却是真正的庞然大物。现在我们看到的这股冷空气,它占据的范围足足有几百万甚至几千万平方公里。在这样大范围的高气压控制下,天气现象就比较单一,尤其现在北方地区基本上都是比较晴朗的天气。但是南方呢,还有一些地区是偏东风,能够吹来充分的水汽,所以通过今天的卫星云图我们就可以看到,南方地区上空还有一些降雨云系,不过以后这里的降雨将有所减少。

可能我们对温带气旋并不是特别熟悉,但是我们对它的同胞——热带气旋是耳熟能详的,因为热带气旋包括的热带风暴、台风等都是我们经常谈论的话题。热带气旋经常出现在夏天,而温带气旋在春天活动……所以在春天里,我们不妨记住这个名字——温带气旋。

(《天气预报》)

这段主持整体亲切自然,好像聊家常一样,主持人选择的是一些极普遍、常见的字眼,如"打交道""庞然大物""足足有""单一""基本上""同胞""不妨"等。这些词语老百姓耳熟能详,而且主持人使用的多是简单句,这样让天气预报变得有滋有味,极具亲和力。我们在设计口语时也可以运用这些技巧。

此外,主持人可以多用打比方的方式来解释节目中一些受众难以理解的信息。比如在某档环保节目中,主持人要介绍使用过多洗衣粉会造成极大的环境污染,屏幕上出现了一些环境污染的数据。这时他打了这样一个比方:"您可以设想一下,在一个普通的鱼缸中,放入四分之一块透明皂,鱼缸里的鱼将是怎样的后果?"鱼缸和透明皂都是生活中比较常见的物品,这样可以帮助受众理解数据的意义。

4. 执行规则,把握进程

在一些社教服务节目(如竞赛型、真人秀)中,主持人需要执行节目设计的竞赛规则、推进各个环节与节目进程。这对社教服务节目主持人提出了新的要求,良好的控场能力与规则执行力是这类节目主持人最重要的价值体现,也是社教服务节目主持人应具备的基本技能。

当然,如今的电视社教服务节目很多都不是单一的表现手法及元素了,立体化的节目结构常常要求主持人必须掌握多种主持样式,并灵活运用在节目中。

5. 体现时代特色,塑造个性品牌

电视社教服务节目主持人通常以个人身份出镜,其风格特点直接影响到节目的格调与品位。鲜明的主持个性可以增强节目的辨识度,加强受众对于节目的印象和记忆,强化节目的品牌效应,有效促进节目品牌价值的形成。

寻找主持个性,塑造主持风格,一定要从节目定位出发。一般来说,主持人的个性由主持人出镜的形象仪态、语言谈吐两部分组成。主持人的形象举止、风度气质都应该与节目相吻合,比如中央电视台综合频道寻人节目《等着我》,主持人出镜时往往着深色服装,妆发都较为朴实,这是因为节目本身的悲情色彩。而安徽卫视时尚美妆节目《美丽俏佳人》的几位主持人在整体形象上都注重时尚感和美感，本身就是时尚的示范。同时，主持人的语言谈吐、思维方式、审美趣味也应与节目风格相融合。比如《今日说法》的主持语言整体理性严肃，而《非诚勿扰》的主持语言则轻松幽默，这都是由节目本身的定位所决定的。

随着社教服务节目的不断变化发展，主持人的个性塑造也应融合时代感与娱乐性。只有有声语言和副语言的呈现紧跟时代的变化，才能与时俱进地呈现节目的新风尚。当然，我们也必须明确，主持人的个性形象和主持风格是在长期的主持实践中逐渐形成的，因此主持人要"耐住寂寞""多听、多看、多想、多实践"，切不可急功近利地在形式上追求个性，通过古怪的腔调、另类的着装、奇异的发型来突显"个性"，这样的"个性"不是个性，更不能转化和升华为主持风格。

思考题

1. 简述电视社教服务节目的概念。
2. 简述电视社教服务节目的分类。
3. 以你熟知的一位电视社教服务节目主持人为对象，分析其主持特色。
4. 请策划、主持一档对象性节目。

第十章 电视综艺娱乐节目主持艺术

■ **本章要点**

1. 了解电视综艺娱乐节目的类型
2. 掌握电视综艺娱乐节目的主持技巧

电视综艺娱乐节目是电视娱乐功能最直接的体现,其覆盖面广,凡具有娱乐艺术元素的内容几乎无不涉及。1983年,第一届春节联欢晚会开创了中国电视综艺娱乐节目的先河,引发了中国电视媒介表达内容和表达方式的重大改革,综艺娱乐节目逐渐进入受众视野。20世纪90年代以来,综艺娱乐节目已经与新闻、电视剧一起,被各级电视台视为提高收视率、扩大影响力的重要手段。时至今日,无论是中央电视台还是地方电视台,综艺娱乐节目已经成为电视节目的重要组成部分。

第一节 电视综艺娱乐节目概况

一、电视综艺娱乐节目的定义

综艺作为一种电视栏目,起源于美国。综艺节目能为每一个人提供一点什么东西。它的形式常常围绕一个或数个明星展开。[1] 只是早在第二次世界大战前,电视节目就对游戏、竞赛、表演等节目做过尝试,由于电视制作经费、技术等限制,

---

[1] 陈犀禾. 当代美国电视[M]. 上海:复旦大学出版社,1998:158.

无法提供固定综艺节目。第二次世界大战之后,电视还没有引起广告商的注意,电视发展的经费来源是一个很大的问题。为了吸引广告商,电视必须推出人们喜闻乐见的节目。NBC(美国全国广播公司)和CBS(美国哥伦比亚广播公司)从广播开办娱乐节目大受欢迎的经验中得到启示,决定网罗娱乐界明星,将他们的表演引入电视。于是,电视综艺娱乐节目在这种背景下应运而生。1948年6月,美国《明星剧场》和《城中大受欢迎的人》两个节目的诞生,标志着电视综艺娱乐节目的开始。《明星剧场》是NBC从广播节目移植到电视节目中来的,《城中大受欢迎的人》是CBS在电视台推出的第一个综艺娱乐节目。这两档节目内容包罗万象,充分利用电视特有的兼容性,把电影、戏剧、歌舞、魔术、口技、马戏、小品等融为一体,并邀请观众喜爱的明星来参加表演,大大增强了节目的魅力。它们的出现拓展了电视节目的新天地,为电视综艺娱乐的发展和繁荣作出了贡献。

在李辉、陈智勇编著的《现代电视节目主持人导论》一书中,综艺娱乐节目被定义为:综合多种艺术类别于一体的表现形式,由音乐、戏曲、舞蹈、曲艺、杂技、游戏等多种艺术门类的节目组成,是多种艺术与电视艺术的有机结合。它以多彩的内容、庞大的规模、新颖别致的表现方法,生动形象,寓教于乐,愉悦心神,既有教育功能、认识功能,又有审美功能和娱乐功能,受到广大观众的认可和喜爱。[1]

在王群、沈慧萍编著的《电视主持传播概论》一书中,对综艺娱乐节目的界定是:集舞蹈、音乐、游戏、故事、笑话、竞猜、问答等形式于一体,组合灵活自由,形态多姿多彩。以变化多端的内容和新颖别致、趣味盎然的形式,营造出一片欢乐的氛围,娱乐生活、启迪人生。[2]

在各类学术论文中,对综艺娱乐节目的界定也多种多样。例如,蔡莹莹在《我国电视综艺类娱乐节目竞争现状分析及发展预测》中对电视综艺娱乐节目的定义是:根据一定的主题思想,运用艺术手段将不同体裁的文艺节目进行有机组合。它既可以将音乐、歌舞、戏剧小品、戏曲片段、杂技魔术、武术游戏、笑话故事等多样艺术体裁融为一体,也可以选择其中几项进行组合,再运用电视的光色效果、时空变化、独特造型,构成能够满足观众审美需求的电视综艺娱乐节目。由于电视综艺娱乐节目兼容性强,可集欣赏、娱乐、知识、信息、审美等多项功能于一体,使得不同艺术体裁进行有机综合之后产生新的艺术效果,因此成为目前电视界极为常见的一

---

[1] 李辉,陈智勇.现代电视节目主持人导论[M].北京:中国广播电视出版社,2010:105.
[2] 王群,沈慧萍.电视主持传播概论[M].上海:华东师范大学出版社,2008:112-113.

种节目样式。它具有明确的主题思想、综合的艺术式样、广泛的参与性等特点。①

对于电视综艺娱乐节目来说,"综艺"是节目的外在表现形式,"娱乐"是节目的功能。综上所述,电视综艺娱乐节目即"综合舞台艺术与电视艺术的多种表现形式,大众广泛参与的具有娱乐性、欣赏性、趣味性的电视节目"。

二、电视综艺娱乐节目的特点

如今,我国将大力发展文化产业作为新的经济增长点,因此电视节目的制作形式与内容得到了很大的发展。其中,综艺娱乐节目的发展最为迅速,它以内容丰富多彩、形式灵活多变、受众参与性强等特点深受广大观众的喜爱。

1. 内容丰富多彩

电视综艺娱乐节目涵盖多种艺术表现形式,内容包罗万象、丰富多彩,注重知识性、趣味性和参与性,以满足不同层次、不同年龄受众的需求。随着电视媒体的发展、电视节目制作水平的提高、电视台对节目制作投入的加大,综艺娱乐节目也逐渐从单一的晚会型走向多元化的节目题材,包括竞技比赛类、益智游戏类、音乐跳舞类、魔术表演类等。

近几年,随着文化产业化发展和受众审美层次的提升,电视综艺娱乐节目在内容和形式上均取得了长足的发展,呈现出百花齐放的态势:以文化为内核的文化类综艺娱乐节目快速发展,如中央广播电视总台的《国家宝藏》、北京卫视的《传承者》;打破创作局限的真人秀节目,如湖南卫视的《乘风破浪的姐姐》《元气满满的哥哥》;音乐类真人秀节目也发挥"创造性思维",谋求多元化发展,如湖南卫视的《歌手》、北京卫视的《跨界歌王》、江苏卫视的《蒙面唱将猜猜猜》;聚焦小众艺术的音乐、舞蹈类节目也在电视荧屏上呈现,如湖南卫视的《舞蹈风暴》以时尚的面貌向观众展示了芭蕾、民族舞、中国古典舞、现代舞、国标舞、街舞的魅力;2018年开始,观察类综艺娱乐节目进入观众视野,湖南卫视的《我家那小子》《妻子的浪漫旅行》,腾讯视频的《心动的信号》等也颇受观众的欢迎。2019年,湖南卫视顺势推出《我家那小子》的姊妹篇《我家那闺女》,不仅让"我家"系列形成了一股品牌力量,也为观察类综艺娱乐节目的热度再"添一把火"。多元化的电视综艺娱乐节目呈

---

① 蔡莹莹.我国电视综艺类娱乐节目竞争现状及发展预测[M].长春:东北师范大学,2006.

现出形式有创新、内容有品位的发展格局。

2. 模式灵活多变

综艺娱乐节目总是在求新求变，模式很多都是灵活组合，没有固定的搭配，以保持节目的新鲜感。以往，中国电视界存在一条"抄袭"链条，"内地抄港台、港台抄日本、日本抄欧美"。随着知识产权保护意识的增强，引进节目模式已成为颇为流行的节目研发路径。相比国产原创电视综艺娱乐节目，这些"进口"节目在情节创意、舞台调度、拍摄手法上更加丰富。可以说，中国电视综艺娱乐节目已经从"山寨"逐渐进入了"节目模式引进"阶段。

近几年，电视综艺娱乐节目打破以往以竞技、游戏为主要元素的快节奏模式，尝试放慢脚步、感悟生活、品味文化，慢综艺娱乐打开了电视综艺娱乐节目的另一扇窗。例如，中央广播电视总台的《你好生活》、湖南卫视的《向往的生活》《中餐厅》《亲爱的客栈》等。慢综艺的出现与发展，既丰富了电视综艺娱乐节目的内容，也开拓了更多的电视综艺娱乐节目模式。

3. 受众参与性强

随着电视娱乐功能的逐渐增强，人们对电视节目的娱乐性需求也在增强。普通百姓参与节目的形式越来越多元化，从过去的竞赛逐渐演变为今天的全民参与，受众越来越积极地参与其中，使当下的电视综艺娱乐节目逐渐平民化、人性化。节目无论是从形式上还是策划上都紧紧围绕受众展开，拉近了受众与电视的距离。随着现代社会通信科技的发展，场外观众可以通过电话、短信、网络平台直接参与到节目中来。从仅有演艺明星在舞台上表演的《综艺大观》，到明星参与游戏的《快乐大本营》《超级大赢家》，到普通老百姓参与的益智游戏类节目《开心辞典》，到怀有明星梦想的草根参与的选秀节目《超级女声》，再到全民参与游戏、表演的《星光大道》《我是歌手》《智勇大冲关》《全家都来赛》等，综艺娱乐节目的演变清晰地呈现出全民参与的发展脉络。节目和受众之间建立了多条沟通渠道，实现了双向交流。让受众直接主动地参与节目，不仅能提高节目的收视率和影响范围，也能让受众在参与节目的过程中得到娱乐享受，最大限度地发挥了综艺娱乐节目娱乐大众的功能。可以说，受众的参与是综艺娱乐节目能够长久存在的生命力。

第二节　电视综艺娱乐节目的类型

电视综艺娱乐节目经过多年的发展，逐渐形成成熟的体系，按照不同的标准，电视综艺娱乐节目可以划分为多种类型，本节按照节目形式将电视综艺娱乐节目分为综艺晚会、游戏益智类、调侃聊天类、选秀类等四大类型。

一、综艺晚会

综艺晚会是电视综艺娱乐节目的重要组成部分，其涵盖的艺术门类最为丰富，包括舞蹈、音乐、戏曲、文学、相声、小品、魔术、杂技等。综艺晚会因集思想性、娱乐性、艺术性和参与性于一体，深受广大电视观众的喜爱和好评。[1] 此类节目又可细分为节庆纪念性综艺晚会、行业专题性综艺晚会、应时性综艺晚会。最具代表性的节庆纪念性综艺晚会是中央广播电视总台每年除夕夜播出的春节联欢晚会。行业专题性综艺晚会包括影视颁奖晚会、音乐颁奖晚会、主持人颁奖晚会等，如中国电影金鸡奖颁奖晚会、CCTV-MTV音乐盛典以及中国金鹰电视艺术节晚会等。

二、游戏益智类

游戏益智类综艺娱乐节目是通过游戏的形式提高、增进观众智力，开拓观众视野的节目样式。此类节目以博闻强识的参与嘉宾为主体，以主持人发问，参与嘉宾回答问题，回答正确获取奖品为模式。游戏益智类综艺娱乐节目在2000年左右红极一时，中央电视台的《非常6+1》《幸运52》《开心辞典》等风靡大江南北。而现在，各卫视全新打造的游戏益智类综艺娱乐节目呈现出更多样的形式，如江苏卫视的《一站到底》、深圳卫视的《年代秀》《男左女右》等。

《一站到底》是江苏卫视于2012年3月2日推出的节目，采用场上参与者"单独厮杀"的模式，让不同职业的参与者在限定的时间内互相PK。《一站到底》打破了《开心辞典》参与嘉宾与主持人对抗的模式，采用攻播的形式让参与嘉宾之间进

---

[1] 王群,沈慧萍.电视主持传播概论[M].上海:华东师范大学出版社,2008:133.

行激烈对抗。同时,答题错误的选手马上会掉进脚下的陷阱接受惩罚,这一创新也让节目更有趣味性。

三、调侃聊天类

调侃聊天类综艺娱乐节目以主持人与嘉宾聊天的方式展开,很多观众感兴趣的信息会在二者看似轻松的聊天中慢慢展现。此类节目具有娱乐性、消遣性、趣味性特点。主持人的语言大多幽默风趣,有明显的娱乐化效果。节目主持人可以是一个、两个或是主持群。调侃聊天类综艺娱乐节目的代表有湖南卫视的《天天向上》、江苏卫视的《郭的秀》、东方卫视的《金星秀》、湖北卫视的《非正式会谈》等。

四、选秀类

在中国,选秀类综艺娱乐节目兴起于 2000 年,2005 年左右出现了一个发展高峰。湖南卫视的《超级女声》、东方卫视的《中国达人秀》、浙江卫视的《中国好声音》都是选秀类综艺娱乐节目的成功案例。此类节目有一套完整的竞赛规则,选手在评委和受众的双重关注下,展示自己的才华。主持人在其中变成了比赛规则的宣读者和裁判,成为整场节目的串联者。参与此类节目的选手大多来自民间,广泛的群众参与使节目拥有较高的收视率。

第三节 电视综艺娱乐节目主持技巧

电视综艺娱乐节目的形式灵活多变、内容丰富多彩、表现手法灵活多样。优秀的综艺娱乐节目主持人不仅要语言能力强、有幽默感、反应机敏,而且要有很强的驾驭节目的能力,还能制造欢快热烈的气氛。

一、语言流畅、娓娓道来

随着电视综艺娱乐节目的升级,主持人的语言也逐渐发生变化。近些年,文化类综艺娱乐节目异军突起,富有内涵的主持话语得到受众的一致好评。无论是董卿在《朗读者》中的真诚讲述,还是撒贝宁在《经典咏流传》中富有诗意的话语,都让电视综艺节目的文化内涵与精神意蕴得到不断提升。

中央广播电视总台的《朗读者》节目,每期都会设置不同的主题,主持人依据主题对开场白和结束语进行创作,简单深刻,前后呼应,直指人心。

《朗读者》第一季第一期节目的主题是"遇见",主持人董卿的开场白:

> 今天是《朗读者》节目第一次和观众见面,所以我们第一期节目的主题词,也特意选择了"遇见"。古往今来,有太多太多的文字在描写着各种各样的遇见。"蒹葭苍苍,白露为霜;所谓伊人,在水一方",这是撩动心弦的遇见;"这位妹妹我曾经见过",这是宝玉和黛玉之间,初见面时欢喜的遇见;"幸会,今晚你好吗?"这是《罗马假日》里,安妮公主糊里糊涂的遇见;"遇到你之前,我没有想过结婚,遇到你之后,我结婚没有想过和别的人",这是钱钟书和杨绛之间决定一生的遇见。所以说,遇见仿佛是一种神奇的安排,它是一切的开始。也希望从今天开始,《朗读者》和大家的遇见,能够让我们彼此之间,感受到更多的美好。

节目的结束语和开场语前后呼应,恰到好处。第一期的结束语这样说道:

> 一位老人,用毕生的心血、毕生的精力、毕生的热情,在东西方文学的世界里架起了一座桥梁,让我们有可能到达彼岸,让我们有可能遇见。今天是《朗读者》第一次和大家的遇见,也希望从今往后,能够遇见无声的文字,遇见有声的倾诉;遇见一花一叶,遇见大千世界。

中央广播电视总台的《经典咏流传》节目,用流行音乐演绎经典诗词、经典文学作品,传播优秀中华传统文化。主持人撒贝宁在每期节目开场时都引用经典诗句,提升了节目的文化品位。

《经典咏流传》第三季第一期开场白:

> 五千年文化,三千年诗韵。我们的文化从未断流。诗意中国,源远流长,与时光做伴,听世纪回响。登上这个舞台,我们一起走进经典,沐浴千年璀璨的文明之光;我们一起传唱经典,与万物生长的世界分享。我们乘着歌声的翅膀,穿越千古江山、百年悲欢,相遇生命中那些美好的时刻,品味命运跌宕酿造出的情感。我们在文字与音符的激荡中,飞翔在山海云天之上,朝着阳光的方向,追寻伟大的梦想,让中华文化展现永久魅力,让古今诗词唱响时代殿堂。

(《经典咏流传》第三季第二期开场白：)

五千年文化，三千年诗韵。我们的文化从未断流。人生如一场修行，得意时，一日看尽长安花；艰难时，潦倒新停浊酒杯。但生命的跋涉不能回头，哪怕如逆旅，我亦是行人，哪怕畏途巉岩不可攀，也要会当凌绝顶，哪怕无人会、登临意，也要猛志固常在。从经典中汲取九万里风鹏正举的力量，历练也无风雨也无晴的豁然。待到重阳日，我们还来就菊花。

这些开场白将经典文学作品进行串联，使受众从主持词中就能感受到节目浓厚的文化氛围。

二、驾驭节目、把握进程

电视综艺娱乐节目主持人要有很强的驾驭节目的能力。如何把握节目进程、如何转换话题、如何化解尴尬都是电视综艺娱乐节目主持人经常面临的问题。

在电视综艺娱乐节目中，主持人、嘉宾、观众在互动过程中会出现很多不可预知的情况，尤其在直播节目中，随时都可能发生意外，这就需要主持人能快速反应、临危不惧，在现场进行快速的"救场"。如果主持人不能用机敏的反应和幽默的语言来应对，就会使节目陷入尴尬的境地。因此，反应机敏、语言机智是综艺娱乐节目主持人必备的能力。

中央广播电视总台的《开讲啦》节目，主持人和嘉宾的互动较多。遇到尴尬场面时，主持人总能灵活应对。主持人撒贝宁在邀请清华大学人工智能研究院院长张钹教授的节目中，院长说："我在节目中见过你，但你不认识我！"此话一出，现场气氛比较尴尬，容易让人联想到科学家与明星的社会关注度问题。此时撒贝宁马上圆场说道："我不认识您，是因为我实在考不上清华计算机学院呀！"简单的回应，既化解了现场的尴尬，又体现了对嘉宾的尊重。

综艺节目中著名的"救场"事件有很多，湖南卫视第三季《我是歌手》决赛直播中，孙楠突然宣布放弃下一轮的歌王争夺，现场顿时一片哗然，在思考几秒钟后，汪涵即兴进行了一段教科书似的救场。

楠哥，我特别想问一下您说的话应该是您此时内心的所思所感，都是你自己拿定主意之后的观点。好，是这样的。既然我是这个舞台的节目主持人，那接下来就容许我来掌控一下。首先我要请导播抓紧时间给我准备一个三到五分钟的广告时间。谢谢,我待会儿要用。接下来我要说的这段话有可能只代表我个人的观点而不代表湖南卫视的立场。我从二十一岁进入到湖南广电,所以我觉得我自己身上的很多优点和缺点似乎都打下了湖南广电的很多烙印,包括所谓没事儿不惹事儿,事儿来了也不要怕事儿。

对于一个节目主持人,在这么大一场直播当中,一个顶尖级的歌手,一个顶梁柱一样的歌手突然间宣布退出接下来的比赛,我想应该是摊上事儿了,甚至是摊上大事儿了。但是说实话,我的内心一点都不害怕,除了这个舞台上的七位歌手之外,还有电视机前的亿万观众和现场的这么多观众。

我之所以不害怕是因为你们还真诚地,踏踏实实地坐在我的面前,我还可以从各位期待的眼神当中读到你们对接下来每一位要上场的歌手他们即将演唱歌曲的那一份期许。我还可以从各位的姿态当中可以感受到你们内心的那种力量,那个力量足够给楠哥、给红姐、给 the one、给李健、给维维、给黄丽玲、给所有的歌手、给彦斌,已经准备好了会有千万个掌声要送给他们。楠哥,不信你听。这是我要说的第一层意思。

第二层意思我想表达的是,我虽然不同意楠哥的一些观点,但是我誓死的捍卫您说话的权利。所以刚才我有话筒听到那一段的时候,我并没有试图打断您要说的话,虽然我可以这么做。其实,每一位歌手来到这个舞台,他都有权利选择我来或者是不来。当然,您自然也有权利您认为是对的,时刻依着自己认为最对的那个心情来做出离开的这个决定。

所以,我相信我们应该尊重一个成熟男人在这一刻做出的决定。当然,我们在这里要提出一个希望和请求,就是希望您以一个观众的身份继续坐在这个地方来看你最爱的弟弟妹妹们向歌王的舞台进军。我也相信我们现场的五百位大众评审已经做好了用掌声来接纳这位不期而至的观众。不信,你听。

接下来对于我个人而言,一个主持人我在台上不可能有这么快的反应速度,也不可能有这么大的权利来重新调整接下来因为楠哥的退出而要改变的比赛的规则,因为有一个歌手要退出,所以比赛规则都要做相应的改变。所以有请导播在这一时刻给我放三到五分钟的广告。我要跟我们的制作团队跟我们的领导一起商量怎么来进行节目上和赛制上相应的调整。

  各位亲爱的观众朋友,真的千万不要走开,还是那句话,真正的精彩或许会从广告之后再开始。马上回来!

汪涵的这段经典的救场,不卑不亢,临危不乱,话语中没有任何个人情绪,既尊重嘉宾的选择,也维护了节目的完整度。

江苏卫视的《一站到底》节目由李好和晓敏夫妇共同主持,两人的配合十分默契。在2013年3月28日播出的节目中,李好表现出了极强的节目驾驭能力。

晓　敏:自从很多观众朋友知道可以写信给我们提供题目之后,我们收到了很多朋友的来信。最近有一封信,拆开一看,里面居然有一个U盘,所有的题目都放在了里面。

李　好:但是呢,只可惜这个朋友没有留下自己的联系方式,所以我们的导演也联系不上您,感谢都不知道该往哪儿说。因此,希望以后所有给我们提供题目的朋友呢,留下您的详细的联络方式。哎,通过这个我突然想到一点。你说这次都有寄U盘的,下回再来个寄硬盘的,说不定哪天有个朋友想报名参加《一站到底》,然后就寄台电脑过来给我们。

晓　敏:你是有多爱占便宜啊?!

李　好:好了,开个玩笑。让我们掌声欢迎今天到场的十位守擂达人,欢迎大家(掌声响起)!

晓　敏:欢迎大家!

李　好:我觉得今天奇装异服格外地多啊!希望大家能够在本场好好地表现。因为表现最佳的那位朋友、有机会站到最后的朋友,不仅有机会把所有的大奖通通带回家,而且还将用自己超乎想象的能量收获由红牛提供的"南非狂野能量之旅",双人的。

晓　敏:很期待哦,今天现场有没有朋友可以拿走呢?

李　好:欢迎今天到场的第一位挑战者来到我们的舞台。

(第一位嘉宾李晓晓出场)

晓　敏:你所有的工友都知道你来参加我们的节目吗?他们怎么说的?

李晓晓：我没说我来参加《一站到底》。

晓　敏：你怎么说？

李晓晓：我就说我要请假到南京去一趟，有一点事，然后呢，我领导说是不是去相亲啊？因为我年龄差不多了，然后昨天等我来到这里拍了两张照片，我领导才知道我是来参加这个节目的。

晓　敏：你领导没有以为你是来参加《非诚勿扰》的吧？

李晓晓：但是可能有这种怀疑，也说不定。

李　好：你看看那个8号合适吗？（李好将手指向8号参赛选手）

李晓晓：她最有个性了，我发现。你看！

李　好：好，各位现在看到的本场第一位挑战者，是来自安徽建筑工地的一名普通的建筑工人。

开场时，两位主持人调侃的对话十分幽默，营造了轻松愉悦的氛围。在抛出一个轻松的笑话后，李好用"开个玩笑"作为结束。而后话锋一转，将节目带入主题，介绍参赛选手以及游戏奖项。之后晓敏与第一位参赛选手的对话，引入了对选手身份的介绍。当提到相亲话题的时候，李好又用开玩笑的方式指向8号选手，只用一句话就达到了活跃现场气氛的效果。最后话锋又转回正题，引导选手进入答题环节。可以看出，李好对节目开场的局面控制得张弛有度、游刃有余。

三、制造气氛、活跃情绪

电视综艺娱乐节目能让观众在紧张的工作生活中得到身心的愉悦、快乐的体验，在轻松的氛围中放松心情。因此，电视综艺娱乐节目主持人要善于制造热烈欢快的节目气氛。

《王牌对王牌》第五季第二期的节目，开场四位主持人摆造型营造现场氛围，作为搞笑担当的沈腾和贾玲故意制造笑点。沈腾踩华晨宇的鞋子，贾玲假装不知道，摆造型故意往前走，节目开场使用这种搞笑的方式让现场迅速增温。

沈　腾：啥呀？我这次想伸开，我一看后面还踩了个脚。（观众爆笑）

贾　玲：再来，再来，3、2、1。

沈　　腾：欢迎收看《王牌对王牌》，我是沈腾。

贾　　玲：贾玲。

华晨宇：花花。

关晓彤：关晓彤。

沈　　涛：今天我们还邀请到了赵薇、沙溢、苏有朋。

齐　　　：欢迎各位！

沈　　涛：听说沈腾和沙溢并称为两大校草。

沈　　腾：不是，学校里曾经的两大校草是网友定的，说我和杨洋是两大校草，沙溢是自己花钱找的宣传，非要说自己是第三个。（观众爆笑）

沙　　溢：那么大一片就两株草，多秃啊。

沈　　涛：我相信很多观众朋友看到赵薇姐和苏有朋两个人站在一块儿，很多回忆就会出现在脑海当中。有一些合影的经典照片，借这个时刻我们和大家一起来回忆一下。（展示电视剧《情深深雨蒙蒙》的剧照，左：古巨基、中：赵薇、右：苏有朋）

沈　　腾：可能我站在旁边才能比得过原照了。（沈腾推开沈涛，站在赵薇左边，为后面的反转埋下伏笔）

沈　　涛：你的意思是你长得比古巨基还帅？

画外音：帅不帅？要出来比一比才知道。（观众们疑惑不知道谁说的话，这时古巨基缓缓从幕后走出来，观众们恍然大悟，爆发出了热烈的掌声）

在这段开场中，沈腾故意出洋相，迅速暖场，制造轻松愉快的节目氛围。简短的介绍之后，主持人并没有用非常密集的笑点来吸引观众，因为这样会让观众产生审美疲劳，而是时不时地抖包袱，做到疏密有致，通过一张经典剧照一步一步埋下伏笔。带动气氛的沈腾接住了这个梗，将自己的颜值跟古巨基对比，当大家啼笑皆非的时候，节目组通过"先闻其声，不见其人"的方式引出古巨基出场，形成一个反转的效果，同时让现场的气氛达到高潮。在这一组主持群中，沈腾的作用非常明显：调动观众的情绪，随时接梗、抛梗，其他主持人的安排也经过了节目组的深思熟虑，最大化地吸引不同年龄层的观众，有效带动了节目的氛围和节奏。

2013年2月2日播出的《快乐大本营》请到了台湾著名艺人林志玲。主持人

在请出嘉宾林志玲时,是这样开场的:

何　炅:首先来的这位本身就是我们"快乐家族"的成员,这件事情是定了的。

谢　娜:超级大美女!

何　炅:她只是没有经常来(笑声),两三年来一次(笑声)。

维　嘉:没错,她第一次跟我们在韩国见面的时候,她就说希望能够加入《快乐大本营》。

何　炅:亲爱的朋友们,让我们欢迎——林——志——玲!(引领观众一起喊出林志玲的名字,现场气氛热烈)

(林志玲优雅地出场,何炅让谢娜模仿,使现场气氛再次热烈起来)

《快乐大本营》的节目口号是:"如果你快乐的话,就看《快乐大本营》;如果你不快乐的话,更要看《快乐大本营》。"何炅、谢娜等主持人在每期节目中都以"先愉己、更愉人"的态度,为节目制造欢快热烈的气氛。

四、快乐自我、娱乐大家

节目主持人在给观众制造快乐的过程中,要有牺牲自我、娱乐大家的精神,主持人异于常态的表现,也许就成了博取观众一笑的契机。在美国某军校的晚宴上,一位普通士兵不小心把啤酒倒在了一位将军的秃头上,士兵非常紧张,不知所措地等着挨骂,却见将军满不在乎地伸手拂下头顶上的啤酒,对着士兵耸耸肩说:"伙计,你以为这样的疗法有效吗?"一句幽默调侃的话语不仅巧妙化解了尴尬的气氛,还让士兵感到了将军的亲切。自我调侃的幽默具有无穷的魅力。娱乐精神的核心是幽默搞笑,是大度宽容。同时,还需要人性光辉和人文关怀。

有的综艺娱乐节目以取笑和调侃弱势群体为乐,或者以别人的隐私或痛苦为乐,这已经背离了娱乐精神的方向,甚至让娱乐走向无聊和低俗的境地。2011的春晚上有一个名为《新房》的小品,其中有这么一段对话:"女儿说:'妈妈,你别跑那么快,你以为自己是刘翔啊?'妈妈迅速回应道:'你老追不上我,你是史冬鹏啊?'"节目播出后,网络上议论不断,很多网友认为该小品把史冬鹏拉扯进来调侃"不厚道"。小品作者束焕通过微博向史冬鹏道歉,史冬鹏本人对此事的回应让人敬佩,他说:"春晚的事跟我没关系,我在训练。事情我早看到了,这点娱乐精神我还是有的。只要大家开心,这点事情算什么呢?再说也不算个事。"

在中央广播电视总台2019主持人大赛中,主持人撒贝宁在现场表现得幽默、机智。很多观众表示,这不是在选拔主持人,而是对撒贝宁的业务考核。一位选手出场时,撒贝宁调侃道:"现场的欢呼主要是冲颜值,至于实力,稍后就看你的了。"这位选手回应道:"咱俩站一块不就是颜值跟实力吗?"撒贝宁回应道:"你跟我站在一起,让我最开心的是,你也没比我高多少。"撒贝宁调侃自我的方式,缓解了比赛现场的紧张气氛。另一位选手拿撒贝宁打趣,在小程序中输入"撒贝宁"三个字,大屏幕上出现了一首诗。在诗中有一"矮"字,撒贝宁马上自嘲说:"请问机器是怎么知道我的身高的?这是个千古之谜!"

很多主持人为了营造欢乐的氛围,不惜牺牲自己的形象。2013年3月22日播出的《天天向上》节目中,主持人与嘉宾有以下两段对话。

第一段:

欧　弟:我想请这个"三少"尽量不要靠我太近,因为我有惧高症。(笑声一片,因为主持人欧弟个子不高)

唐家三少:其实我特别想看看你鞋里大概有什么?(观众鼓掌起哄)

田　源:我告诉你鞋里有什么!鞋里有——味道。(笑声一片)

欧　弟:有"味"!

田　源:哎哟,原来在这儿了!

第二段:

汪　涵:你看都跟吃有关!

欧　弟:那请问阁下的笔名是……

汪　涵:臭干子。(笑声一片)

欧　弟:你喜欢吃臭干子?

汪　涵:如果一定要搞个笔名的话,叫"不知道人"。

欧　弟:你不知道你叫什么?(笑声一片)

汪　涵:小的时候,都希望成为一个什么都知道的人,结果发现什么都知道特别烦,还不如什么都不知道,来得轻松。

欧　弟:所以你是"不知道人"?(指向主持人钱枫说)这就是一头猪(笑声一片),(指向观众)那边都是人。

汪　涵:你的笔名呢?(问欧弟)

欧　　弟：我的比较复杂一点、比较洋派，"绝世笔雷"。

钱　　枫：为什么叫"绝世笔雷"呢？

欧　　弟：因为——Just beat it！（取英文的谐音，全场笑声一片）

在节目中，主持人欧弟被别人开关于"鞋的味道"的玩笑，以及主持人钱枫默认自己是"猪"的现实，在《天天向上》这样的电视综艺娱乐节目中随处可见。这就是一种娱乐精神，牺牲自己、娱乐大众的精神。主持人的这种娱乐精神既体现了个人修养，更体现了他们的智慧。

主持人汪涵在《天天向上》中曾专门对"娱乐"一词做过解释，他指出，娱乐是"领悟之后的感受和成熟之后的喜悦"。可以看出，作为一名资深综艺娱乐节目主持人，汪涵强调的娱乐是经过思考的，是一种智慧的存在，他所要传达的欢愉和喜悦是建立在成熟的基础上的。这种娱乐不是一两句俏皮的玩笑话、一两个出格的段子、一次耍宝、一次丢丑。事实上，综艺娱乐节目的生命线恰恰在于文化的含量。

综上所述，电视综艺娱乐节目对主持人的专业能力有较高的要求。在一档综艺娱乐节目中，主持人既要承上启下、串联节目内容，还要活跃现场氛围，更重要的是掌控现场的一切情况。面对突发状况，能在第一时间快速"补救"，确保节目顺利进行。作为电视综艺娱乐节目主持人要不断提升专业的综合素养和文化底蕴，形成自信、睿智、机敏的舞台风范，在营造"快乐"氛围的同时，传播先进文化与正确的价值观。

思考题

1. 简述综艺娱乐节目主持人应该如何应变控场？

2. 选择一档电视综艺娱乐节目，根据主持人在节目中的表现，分析其主持技巧。

3. 自我设定命题，组织素材，写一档15—20分钟的电视综艺娱乐节目文案并主持。

第十一章　电视谈话节目主持艺术

本章要点

1. 了解电视谈话节目的发展与分类
2. 掌握电视谈话节目的主持要领与技巧
3. 新形势下电视谈话节目的发展策略

第一节　电视谈话节目概况

"谈话"是人类最普遍的信息传播与交流方式。当"谈话"以节目的样式出现在荧屏上,在公共空间里呈现个人的生存状态时,无论从内涵还是外延上,都显示出"谈话"新的含义。众所周知,社会机体的运作基础是人际交往,而人际交往的核心则是人与人之间互动形成的人际传播。人类现有的传播大致可分为两种类型,一种是人际传播,一种是大众传播,电视谈话节目是最能体现两者结合的节目样式。

20世纪90年代初期,我国电视谈话节目兴起,并掀起一股谈话节目的播出热潮。我国第一个真正意义上的电视谈话节目是1993年上海东方电视台开办的《东方直播室》。1996年开播的由崔永元主持的中央电视台《实话实说》则发展成为中国影响力最大的电视谈话节目之一,成为当时的"现象级"节目;之后各地方电视台的谈话节目纷纷迅速发展,在发挥教育、宣传等作用的同时,不断加入受众喜闻乐见的娱乐、知识、情感等多种元素。因此,当下广受欢迎的电视谈话节目,往往呈现出综合化、娱乐化的节目特征。总之,我国电视谈话节目起步相对较晚,但在后来的发展过程中却迅速成为电视荧幕上的主流节目之一。近年来,由于真人秀等各类电视娱乐节目迅猛发展,电视谈话节目面临激烈的竞争,收视率每况愈下;而网络视听节目也不断分流传统电视节目观众,导致电视谈话节目进入了调整和变革期:一些节目不断创新升级,如在节目中融入真人秀、朗读、实地体验等元素,力求多层面、多角度、立体地展现人物个性;一些老牌电视访谈节目(《康熙来了》《锵锵三人行》等)停播。新增的电视谈话节目数量有限,但在质量上有所提升。

电视谈话节目在我国的蓬勃兴起有着深刻的原因。首先,它是社会政治、经济发展的产物,是我国广播电视改革的成果,是时代的需要。当人们面对困惑、烦恼,对人与人之间的交流产生渴望时,电视谈话节目以其特有的互动性和面对面谈话的方式满足了人们的这种欲望。它以鲜明的人际传播特性极大地满足了人们平等交流的心理需求,把大众从"宣言时代"带入了"对话时代";它让百姓在大众媒体上真实地说话;将精英、名人、明星还原成普通人说话。其次,电视谈话节目的蓬勃发展也与受众媒介素养的提高有关,成熟的受众促进了电视谈话节目的发展。

一、电视谈话节目的概念

电视谈话节目有广义和狭义之分。广义的电视谈话节目以"谈话"这一形式为界定标准,包括访问和谈话。狭义的谈话节目是指:由主持人邀集嘉宾及受众,围绕公众普遍关注的重要问题,在轻松和谐、平等民主的氛围中展开讨论的群言式言论节目。[①] 它顺应受众思路,针对疑问或争议展开论述甚至论辩,最后达到释疑解惑或交流不同观点的目的。该类节目的特征是信息交换平等、观点多向流通、情感交融互动、有好看耐听的"谈话场"。谈话节目可以说是人际传播与大众传播相结合的一种传播活动。[②] 当然,电视谈话节目中的"人际传播"并非我们日常生活中的"人际传播",而是受电视大众传播特性制约的"人际传播",它不仅是"谈话",也是向广大受众播出的"节目"。

二、电视谈话节目的发展

我国的电视谈话节目源于美国的"Talk Show",其字面意思是"交谈的展示(表

[①] 吴郁. 主持人的语言艺术[M]. 北京:北京广播学院出版社,1999:402.
[②] 王群,曹可凡. 谈话节目主持概论[M]. 北京:中国传媒大学出版社,2007:2.

演)",它"戏说"天下事,上至总统下至百姓,嬉笑怒骂,一网打尽,早期多对新闻热点进行讨论和评价,例如 NBC1954 年推出的开电视节目谈话先河的栏目《今夜》。香港将"Talk Show"音义结合译为"脱口秀",侧重于突出主持人"脱口而出"的机敏口才和表演色彩。

从我国内地第一档电视谈话节目《东方直播室》播出至今,电视谈话节目经历了充分本地化、民族化的沿革过程,不仅带有民族文化特色,而且在内容选择、语言运用、人物呈现等各方面都带有社会文化及时代潮流的烙印。它从纯谈话到多种手段并用,再到后来不断向"脱口秀"本义靠近,经历了一个从收到放、从一到多、从模仿到创新的沿革过程,在内容和形式两大层面都有长足的变化和进步。我国电视谈话节目的发展大致可分为以下四个阶段:

1. 开创阶段(1993~1996)

1993 年 1 月,上海东方电视台的谈话节目《东方直播室》于每晚 7:00~7:30 在演播室直播。紧随其后,黑龙江电视台的《北方直播室》、广东电视台的《岭南直播室》和山东电视台的《午夜相伴》等电视谈话节目也陆续播出。《东方直播室》的重大突破是首次将观众请入演播室,由主持人、嘉宾和现场观众一起,采用"大家谈"的方式,共同探讨老百姓关心的社会热门话题。话题内容涉及社会、家庭、法律、经济、文化、历史等方面。但由于当时电视还没有上星,传播范围仅限于当地,因此这些谈话节目没有在全国引起太大的反响。

2. 发展阶段(1996~2000)

1996 年中央电视台《实话实说》开播。该节目在话题甄选、谈话层次、记者前期调查、嘉宾选择和搭配、主持人风格定位、大屏幕使用、灯光设计、现场乐队、多机摄录和后期编辑等方面都借鉴了国外流行的脱口秀节目形式,并结合自身特点进行了修改与创新。

《实话实说》的巨大成功引发了我国电视谈话节目的流行,各个电视台都试图抢占这个新市场。但由于缺乏《实话实说》的前期精心策划,没有崔永元那样个性鲜明的主持人,许多节目质量并不理想。这段时期较有特色的栏目有中央电视台的《对话》《五环夜话》、北京电视台的《国际双行线》《荧屏连着我和你》、重庆电视台的《龙门阵》、上海东方电视台的《有话大家说》、湖南电视台的《新青年》《大当家》等。

3. 成熟阶段（2000～2009）

《财智时代》是湖北卫视的财经类谈话节目，于2000年4月开播。在电视谈话节目的发展道路上，它虽不起眼，却有里程碑式的意义。它把电视谈话节目的话题从以往的社会生活领域转向经济领域，极富时代气息。同一时期开播的《艺术人生》被称为2001年"中央电视台最大的亮点"，而《对话》则凭借其全世界范围内举足轻重的嘉宾、对经济领域有价值的思考以及创造性的表现方式，被称作"2001年中国电视界的惊艳之作"。

此阶段电视谈话节目的特点是节目涉及的范围更加广泛，出现了讲述普通人故事的谈话节目，比如湖北电视台的《往事》、央视十套的《讲述》、云南卫视的《人生》等。2009年，《实话实说》停播，部分电视谈话节目也相继关停，虽然有新的谈话节目播出，但数量有限，影响力不足。

4. 调整阶段（2009至今）

从2009年到现在，整体而言，作为传统形式的电视谈话节目已经面临发展瓶颈。电视谈话节目为迎接互联网的挑战，不得不主动适应，变换策略。这一时期，电视谈话节目纷纷引入新媒体技术，比如，中央电视台的《海峡两岸》通过视讯电话、卫星连线两种手段，以大屏幕与演播室相结合的方式，将北京与台北连在一起，北京主持人与台湾时事评论员可以进行开放式的交流等。有的电视台还大胆采用直播形式，并利用热线电话吸引更多的观众参与。2015年，杨澜把《杨澜访谈录》改版为《杨澜访谈录：人生相对论》，由名人访谈节目变成了名人演讲节目。2016年，鲁豫打破棚拍的限制，让摄制组走出去，推出了《鲁豫有约·大咖一日行》真人秀式访谈，通过嘉宾的生活、工作状态以及室内布置、周边场景等来延伸话题。2017年，李静的明星访谈节目《非常静距离》诞生，延续了《超级访问》的品牌类型和风格。尽管电视谈话节目的观念已经转到了媒体融合的角度，并采取了切实的融合手段，但节目的总体效果有限。

三、电视谈话节目的分类

中国电视谈话节目出现的时间虽然不长，但发展速度非常快。不仅出现了《实话实说》《新闻会客厅》《面对面》《艺术人生》《对话》《锵锵三人行》《康熙来了》《可凡倾听》《超级访问》《新闻1+1》《开讲啦》《一虎一席谈》《杨澜访谈录：人生相对论》《非常静距离》《鲁豫有约·大咖一日行》等影响较大的谈话节目,而且新闻、时政、社教、娱乐、体育节目中也大量引入谈话元素。因此,对电视谈话节目进行分类,总结不同类型谈话节目的特点和制作规律,有利于节目制作者明确节目定位,提高节目质量。

根据谈话内容,可分为新闻时政类、社会生活类、情感交流类谈话节目等;根据谈话方式,可分为叙事型、辩论型、专题讨论型、清谈型谈话节目;按照拍摄场地,可以分为演播室谈话节目与外景谈话节目;根据播出方式,可分为现场直播型谈话节目与录制播出型谈话节目;根据谈话节目中是否有现场观众,可分为无现场观众型谈话节目和带现场观众型谈话节目;根据嘉宾类型,可分为社会精英型、明星人物型和普通大众型谈话节目。

第二节 电视谈话节目的主持要领

一、定位准确

主持人定位准确,体现在不同的谈话节目需要不同的主持人上。如《实话实说》走的是平民化路线,主持人是在语言风格、态势呈现上都十分平民化的崔永元;《鲁豫有约》与陈鲁豫清新、时尚、知性的形象和亲和、自然的主持风格相得益彰;《杨澜访谈录》的高端定位以及嘉宾层次与杨澜的独特气质和大气、自然的主持风格相吻合;《老赵会客厅》是一档文化类谈话节目,做客的嘉宾与主持人谈古论今,共同追踪文化热点,弘扬主流价值观,彰显文化影响力,节目主持人是具有丰富人生阅历和独特个性语言的赵忠祥;《开讲啦》则由亦庄亦谐、幽默睿智的撒贝宁主持。

二、善于倾听

主持人在主持节目的过程中必须善于倾听。首先,倾听是达成节目意图,实现节目目的的前提。因为要在有效的时间内达到交流的目的,主持人就必须带着目的去说,而"听"是"说"的前提。其次,倾听还可引导嘉宾与观众的谈话,主持人只有认真倾听,才能知道嘉宾和观众所表达的是否符合节目的制作意图,是否能达到节目的传播目的。当嘉宾一时语塞时,给予提示、铺垫,避免冷场;当嘉宾滔滔不绝、将要偏题时,及时制止、引导;当嘉宾和现场观众的对话发生冲突时,马上冷静调节。最后,倾听是有效应对突发状况的前提。在节目现场,难免会出现事先没有考虑到的情形,主持人只有认真倾听,积极思考,才能作出正确的判断并积极应对,甚至在此基础上提出更精彩的问题。主持人鲁豫在《鲁豫有约》中始终扮演着倾听者的角色,她把节目中的大段时间留给嘉宾和观众,让嘉宾有充足的时间展示其心路历程。需要强调的是,主持人倾听时要注意自己的表情与体态,这是传递给受访者的无声信息,是主持人内心活动的外在表现。

三、驾驭节目

驾驭节目就是主持人能深刻领悟编导的意图,并据此独立地、创造性地完成节目主持。要想驾驭节目,就要对谈话内容和背景进行深度剖析,就要在场外下大功夫。主持人的现场驾驭能力主要体现在对谈话主题的把握和对谈话现场的把控上。另外,主持人对嘉宾和受众话语的理解也很重要,对言论的分析和判断是考验主持人现场驾驭能力的一个重要方面。主持人只有对言论分析判断正确,才能让节目在有限的时间内,最大限度地传递有价值的信息。

四、灵活应变

应变是一种能力,它与主持人驾驭节目的能力是紧密相连的。中央电视台曾就电视节目主持人素质做过一个系统的受众调查,结果显示,当前主持人的主要能力是:第一,即兴表达能力;第二,节目编辑能力;第三,应变能力。对于谈话节目而言,尽管节目开始前会有很多预设,但意想不到的状况仍不时发生,而这些意料之外的情况就只能靠主持人的应变来解决了。

五、敢于创新

谈话节目主持人要不断充电,开拓创新。首先,主持人应积极尝试用新闻元素介入谈话节目,因为新闻的时效性和对争议话题的深度挖掘,会形成强大的创新冲击力。谈话节目的选题多以大众话题为主,播出周期较长,时效性不及新闻节目。如果主持人有创新意识,善于从新颖的角度切入话题,在事件的第一个舆论高峰之后,又可使其形成另一个收视高峰。可采用案件亲历人复述的方式对事件进行重新解读,如杭州电视台《新闻开讲》栏目中的《新闻话题·新闻当事人》。其次,主持人应善用新颖的话题、事件、人物,创造个性化的谈话空间。鉴于信息同质化现象日益严重,占有什么样的信息资源已经不具有决定性意义,重要的是用什么样的方式去表达这些信息——2015年,杨澜将《杨澜访谈录》改版成《杨澜访谈录:人生相对论》,节目内容由名人访谈变成了名人演讲;2016年,鲁豫打破棚拍限制,让摄制组"走出去",推出了《鲁豫有约·大咖一日行》真人秀式访谈。这些创新使节目收到了良好的传播效果。

第三节 电视谈话节目主持技巧

电视谈话节目主持人作为节目的组织者、代言人,必须在暖场、开场、话题展开与结尾四大环节上精心设计、用心琢磨。

一、暖场

暖场是电视谈话节目正式录制之前的"热身"活动,目的是消除嘉宾、观众对环境的不适感,缓解他们的紧张情绪,同时为即将开始的谈话营造一个良好的氛围。

暖场由主持人组织完成,方式有很多种,最常见的就是讲笑话。主持人绘声绘色地讲上几个小笑话,让嘉宾、观众哈哈大笑,现场的气氛自然就活跃起来了。《相约夕阳红》的主持人陈志峰常常会先与嘉宾随意地聊天,比如"您到了北京习惯不习惯呀?""今天中午吃的什么呀?""您怎么来的呀?坐的什么车呀?""下午两点多老人都爱睡个午觉,可今天谁也睡不成了,睡不成也没关系,攒到晚上一块儿睡,更香!"以这样简短的交流作铺垫之后,他会讲些适合老年人的小笑话。讲笑话一方面可让嘉宾、观众放松心情,另一方面可以让主持人渐入主持状态。

中央电视台《实话实说》节目主持人崔永元在每次录制节目之前,都要在现场讲故事或说笑话。比如有一次,一个小嘉宾问崔永元今天谁是主持人,崔永元回答说是自己,那个小嘉宾说:"叔叔,你长得这么难看,还当主持人啊?"当时崔永元有一种手足无措的感觉,但是他灵机一动,回过头把刚才小嘉宾的话告诉了现场观众,现场一百多人都宽厚地笑了,并报以热烈的掌声,现场被一种轻松的气氛包围着,节目顺利地进入了录制阶段。

另一种暖场的方式是做游戏。游戏的内容有的是猜谜语,有的是让邻座的观众相互自我介绍等,主持人可以尽情发挥自己的创造力。但对于那些准备在暖场时抓拍一些观众表情和笑声镜头以备后期剪辑使用的节目来说,暖场游戏的动作幅度不宜太大。如果观众在演播室里走来走去,摄像就很难拍到符合编导要求的镜头。

播放音乐也是暖场的一种有效手段。《艺术人生》曾经在录制现场播放过《今夜无人入眠》,嘉宾、观众静静地倾听着优美的旋律,纷乱的思绪慢慢沉静下来,心灵之门随之敞开。当大家被音乐打动之后,主持人就很容易让嘉宾说出自己的人生故事。美国 NBC 著名美籍华裔节目主持人宗毓华在做一个题为《中国青年眼中的美中政治情况比较和两国关系前景》的节目时,面对十几位高中生,用最受高中生欢迎的音乐来营造现场氛围。她首先以聊天、开玩笑的方式来使他们放松,然后请他们欣赏几段美国音乐,从音乐介入美国这个话题,再从美国延伸到谈话主题,使一场严肃的政治性采访变得轻松流畅、真实可信,可见主持人暖场的独具匠心。

二、开场

在节目开场时,主持人一般会以简洁明了的话语问候现场和电视机前的观众、介绍嘉宾、引入话题,帮助观众了解与嘉宾或访谈主题相关的信息,激发他们的收视兴趣。这就要求主持人必须注重节目的开场艺术,做到"开场有方"。

开场话语一般依次分为三个部分:问候部分、介绍部分和话题引入部分。主持人问候的对象一般是现场和电视机前的观众,如"亲爱的观众朋友们:大家好!欢迎来到《艺术人生》的演播现场""您好!观众朋友,欢迎收看《对话》"。有时虽然没有直接的问候语,但在介绍节目内容之前,主持人的鞠躬也是一种问候。主持人热情洋溢的问候不仅能活跃现场气氛,拉近主持人与观众之间的距离,同时也让观众意识到访谈即将开始。开场的方法主要有如下几种。

1. 开门见山,直奔主题

主持人: 各位观众,大家好!欢迎收看《有话好说》。提起老北京啊,很多人都会想到北京的四合院。我小的时候,就在北京的四合院住过,那时候的北京和现在大不一样。今天我们要跟大家聊的这个话题,也是关于北京的一个小四合院。这个小院的主人叫赵景心,是一位八十多岁的老人,他和老伴在这个小院住了50年,过得也算舒心和安定,直到前不久,一张拆迁的通知布告贴在了他小院的墙上,这下彻底打破了他生活的宁静。到底发生了什么呢?我们一起通过大屏幕,来看一看这个故事。

(《有话好说·小院风波》)

这是最常见的一种"开场白"设计。在节目开始时,主持人简单地发表几句议论,稍加铺垫,接着就将谈话的主题鲜明地摆出来。

主持人:在过去这个礼拜当中,中国出尽了风头,"9·3"大阅兵成为全球主流媒体的焦点。有人说看到了不一样的中国,中国更加自信,中国更加有底气;也有人说,中国展现了他们想象不到的非常结实的"肌肉"。但是在大阅兵之后,在中国跟世界的格局关系当中,有哪些新的观察点、新的细微点值得大家注意?

(《一虎一席谈·大阅兵后全球格局会否发生显著变化》)

这段话简洁明了,直接切题,而且采用设问形式,起到了制造悬念、引发思考的作用,是一个不错的谈话节目开头。

这种开场方式的好处是主持人能够将嘉宾、观众迅速带入正式谈话的情境中,并使嘉宾、观众明白谈话的中心是什么。

2. 巧妙联想,有感而发

《1起聊聊》是央视一套2013年2月5日推出的一档谈话节目,由易中天与李蕾搭档主持。该节目主要以讲故事的形式展开,强调娱乐性和知识普及的意义。在其中一期节目的开头,易中天讲到20世纪70年代结婚的"三转一响":自行车、缝纫机、手表。其中自行车有两个品牌,一个是飞鸽牌一个是永久牌。

主持人:那你们猜猜看结婚必须买哪种牌?

观　众:永久牌。

主持人:为什么?

观　众:天长地久。

主持人:聪明! 你要买一"飞鸽",新娘子飞了!(手势)

观　众：喔！（笑声）

（《1起聊聊·七十年代结婚条件：三转一响》）

3. 聚焦嘉宾，以人带事

主持人：2004年6月，我国著名的材料学专家、两院院士师昌绪获得了100万元的光华工程科技成就奖，他是迄今为止国内第二个获此殊荣的人。师昌绪这一生做了很多大事，比如说，他是合金材料学科的开拓者，同时还是新中国成立后，中国留美学生回国的组织者，从20世纪80年代到90年代他还积极推动了中国工程院的建立，我们今天就来认识一下这位高龄的科学大家。

（《大家·师昌绪》）

主持人：亲爱的观众朋友，大家好！感谢您在百忙当中来到我们《艺术人生》的演播室做客。今天光临我们《艺术人生》的主人公是我们非常熟悉和喜爱的著名演员宋丹丹。宋丹丹在舞台上为大家表演了很多脍炙人口的小品和电视剧，给我们带来了很多快乐。生活当中的宋丹丹到底是什么样的？下面让我们掌声有请宋丹丹。

（《艺术人生·宋丹丹》）

这样的开场白通常用于以人物访谈为主要内容的电视谈话节目。主持人直接介绍到场的嘉宾，并对嘉宾的事迹、嘉宾的情况进行简短说明。

4. 摆明事实，提出问题

主持人：各位好！欢迎来到《央视论坛》。连日来，一连串关于油价的消息不断传来。一周前，国际原油价格再创新高，已经直逼50美元的心理关口。本周三，我国再次调整成品油价格，国内价格也创出新高。8月24日，国务院举办了第四次学习讲座，学习讲座的主题就锁定在了石油问题上。油价的上涨到底给我们国家人民的生活带来哪些影响？油价的冲击到底有多大？我们又该如何应对？今天我们演播室就请到特约评论员陈淮先生以及国家发改委能源经济与发展战略研究中心的高世宪主任。

（《央视论坛·油价上涨》）

主持人： 观众朋友，大家好！欢迎收看《谈话》节目。在我们中华民族，自古就有一个父慈子孝的家庭关系，可是在天津有这样一对父子——他们签了一个协议，这个协议规定：父亲不用管儿子，儿子也不用养父亲。这听起来让我们大家觉得有点不近人情。接下来我们就把签订协议的这对父子请到节目的现场。我给大家介绍一下：这位就是我们刚才提到的父亲，天津社会科学院的郝麦收先生，欢迎！那边是他的儿子郝丁，欢迎他的到来。我再来介绍一下坐在这边的几位嘉宾：这位是我们《钱江晚报》的朱成方老师，欢迎！这位是来自浙江教育报刊社的莫剑敏老师，这位是我们杭州教育科学研究所的韩似萍老师。我们刚才说到你们父子，我先问问郝丁，你今年多大？

（《谈话·父子协议》）

这样的开场白常见于新闻性或叙事性强的电视谈话节目。主持人先对新闻事实或嘉宾故事进行简短的陈述，或者通过大屏幕对新闻事实进行简单的回顾，然后提出问题，引起观众的思考。

5. 引导观众，调节气氛

主持人： 我走在街上，有上海的观众经常跟我说，喜欢看你的《东方眼》。说实话，我给你说实话，其实我们《东方眼》也是睁一只眼闭一只眼（笑声），也不是所有的话都敢说。今天我们演播室的现场条件不是特别好，但是你们好歹每个人都有一个位置（笑声）。你知道我们小时候，有个位置特别难，比如说看电影，我经常提前半个小时就去，只能坐在银幕的后面，前面都坐满了人。有一次，电影是晚上7点开始，我中午12点就去了，我把最好的位置就占住了，到5点人家才开始来，搬着小凳子，围着我越坐越多，越坐越多，全坐满了，还差半个小时开始放电影，过来一个黑大汉，指着我说："你，躲开！（手势、表情）。""不行，我12点就占住这儿了。""12点占的你也得躲开！"我说："为什么非要让我躲开？"他说："那是放电影机的地方！"（大笑）

（《东方眼》）

主持人崔永元以讲笑话的方式开场,引导观众、调节气氛,这几乎成了《东方眼》的一大特色。

三、话题展开

在电视谈话节目的语境中,主持人听话、接话、问话是互动交流的必要环节。在这些环节中,主持人要根据现场实际情况,承接嘉宾话语,采用适当的话语策略,引导谈话朝着预定的目标推进。主持人在听话、接话、问话的过程中采用的话语对嘉宾的话语具有制约作用,影响着谈话的走向,在某种程度上甚至决定着访谈的成败。主持人与嘉宾谈话时的话语策略归纳起来主要有以下几种。

1. 抓住核心,一语道破天机

嘉　宾:等于在这个期间呢,我都去给她买很多的红玫瑰。

主持人:在她生前?

嘉　宾:我很少买。

主持人:她喜欢你送她花吗?

嘉　宾:我想她肯定喜欢……

主持人:早点买就好了。

嘉　宾:对。

主持人:现在回过头来想想,你后悔吗?

（《半边天·断肠之旅》）

主持人在与嘉宾用了较长篇幅谈论嘉宾在爱妻去世后不断地买花给她这一事实之后,用简单的一句"早点买就好了",一语道破天机,击中了嘉宾的痛处,点明了主持人的观点,同时也借助电视谈话节目的大众传播功能,提醒电视机前的观众:失去之后的怀念固然重要,但更重要的是珍惜现在。

2. 转让话语权,鼓励引导嘉宾

嘉　宾:我觉得她应该克服了很多,作为女性,甭管是精神上的还是生理上的。但是她给外人的感觉不困难,她很乐观,很热衷于或者说很能够去激励身边的某些人,有的时候应该比我更有力量。

主持人:哦,是这样啊?!

嘉　宾:是这样。

主持人:(点头)

嘉　宾: 假如没有她,我绝对过不了那条河,即便我能过那条河,我也没有勇气去过那条河。

主持人:(点头)

嘉　宾: 这是一个人在一个人心里的重要。

(《半边天·断肠之旅》)

主持人以不同的形式,在接话时选择了转让话语权,鼓励嘉宾沿着现有思路说下去。事实证明,嘉宾在主持人的鼓励下,对话题进行了补充,从而增加了访谈的深度,强调了该阶段话语的主题。

3. 适当重复,强调关键信息

嘉　宾: 我看到有些自行车,一个车上挂三四个笼子。我的一个邻居的一辆平板车上挂了19个鸟笼子。养鸟养到这么邪乎的程度,当然会刺激鸟市的发展。李先生(鸟类养殖专家)大概知道,从捕鸟到(把鸟)用笼子运到城市来卖,成活1只就必须以死掉20～30只为代价。当然死亡的原因很多……

主持人: 大家听见了？把1只鸟捉到城里来,就会有20～30只它的同伴要死亡。(对一观众)您对这样的事怎么看呢？

(《实话实说·鸟与我们》)

在上面的讨论中,当嘉宾、科普作家唐锡阳说到捕鸟对鸟类的危害时,崔永元做了强调性重复。以"重复"的手法来突出重点,"放大"观点或论据,一方面可引起观众的注意,另一方面便于争鸣。崔永元经常使用的重复手段还有"变形"重复:

嘉 宾1: 孩子没有在生活中摸爬滚打,他就不会有强壮的腿。

主持人: 孩子关心别人是从生活中学到的。(复句变单句,假设句变判断句,形象的比喻变理性的概括,既简短又与前句互相映衬)

嘉 宾2: 21世纪的主题是学会关心。因此,家长在教孩子学会关心上多用一分心思,就会得到更大的收获……

主持人: 关心,是21世纪的主题,大家应该重视。(浓缩原句语意,突出重点)

(《实话实说·学会关心》)

嘉宾1：要想让孩子们不说谎，首先我们大人就别撒谎。

主持人：家长是孩子的老师。（假设句变判断句，与原句形成因果关系）

嘉宾2：要想有一颗安宁的心，那你就别撒谎。

主持人：撒谎会使自己心乱。（书面语风格变口语风格，与原句相映成趣）

嘉宾3：一个对社会有用的人是坦诚的。

主持人：君子坦荡荡。（白话文风格变文言文风格，文白相间，互为映照）

（《实话实说·面对孩子的谎言》）

4. 机智提问，把握话语主动权

提问是主持人控制谈话进程最常用的语言手段之一。尽管在策划节目时，主持人会设计一些问题，但在谈话过程中，主持人还要根据嘉宾的表达而灵活发问，并对提问方式、内容进行必要调整。

(1) 顺势而问，深入挖掘

窦文涛：那天我看马未都还拿冯唐调侃，说冯唐是妇科的博士，所以他阅人无数，是不是真的？（好奇状）

冯　唐：其实我觉得大家一直有错觉，认为妇产科男大夫不是一个正当的职业，其实妇产科里男大夫很多，而且也是非常有职业道德的。

窦文涛：是吗？

冯　唐：对，就像我导师说，原来只看内生殖器官，拉开肚子，然后外面不让看，现在可能内外都让看了，但是看的时候，你是把她当成一个患者来看的。

窦文涛：但是我觉得至少还有很多女士她走到这个妇产科去看，她往往喜欢找个女医生。你有这种心理吗？

孟广美：我不但有这样的心理，我还有这样的行为。

窦文涛：必须就是，不能够允许，那你冯唐就失业了，去写小说。

冯　唐：但是比如这个妇产科男大夫水平更高呢？你也宁愿找一个水平低点的女医生？

孟广美：那你不知道哪个医生的水平高、水平低，其实就是有时候，尤其年纪更小的时候，真的心里过不了那个槛，就觉得妈妈也会交代，你去的时候找个女医生。

窦文涛:你看有这样的民情,你为什么当时还选择学这个妇科?

(《锵锵三人行》)

好奇心人皆有之,谈话节目主持人尤其需要有好奇心。上述主持人出于好奇心提出一连串问题,不但很好地推进了谈话,而且也极大地满足了观众的好奇心。

(2)变换提问,锲而不舍

对于有些敏感的问题,嘉宾会避而不答,这就需要主持人调整提问的方式,有技巧地推进谈话进程。

胡一虎:另外一位嘉宾加入我们 PK 行列,也是大家非常熟悉的,在左手边,您即将在画面上看到的就是,中国战略文化促进会常务副会长兼秘书长罗援将军,掌声欢迎罗援将军。罗援兄,我想你可不可以很诚实地回答我这个问题:你有没有想过,你有没有曾经在脑袋里幻想过,安倍会出现在"9·3"大阅兵的那个贵宾席上,你完全没有想过吗?

罗　援:没有想过,他起码"9·3"这天不会来。因为"9·3"这天,是个非常敏感的日子,他出于各方面的压力,不会在九月三号出现,但是他是不是要和习(主席)有一个会面,这里面说,安倍他有没有这个诚意。我认为这个诚意分成两个方面。

胡一虎:哪两个?

罗　援:一个就是他有没有要见习主席的这个诚意,还一个就是改善中日关系的诚意,这是两个诚意,是不同的诚意。要见习(主席)的诚意,我认为他是有的。在上次 APEC 会议,他就提出来要和习(主席)见面,那么我们也做了一些工作,最后双方达成了四项共识。

胡一虎:对。

罗　援:结果习(主席)和安倍见了面,见面回去之后他们(日方)就说,这四项共识没有任何约束力,而且变本加厉,以文字的形式再次重申,钓鱼岛属于日本。这就是说,他见面的诚意是有的,但是改善中日关系的这个诚意,他是没有的。我们不是看他见面的诚意,而是要看他有没有改善中日关系的诚意。

胡一虎：你认为应该从两个层面来观察。但是我想问的是,既然他没有出现在"9·3"大阅兵,难道安倍真的从头到尾,并不想来吗?

罗　援：我认为安倍不能来有三个方面的原因:第一个呢就是九月三号,是一个非常敏感的日子,是我们战胜日本法西斯的一个胜利纪念日,对他们来讲是一个战败日。第二个就是安倍他也面临着国内右翼势力的压力。那么第三个就是美国对他也有压力。美国都不来,他是一美国的小跟班,美国不来了他来,会出现一种什么情况?所以我觉得从这三点考虑,他不会来。

……

时殷弘：从逻辑上来说是完全可能的,但是不是美国的压力,美国的这个活动是头号因素,我们还是要等待证据。

罗　援：这个我倒赞同刚才庚欣说的,就是说现在安倍他的政策会有很多的摇摆或者变化,但是万变不离其宗,什么是他的宗呢? 就是他要(把日本)变成一个正常的国家,要修改和平宪法,这是他的一个终极目标。

胡一虎：这个是不会改变的。

罗　援：只要能达到这个目的,其他的问题,他甚至可以放低一点。

胡一虎：我打个岔。

罗　援：甚至可以把声调放低一点,身段变化一些,都可以做到。

胡一虎：我就从你这个部分的观察来打断,你看一下画面,现在日本各地的民众加入百万大行动,抗议新安保法。这几天下来,可以发现这个行动不断地升级,参与人员还包括学生,这些学生以前都是不参加这种比较激烈的行动的,现在都跳出来了。这样的力量,会不会对他有一些压力? 会不会影响到他的决心?

罗　援：对他有压力,但不会影响他的决心,就是这个新安保法,我的这个预测。

胡一虎：判断。

罗　援：是要过的,安倍他肯定还是要执意搞,我宁肯这次闯关,闯过去了,通过了以后我自己辞职,(虽然)我辞职了,(但)达到我的目的了,这种可能性都是存在的。

胡一虎：但是有一个话题，他吐血是真的吗？

徐静波：确确实实，安倍担任首相两年半多以来，身体确实压力很大，因为他的身体，整个是神经质身体，就是说精神压力越大，他整个免疫系统就越混乱。那么有没有吐血我们没有见……

（《一虎一席谈·大阅兵后全球格局会否发生显著变化》）

从这段对话可以看出，胡一虎想问的是：安倍参加"9·3"大阅兵是完全没可能吗？所以嘉宾罗援一上场，胡一虎就把问题提了出来，但罗援回答的是中日关系的两个层面，避实就虚，学术性很强，缺乏生动性。胡一虎再次追问，使得罗援说出："美国都不来，他是一美国的小跟班，美国不来了他来，会出现一种什么情况？"这段话才点出了问题的实质。当罗援提到老生常谈的话题——安倍希望把日本变成一个正常国家的时候，胡一虎及时打断，把话题引到了"日本国内舆论对安倍的影响"，既避免了冗长空洞的长篇大论，又增加了信息量。"安倍吐血是真的吗"的话题，通过徐静波的回答，为观众提供了有意思的信息。

(3) 提示补充，及时追问

当嘉宾说的观点比较抽象，或嘉宾没有表述清楚自己的意思，或嘉宾所举的例证还不够有力时，主持人需要对嘉宾有所提示，提示的方式有"比如说""能否举个例子"等。

邵博宇母亲：我感觉从早上起床开始，(他)这个起床就是一个慢，就是典型的慢，是怎么叫都不起来的。从六点半起床，能叫到七点才能给我起来。

主持人：除了起床慢还有什么？举个例子给我们讲一讲，要用事实说话对不对？

（《成长在线·慢性子的故事》）

(4) 陈述事实，提出质疑

主持人可以将嘉宾所言的对立观点、现象列举出来并提问，这种提问方式冲击力强，非常具有挑战性，因而更能够提起观众的兴趣，制造悬念。

主持人：你刚才讲的，按你的说法，艾滋病没有什么危险。但是我知道，每一次做实验的时候，每一次需要抽血的时候，你都抽，而不让你的下属抽？

桂希恩:是。

主持人:这不是跟你的说法相矛盾吗?

(《面对面·桂希恩:医生的职责》)

四、收尾

好的节目收尾应该是水到渠成、完整流畅的,给人以"言有尽而意无穷"之感,并在内容上对整个访谈起到画龙点睛的作用。因此,怎样收尾,同样是对谈话节目主持人的一大考验。收尾一般包括互动过程的结束、主持人的结束语和致谢等,但不是每一个收尾都三者齐备,还有一些另类别样的收尾方式。

1. 梳理概括

主持人:谢谢所有嘉宾的发言,也谢谢您的收看,过去这个礼拜当中你看到世界的主要标题,都用这几个字来形容中国的大阅兵,就是"世界看中国"。世界看什么呢?好像看到了中国的"肌肉",看到了军力的展现,看到了中国的自信,等等。但是我觉得这场大阅兵,不光是世界看中国,还要世界听中国,听什么?在"9·3"大阅兵的时候,您听到了吧?这个千人的军人大合唱,就像罗援将军所说的,别忘了里头听到最多的词是和平,不要忘了世界看中国,世界听中国,更重要的是世界想中国,想什么呢?今天聚集在这里,我们回想的是70年前的那段往事,就像静波特别所说的,70年前的那段历史,给人类的教训如果你忘了去反思,恐怕它的意义也缺乏了许多。世界看中国,世界听中国,世界想中国,最后别忘了,世界要跟中国一块往前进,也希望在这个"9·3"大阅兵之后,中国跟世界一块儿往前进,走出一个新的天地。

(《一虎一席谈:大阅兵后全球格局会否发生显著变化》)

这段即兴总结既有较高的立意,又条分缕析,表达到位,起到了启发人们思考的作用。

2. 赠送礼物

胡一虎:谢谢所有嘉宾的讨论,谢谢您的关心。一个马桶盖居然在北京的两会上,引起场内场外热烈的讨论,这绝对不是一个简单的话题,背后有深层次的思考。中国的制造业到底面临的最大的危机是什么,我想除了广泛的讨论之外,还要改变大家的体验习惯。要改变中国马桶盖的品牌形象,就要有实际的行动。所以我最后临时起意,我在想一个事情,静波,你一直说在日本使用多年的是日本的马桶盖,对不对?现在当着所有的观众,我要送给你一个礼物,你把这个(中)国产的带回去,真的带到日本去,带到你家里,然后试试看,让日本人到你家,第一件事情到你家厕所去,使用一下中国的品牌,如果你愿意的话,这就送给你。

徐静波:放到我的办公室里面。

胡一虎:可以,没问题。但你一定要让日本人好好来体验一下,还有什么意见。

徐静波:让我的员工来体验。

胡一虎:还要让其他日本人,提出他的看法,让他从批评它到慢慢喜欢它,最后变成首选它。可以做到吗?

徐静波:可以。

胡一虎:今天很特别,贾康委员百忙当中来参加我们的节目,首先问一下,这个如果送给你,不算是贿赂吧?当着观众的面,不算吧?为什么要送给你,是有原因的。因为你刚刚说,在几年前用过了日本的马桶盖之后,体验了之后,就不想放弃,现在我要让你改变这个使用习惯,把这个带回去。

贾 康:这是国产的。

胡一虎:国产的。就是你原本一直最想带回去的,其实不是日本品牌,而是"Made in China",所以由你这个政协委员带头做起,看看效果如何。至于这一台呢,请你们三个带回去,好好研究一下,人家有什么(优点),我们能够超越它的地方在哪里,做出比它更好的品牌,祝福中国制造业。

(《一虎一席谈·中国制造能否再回巅峰》)

胡一虎的这段话是典型的临场发挥,他没有总结一二三点,没有上升到国家未来、民族信心、民族尊严等高度,而是就地取材、就事论事,用朴实的语言实事求是地表达了公众的看法,因此很能引起共鸣。

3. 嘉宾总结

主持人：在节目的最后，我想请你用比较简短的话告诉观众朋友，你觉得面对生活，最需要的是什么？

吕丽萍：我经常愿意跟学生讲的就是"不要让诚实和慈爱离开你"，这两样如果永远伴随着你的话，你的人生就会越走越光彩，越走越快乐，喜乐和平安就伴随着你。我认为是这样的。

（《艺术人生·吕丽萍》）

4. 表演展示

主持人：我们跟三宝在这里说了这么多，从小到大，听了他很多并不为我们所知道的故事，就像刚开始咱们说的那样，《艺术人生》，细细品味人生艺术，好好活着。让我们大家掌声有请三宝在这架三角钢琴前来结束本期《艺术人生》的所有话题。

（《艺术人生·三宝》）

用嘉宾表演来结束节目，不仅能突出主题与人物，还能营造氛围，让观众回味节目内容。

电视谈话节目有很多即兴成分，没有一成不变的"主持法则"。主持人见机行事、随机应变，学会根据现场状况灵活处理，善于总结经验教训，才是主持一档精彩节目的必经之路。

第四节 电视谈话节目的发展与对策

一、电视谈话节目的发展现状

1. 节目形态：混搭组合不同节目元素

近几年的电视谈话节目在发挥自身优势的前提下，借鉴其他节目中可以利用的元素，使其充分与谈话节目相融合，从而突破自身发展瓶颈。如《鲁豫有约：大咖一日行》，将户外真人秀与访谈相结合，增加"鲁豫说"环节，突破了原有固定模式和场地限制；《朗读者》融合了访谈和朗读元素，拓展了话语空间，如果没有访谈，那么朗读的主题也就成了无源之水、无本之木，很难将主题诠释到位，引发情感共鸣，此外，其前后舞台的布置也令人耳目一新；《开讲啦》将演讲与谈话相结合，发展了谈话节目类型；湖南卫视的《天天向上》除谈话外，融合了歌唱、情境表演、舞蹈等元素；窦文涛主持的《锵锵行天下》将谈话与旅行相结合，变成一档文化旅行谈话节目，使交谈场景得到延伸，同时带给观众一场文旅盛宴，满足观众日益增长的精神文化需求。

正如美国影视学者简森·米特主张的那样，电视类型不仅仅是一种文体特征或是文化的组成部分，而是一种文化运作的话语实践，"类型是文化的产物，由媒介实践组成，并且受制于不断的变化和再定义"，谈话节目也是如此。目前很多谈话节目采取的都是不同形态节目元素的混搭组合运用，以满足观众多元化的观看需求，这也使得再难从某一文本特征或构成元素来界定节目类型。目前，这些谈话节目在形态上的创新，不断突破既定类型的条条框框，提高了传播效果，受到了观众的欢迎。

2. 主持风格：综合素养突出，个性特色鲜明

对电视谈话节目而言，主持人的重要性不言而喻。如果说现场谈话是话语的游弋，那么主持人就是游弋话语中的锚（Anchor），具有话题收放的功能，始终都要让谈话围绕主题展开。主持是一门艺术，电视谈话节目对主持人各方面的能力都有着很高的要求，比如倾听能力、解读能力、辨识能力、亲和力等。从近几年的电视谈话节目中可以看出，凡是收视率高、受观众喜爱的谈话节目，其主持人必然有自己的个性特点，有属于自己的主持风格。比如《开讲啦》主持人撒贝宁，其主持既可幽默机智风趣，也能端庄稳重成熟，且能灵活自如地进行话语的转换与衔接；《天天向上》主持人汪涵知识渊博、反应敏捷，自带人文气质；《朗读者》主持人董卿知性大方，文化素养高，其气质和魅力与节目的内涵浑然一体；《鲁豫有约：大咖一日行》主持人鲁豫具有独特的亲和力；《非常静距离》主持人李静毫不掩饰其个性，自信、率真的风格在节目中得到很好呈现；《锵锵三人行》主持人窦文涛主持风格轻松自然，见解独到，深受观众的喜爱。可见，优秀的电视谈话节目主持人必须不断提高自己的综合素养，并探索出一定的个性化、风格化特色。

3. 节目基调：注重人文关怀

电视谈话节目提倡的人文关怀的核心是人：尊重人、尊重嘉宾和观众，体现人

的主体性,强调人的尊严。这种人文关怀表现为对人内在精神与人性的探讨,关心人内心的感受。人文关怀理念的注入为谈话节目赢得持久生命力,也是谈话节目的竞争策略之一。观众需要娱乐,更需要人文关怀;具有建设性的人文关怀是谈话节目生命力的源泉。当前,人们面临着各种各样的压力,很多人的身心处于亚健康状态,需要被倾听和被理解。以人为主体的谈话节目就是要纾解这种压力,凸显人的精神价值。

很多电视谈话节目都在不同程度上做到了以"人"为本,关注人的身心发展和生存生活状态。比如,《非常静距离》中主持人与嘉宾的访谈,往往充满平实而感人的力量。如对演员张嘉倪的访谈,展现了她在家庭与事业中不断抉择的成长经历,其中的矛盾、纠结,展现到位而不越矩,充满人文情怀。《非正式会谈》以多元价值角度切入,用一种非正式的诙谐方式和调侃精神对当下人们普遍关心的热点话题和社会话题展开深入讨论,通过对话寻求多元解答;《面对面》通过面对面的交流、心与心的碰撞,以人文的态度关注社会;《开讲啦》以青年人为主要受众,每期请一位名人演讲,分享其经历、经验、梦想和对生命的感悟,传播精神正能量;《有话非要说》聚焦百姓生活,倾听他人故事,在平等、温暖、轻松的氛围中给人以关怀。

二、电视谈话节目的发展策略

尽管当下的电视谈话节目在不断与时俱进——场景从棚内走向户外,媒介从电视转移到"电视+网络",形式由单一走向多元……但是,谈话节目在选题、环节设置、传播形态等方面存在极高的相似度。2016年电视谈话节目生态发生了很大的变化,中国台湾地区的谈话节目《康熙来了》停播,《超级访问》也录制了最后一期。大多数谈话节目的收视率都徘徊在0.25%—0.4%,即便是《鲁豫有约》这样的知名品牌也是如此。数量的锐减使得电视谈话节目一度被唱衰,如何转型是电视谈话节目应该思考的问题。

1.在节目形态、主持风格上持续创新,强化人文关怀

创新有风险,但是不创新便会被淘汰。电视谈话节目需要在形态的持续创新中,满足观众不断变化的观看需求,提高观众对电视谈话节目的关注度和忠诚度。

在形态方面,电视访谈节目可以不断吸收其他新颖的节目元素,为己所用。近几年的一些电视谈话节目,借鉴网络谈话节目及国内外其他优秀节目中可利用的

元素,实现了创新升级。像《开讲啦》节目成功地将谈话节目与脱口秀节目在风格上相互融合。节目开头是主持人撒贝宁介绍嘉宾并进行现场访谈,引入主题,接着是嘉宾上台演讲,然后是主持人、嘉宾和现场观众代表的互动谈话,有时还引入网友提问,最后是主持人撒贝宁的总结,展现了多元主体对话的魅力。还有的谈话节目借鉴融合了近几年比较流行的户外真人秀元素,如《鲁豫有约:大咖一日行》,访谈空间不再局限于演播室,而是走出演播室来到户外,每期以一日的实地拍摄,展现"大咖"们的日常生活状态,为节目注入新鲜感,带领观众走进"大咖"们的生活和工作场所,满足普通人对名人生活的好奇心,轻松有趣的节目形式让观众在精神上得到放松,并取得了较高的收视率。当然,需要注意的是,在借鉴其他节目元素时,要结合自身节目特点,根据自身实际情况来确定节目内容,不能哪种类型元素比较火就生搬硬凑地拿来用。元素过于单一可能导致形式乏味,容易引起审美疲劳;元素过多也会导致结构混乱,显得浮躁喧嚣,失去节目应有的深度。

在主持方面,主持人的知名度在很大程度上决定了节目的知名度,甚至有些节目直接用主持人的名字来命名,强化其在观众心中的品牌印象。作为节目的控制者和引导者,电视谈话节目主持人的个人魅力、工作经历和人生阅历是节目的独特资源和品牌形象,影响着节目的竞争力。主持人控制着节目内容和走向,在很大程度上决定着最终呈现出的节目品质。主持人必须具备较高的综合素质和较强的语言表达能力,有能力按计划推进节目进程、驾驭话题以及营造节目氛围,从而完成谈话目标,使节目获得成功。主持人的风格也要与节目内在气质相吻合。比如《遇见大咖》是一档财经类人物谈话节目,主持人史小诺风格知性、干练,但这在人物访谈中似乎就显得有些"高冷"了,难以把谈话的魅力充分展现出来,对人物背后的故事、内心的情感挖掘不够。所以,成功的谈话节目需要主持人将自身的气质、文化、内涵等通过主持的形式与节目进行融合,再呈现给观众,形成独特的风格,激发观众的收看兴趣。

人文关怀是电视谈话节目不断追求的目标。人永远是谈话节目的核心和灵魂,真切的人文关怀能让观众产生情感共鸣。因此,谈话节目需要从人文关怀的精神出发,不仅创造一个可以倾诉的话语空间,更要创造新的生活理念、秩序,提升生活品质,传递人文精神。而且,电视谈话节目人文关怀的内涵应当随着时代发展、社会环境变迁而常变常新,及时关注当代人的生存及内心状况,反映最新的社会现实和百姓的需求,平等对话,传播正能量。

2. 注重利用新媒体平台，学习借鉴其他优秀节目元素

新媒体与电视媒体并不是对立的，不能以一种对立思维将两者割裂开来。新媒体平台具有及时性、平民化、便捷化、门槛低、互动性强等优势，相对于传统电视来说，其观看环境限制较少，更加方便、灵活、快捷，内容也更加丰富多彩。电视谈话节目可以充分发挥新媒体"启智"和"引流"的作用，"从受众中来，到受众中去"。通过与新媒体的跨屏互动，节目制作方可以发现哪些话题是受众当前最关心的、哪些嘉宾是受众高度期待的，为节目创作提供创意点子，以更好地把握准受众的兴趣点，精准俘获目标受众。同时，新媒体的营销传播可以为节目的收视起到流量引导作用，让节目产生更大的传播力和影响力。如《锵锵行天下》充分利用网络资源，贴合网民收视趣味，走出演播室，深入外景地，主持人窦文涛与周轶君、许子东、吴军等嘉宾在场景体验过程中进行对谈，融汇现实与历史、东方与西方文化，与传统演播室谈话相比，场景不断转换、融合，大大拓展了节目的可看性、信息量和娱乐性。

电视谈话节目要善于利用新媒体渠道和资源，在节目制作前、制作过程中以及节目播出后发挥其积极的互动作用，通过媒体联动，让节目在新媒体空间中形成生命力、扩大影响力。一些电视谈话节目开设了微信公众号和官方微博，如《朗读者》《鲁豫有约：大咖一日行》等；有些谈话节目在爱奇艺、腾讯视频、搜狐视频等网络平台上播放。电视谈话节目需要更加重视利用新媒体的开放性、即时性和便捷性，取长补短，使谈话节目更加适应当前的传播环境。

思考题

1. 简述电视谈话节目的概念。
2. 简述电视谈话节目的分类。
3. 简述电视谈话节目的主持要领和主持技巧。
4. 谈谈你对当下电视谈话节目发展的想法。

第十二章 电视购物节目及网络直播带货主持艺术

本章要点

1. 了解电视购物节目的特点
2. 掌握电视购物节目的主持要领与技巧
3. 了解网络直播带货的特点
4. 掌握网络直播带货的主持技巧

第一节 电视购物主持

电视购物,是指以电视为媒介,针对消费者需要筛选适当产品,并通过电视频道将产品销售给消费者的购物方式。其中,在电视上将产品介绍给受众的营销人员,称为"电视购物主持人"或"购物专家"。

一、电视购物节目概况

1982年,在美国佛罗里达州,全世界第一家电视购物公司美国家庭电视购物网HSN(Home Shopping Network)正式成立,虽然早在1970年,美国已经有电视节目推荐"电子开瓶器",这是电视购物历史上首个商品,但是由于没有形成系统规模,因此专家们把HSN视为世界上首个家庭购物公司,该公司拥有规范的系统、合理的规划和独立的购物网站。

1986年,电视购物公司克维思(Quality,Value and Convenience,简称QVC)成立,目前已成为美国最大的有线电视购物频道。与HSN一样,QVC属于电视购物中的佼佼者。直到今日,QVC在全球依然拥有超高的人气,像我们熟悉的"乐扣乐扣"等商品都是由QVC首先推出,进而在市场上推广起来的。而作为电视购物平台,QVC也拥有自己独特的经营方式,其中字母Q指质量,V指价值,C指便利性。不管电视购物节目的形式如何变化,质量、价值、便利性都是观众最美的。

1992年,我国广东珠江频道播出了中国内地第一个购物节目,类似于电视购物广告片。1995年,北京电视台创办BTV电视购物,这是中国内地最早开办的电视购物频道。

1999年中国台湾东森购物台成立,开创8小时滚动直播推荐购物的电视模式。从1992年台湾无线快买公司成立,到1993年万里达传播公司开播,再到1994年新视线购物频道开播,截至1994年年底,台湾电视购物频道约有200多个。

2006年12月28日,中央电视台"CCTV中视购物"频道开播,此举标志着央视正式进军现代电视购物领域(家庭电视购物)。而新生的购物频道如快乐购物、欢腾购物、家家购物、居家购物、乐家购物、好易购等也纷纷亮相。家庭电视购物从此呈现出百花齐放的状态,特别是上海的东方CJ购物,北京的央广购物、中视购物、环球购物,山西的优购物,安徽的加加购物,湖南的快乐购,江苏的好享购,贵州的家有购物等频道已初具规模。以湖南卫视快乐购频道为例,它是2006年3月获批的第一家全国连锁的电视直播购物频道,重点覆盖广州、青岛、杭州、南京、东莞、广西等已经完成数字电视平移的省市。快乐购以连锁的商业合作方式,组建了全国性的购物网络,形成快乐购频道的综合竞争力。一年之间,逾50万人体验了这种全新的购物模式。据悉,快乐购开播一年的总营业收入超过4.6亿元,第二年近10亿元,不仅让国际电视购物同行刮目相看,同时也吸引了越来越多的商家加入快乐购的平台。2019年,快乐购全年营业收入达125.01亿元。

二、电视购物节目特点

电视购物是一种新兴的商品销售方式。电视购物的过程主要分为选择产品、节目制作、呼叫中心、物流配送等几个环节。电视购物节目以消费者的需求为出发点,是产品销售的一个平台,也是一个无店铺的"空中超市",其特点有以下几点。

1. 商品种类多元化

电视是当今人们生活中的重要媒体。以电视作为平台来销售商品，使得观众可以更直观、清楚地了解商品。电视购物的商品种类包罗万象，除日常生活用品外，还包括旅游线路、理财产品，在某一类商品中推出的品牌也具有多元化特征。

以强大的媒体推销海量的商品，这是电视购物的一个特点。正是由于这一特点，电视购物节目一开播就受到广大消费者的喜爱，电视购物频道的发展也取得了可喜的成绩。

2. 商品特征新颖化

商品可以分为一线、二线、三线商品：一线商品价值高、品牌硬、质量和信誉高，如房产、珠宝首饰、高档化妆品、名牌电器等。一线商品多采用专营商店、品牌专卖店等形式销售，以维持其质量和信誉。二线商品通常指中高档商品，大型百货公司销售是其常用的销售形式。三线商品指日常生活必需品，超市和小型百货商店销售是其常用的销售形式。面对既有的销售格局，电视购物节目采用的是"二线为主"和"新、奇、特"的策略。"二线为主"是利用和发挥电视的家庭性，因为二线商品是家庭主妇可以立即决定购买的商品。"新、奇、特"是利用和发挥电视的迅捷性，因为厂家总在不断推出新的产品，放到市场上很难在第一时间吸引客户的眼球，而利用电视这一平台能够迅速占领市场。所以电视购物节目销售的商品通常带有培养新的消费理念和引领时尚的性质，许多商品甚至是厂家专门为电视购物节目设计和制作的。

3. 购物过程快捷化

当下，人们已经普遍接受了网购形式，网上购物再快递到家，方便快捷。由于节省了门店及流通环节的成本，网购的商品也比较便宜。

电视购物和网上购物的区别是电视购物具有现场性，网上购物缺乏现场性。电视购物节目由主持人现场介绍商品的特点，观众可以提出问题进行咨询，导演会马上和客服人员沟通，并告知现场主持人和厂家，及时在节目中进行解答，具有较强的互动性。消费者只需要一个电话就可以成交，有专人送货上门，其快捷方便程度甚至可以超过网上购物。不过，如今网络直播带货融合了电视购物和网上购物的优势，成为一种新兴的商品销售渠道，后文将进行详细分析。

4. 促销手段多样化

电视购物推销厂家要推出新产品,其促销手段十分多样化。例如电视购物节目销售的产品一般都注明两个价格,即"原价"和"现价"。这两个价格之间存在相当大的差别,有时差价高达50%以上。再如为了吸引观众收看和购买,许多电视购物节目都设有抽奖活动,观众可以通过拨打电话领取号码,参加抽奖。同时,电视购物节目为了赢得竞争,经常会组织"特价""今日价""一次性销价"等活动。

电视购物节目在推销不同商品的时候其策略也是有区别的,比如根据不同类型的商品,细化分析购买人群,营造不一样的购买,氛围从而使得促销手段更为丰富。

三、电视购物节目主持要求

1. 找准角色定位

电视购物节目主持人与其他类型节目的主持人相比,既有共性又有个性。电视购物节目主持人首先应具备电视节目主持人的共性特征,如良好的语言表达能力、亲和力和规范得体的体态语等。但仅有这些共性特征,并不意味着就可以成为一名合格的电视购物节目主持人。电视购物节目主持人在确定角色定位时,一定要建立自己是"购物专家"的意识。

电视购物节目的本质是销售商品,主持人是商品的推荐者。购物节目主持人应该注意把握好节目的节奏,增强节目可视、可听、可感的元素,满足顾客"足不出户,轻松购物"的需求,并且将销售过程转变为产品使用心得的交流过程。购物节目主持人不仅要用产品的性价比打动顾客,更要用一种全新的生活方式和购物理念影响观众。

2. 熟悉卖家商品

作为消费者和商品之间的桥梁,主持人必须对商品拥有极其敏锐的观察力和快速的分析能力。

首先要了解商品。主持人要多走访卖场,多向有过类似商品使用经验的用户了解情况,与商品的制造商进行交流,然后亲自使用,进而总结归纳,找出最能打动消费者的点进行详细讲解。

其次要熟悉商品。主持人在使用商品的过程中要善于发现问题,在售后、保修、注意事项上下足功夫,站在消费者的角度分享使用体验和感受。

最后,在播出过程中,主持人要用个性化的语言向消费者推介商品。

有些电视购物节目主持人在节目中说空话、大话,难以令消费者信服,原因在于:一是对商品不够熟悉,二是没有将商品的卖点转换为能打动人心的语言。主持人对商品的熟悉程度是影响直播效果的重要因素,所以电视购物节目主持人要成为名副其实的"购物专家"。

3. 树立个人信誉

主持人推荐商品要有所选择,将真实的体验告诉消费者,客观介绍商品的优点、特点、使用价值等,不可一味夸大使用效果,误导消费者。节目经营者要遵从"诚信"原则,保证主持人的个人信誉,保证传播平台的信誉。

4. 明确主持特色

主持不同商品的购物节目,主持人会呈现出不同的主持特色。例如推荐家居厨房用品的主持人应平和耐心,风趣幽默;推荐家电数码产品的主持人应理性睿智,言语诚恳;推荐时尚美妆单品的主持人需要在自己的外形上多加修饰,声音甜美;推荐名家字画的主持人则要严谨生动,用词准确。

5. 适应直播形式

直播节目对团队的能力是极大的考验,事前的准备必须万无一失,直播过程中要有随机应变的能力,直播结束后要不断总结和修正。

直播前期,主持人梳理商品卖点、确定直播流程、沟通摄像导播、确认商品组合。

直播当中,主持人根据导播反馈的节目问题、观众问题及时调整语言。如果遇到突发状况要及时挽救。另外,主持人要把控好每个商品的直播时长,对商品卖点的讲述要生动有趣,时刻吸引观众的注意。

直播后段,主持人梳理节目内容,总结商品卖点,说结束语。

国际上成熟的电视购物节目主持人大多比较年长,因为他们丰富的生活阅历和主持经验能迅速拉近与观众的距离,并使观众对他们产生信赖感。而对现在国内很多年轻的购物节目主持人来说,直播是一种挑战,需要在生活中多积累、多学习,在工作中多请教、多沟通、多参与、多总结。

四、电视购物节目主持技巧

1. 主持技巧

在电视购物节目中,主持人就是推销员。推销是大有技巧的,销售语言是其中最重要的部分,销售话术就是销售的标准语言。通过市场调研,把多个优秀销售人员的销售经验提炼加工成为格式固定、通俗易懂的语言,这些规范化的销售语言就是销售话术。

既然如此,企业为什么不开发一套标准的销售话术,让销售人员用"同一个声音"销售同一种商品呢?这是因为销售人员面对的是拥有多种生活需求的人,所以在交流的时候就会有千奇百怪、意想不到的要求和问题出现。在解决具体问题的时候需要具体对待,推销员如此,电视购物节目主持人也是如此。他们不单单需要积累丰富的销售经验,更需要拥有灵活的应变能力和高超的语言技巧,晓之以理、动之以情,"晓之以理"就是找准商品的卖点,"动之以情"就是要把握顾客的心理。

(1)找准商品卖点

①品牌挖掘

在电视购物节目中,无论是商品的品牌,还是购物频道的品牌,都很重要。一个好品牌就是给观众的一颗定心丸,能让观众放心和安心。"相信品牌的力量"绝对不是一句空话,所以在推荐商品的时候,主持人要重视对品牌的宣传和讲解。

②售后服务

售后服务在商品销售中扮演着重要角色。关于售后服务,主持人要讲清楚几个点:是否专人专车送货到家?是否免费送货到家?送货途中商品受损怎么办?货到家里是否可以开箱验货?发现货不对可否退货?使用期间出现非人为损坏怎么解决?

(2)把握顾客心理

在销售心理学中有几点极具说服力:

①顾客要的不是便宜,是感到占了便宜;

②不与顾客争论价格,要与顾客讨论价值;

③没有不对的客户,只有不好的服务;

④卖什么不重要,重要的是怎么卖;

⑤没有最好的产品,只有最合适的产品;

⑥没有卖不出的货,只有卖不出货的人;

⑦成功不是运气,而是因为有方法。

销售不是要你去改变别人,而是告诉他为什么需要。销售的成功取决于顾客的好感,这里的好感包括顾客对商品的好感、顾客对推荐者的好感、顾客对平台的好感。主持人需要了解和分析电视机前看节目、买商品的都是哪些人,他们想知道什么。建立与顾客的默契,多用"我们"拉近与电视机前顾客的距离。在表达时多用"你看""是吧""我就说""好多人讲"等,少用"但是"。

主持人在直播过程中,通过导播和电话客服中心反馈的情况,对购买人群进行分析,及时把握在线购物者的群体心理。只有把握好消费者的购物心态,商品推荐才能如鱼得水。

比如推荐一款美容仪器,显然,这种商品吸引的群体是女性观众,但是有经济实力的年轻女性可能会去美容院保养,自己动手进行保养的可能性比较小。而对自己容貌有所要求、在生活方面又精打细算的成熟女性更可能青睐这样的美容仪器。于是主持人可以重点对年龄稍长、生活经验相对丰富的女性进行推荐。她们最关心的是什么?她们会担心什么?她们最感兴趣的商品功效有哪些?

再如推荐一款跑步机,女性、男性都对这类商品有需求。瘦的可以练壮,胖的可以减肥,身材适中的可以锻炼身体。这样一看,似乎所有受众都需要。但是实际情况并不是这样的,跑步机本身就有很多限制:比如会不会占用太多空间?体重过大是否能使用?跑步时是否会噪声过大?仔细梳理,你就会发现,可能所需推荐的商品并不适合所有人。

电视购物节目主持人要用商品的卖点和价格吸引观众,还可以用"情感"来打动观众。比如推荐拖把时可以讲生活中的趣事:"现在工作这么忙,下班之后都累晕了,我不知道大家平时都安排什么时间来打扫卫生,我经常需要跟老婆猜丁壳来决定谁打扫,不是我懒,是因为家里的装修复杂,卫生死角实在太多,打扫一次卫生,除了体力之外还是一次智力的比拼。"这段话并没有直接提到商品的卖点,而是用生活中常见的打扫卫生死角的问题来告诉大家为什么买这款拖把。接下来做推荐就容易多了:"这把拖把为什么能打扫到死角,又不伤害高档的实木装修……每次打扫卫生都能轻松愉快,不用害怕体力活,权当安全减肥运动。打扫卫生不用动脑子,拖把帮你解决所有难题……"

打感情牌的购物节目主持人有很多,中国台湾地区的利菁就是其中的代表。在推荐按摩椅的时候,她用亲身经历打动了顾客,一个关于"尽孝不能等待"的故事,让按摩椅充满了人性关怀。

(3)把握宣传尺度

2013年10月,国家新闻出版广电总局发布《关于进一步加强卫视频道播出电视购物短片广告管理工作的通知》。《通知》明确,各卫视频道每天18点至24点时段内,不得播出电视购物短片广告。其他时段播出电视购物短片广告时,必须严格执行总局相关规定,如不得使用主持人作宣传,不得使用"叫卖式"夸张配音、语调、动作等,不得使用"矫形""塑形""甩脂"等宣传或变相宣传丰胸、减肥产品等。

主持人在介绍商品时,应把握好宣传尺度。"夸大"与"放大"是有区别的。夸大是虚假的,是一种欺诈宣传,而放大产品优点是一种刺激购买的手段,也是一种营销策略。比如介绍一款耐热耐磨的含金项链,主持人无论是用火焰烧,还是将项链放在卡车下面碾压,项链都不变形。其实,有谁会把项链拿去烧呢? 又有谁会把项链放在重物下碾压呢? 主持人的这种演示就属于放大,它是真实的,是很好的营销手段。但是,如果将不存在的事情说成存在的,或者一味放大优点、刻意回避缺点的话,就涉及主持人的职业道德问题。电视购物节目主持人应该严格遵守《广告法》,坚决杜绝虚假宣传。

要成为优秀的购物节目主持人,除了熟悉自己推荐的商品外,还要对生活有十足的热忱和强烈的好奇心。了解商品是对购物节目主持人最基本的要求,讲解卖点是购物节目主持人的基本功,对生活的认识及体悟是购物节目主持人的人生必修课。

2. 实例分析

卖点、价格、售后服务是商品的三大元素,也是在购物节目中主持人说得最多的三点。主持人为了打动消费者,需要运用多种手段和技巧。在这里,我们用一个"双立人"商品的例子进行具体说明。

讲述商品品牌:

> 双立人用282年的品牌价值站在了世界不锈钢厨房的顶端,别说锅具、刀具,就是一个普通指甲钳也能至少使用十年。十八比十的优质不锈钢不是随便说一说,是货真价实的体验,您只要用过一次,就会想要使用

一辈子。品牌的力量就在于，我们用心开发，用心创造，让您体验经典，从切配到烹饪都感受到双立人的与众不同。

购买原因：

带大家去广州双立人专柜看一看，那里陈列的每一件双立人商品，小到指甲钳、铲勺配件，大到炒锅、炖锅，应有尽有。从内到外，您只要看一眼，就会停下脚步，双立人的魔力足以让您驻足停留。当您花接近2,000元的价格只能带回去一件双立人产品的时候，您就会想念东方购物给您的大礼包了。

厂家嘉宾：

我愿意拿出少量的加赠机会在直播时间让更有眼光的妈妈们享受。受限于备货周期和双立人的成本，我今天只能拿出几组。今天抢不到，您就得等下次。下次有没有，这不是我们厂家能决定的。

商品理性信息的感性表达：

A：不谈品牌，不说材质，就看价格，不锈钢锅要卖几千元，我觉得是天方夜谭。

B：羡慕星级大厨，喜欢尝试新奇菜肴，抱怨自己的家里没有一套配得起自己手艺的厨具。今天不用羡慕，尽情尝试，一次性满足。

C：父母退休之后就喜欢在厨房里捯饬一些家常菜，平时我们上班也没时间陪着他们。父母做好一桌菜，等子女回家吃饭成为最幸福的事。身为儿女，要让父母体验顶级的厨房享受，我们要让他们尽情享受厨房的乐趣。

D：一件双立人凝结了接近三个世纪的精华，试问哪一个厨房品牌能做到刀具永久免费磨刃，锅具给您质保十年，您不会用还亲自上门教您做菜，每周在专柜还有"美食美客"的锅友会分享。因为双立人的存在，让更多爱生活、乐于享受厨房的人走在了一起。

E：广东人对厨具的挑选是很挑别的，要美观、要品牌、要价格。

F：双立人所有组合的销售为广东东方购物独家推荐，我们和双立人签署了战略合作体验活动,目的是把世界顶级厨房品牌以老百姓消费得起的价格分享给全广东尊贵的会员。

第二节　网络直播带货主持

网络直播带货是指明星、网红、社会名人等通过网络平台直播推荐或宣传某些商品,产生对商品的带动和促销作用,从而促使这些商品在消费者中流行或热销。

一、网络直播带货概况

随着社交软件的兴起,网络主播取代了此前电视购物中主持人的角色,而微博成为早期网络主播的主要阵地。2013年4月,阿里巴巴入股微博,为初代网络主播提供了生存土壤。根据协议,双方将在用户账户互通、数据交换、在线支付、网络营销等领域进行合作,探索社会化电子商务模式。

2016年诞生的直播电商,同时具备了广告展示与销售功能,并通过缩短用户行为链条的方式提高了用户的转化率,在品效方面呈现出较强的竞争优势,因而获得了各方的关注。

二、网络直播带货特点

网络主播的带货史,也是一部互联网流量的变迁史。2017年开始,与广告主签约的网络主播人数占比达到57.53%,广告收入成为网络主播的重要收入来源。更值得关注的是,愿意借助网络主播发布自身品牌广告的广告主已经从传统的美妆等行业扩展至汽车、餐饮等领域,同时广告主通过网络主播推销产品的预算也在逐年提高。网络直播带货主要有以下几个特点。

1. 消费群体年轻化

在电商用户获取成本越发高涨的背景下,网络直播带货能够以较低成本吸引新用户。QuestMobile报告显示,90后、00后成为移动购物行业的核心群体。他们购物欲望强烈,易受网络主播诱导,从而产生消费冲动,年轻、下沉市场的消费者尤其依赖于网络主播的引导。一方面,用户出于对网络主播的信任,跟着"买买买",

可以降低选择的时间成本;另一方面,直播的即时性和刺激性也会促进消费者的跟风和盲从心理。

网络直播带货的本质是用最短的时间展示产品价值和性能,从而激发用户的购买欲望。一旦时间太长,用户的冲动消费往往就会被消磨。直播带货时代,高颜值不再是网络主播的必备条件,他们与粉丝互动、沟通交流甚至表演展示的能力变得更为重要。

2. 带货形式多样化

随着网络直播带货形式的多样化,主播们不再局限于坐在直播间,而是走向线下的基地、商场、农场,用"走播"的方式带货。2018年,主播湘西九妹帮村民卖农产品,两天时间卖出40万元滞销猕猴桃,13天卖出100万公斤橙子;奉化溪口镇新建村桃农陈志华自家水蜜桃卖不完只能烂在地里,后来15名主播在一小时内将1,500公斤水蜜桃销售一空。2018年淘宝"双12"期间,主播们分别在武汉汉口北服装城、湖州织里童装城、海宁皮革城、景德镇陶瓷等地进行了为期12天的直播,各大产业基地的销售额平均上升2倍。

3. 主播类型多元化

如果说微博时代的电商还没有脱离网红的形式,那么短视频的崛起则彻底改变了带货的群体特征,无论是素人还是明星,都加入带货的行列。号称快手"最强带货王"的"散打哥",在1分钟内将单价19.9元的牙膏卖出3万单;抖音头部红人"七舅脑爷"的直播首秀,聚集了108个品牌赞助商。在品类方面,除了衣服、化妆品外,日用品、农副产品也逐渐增多。网络博主进一步细分,比如产生了专门为3C产品拍摄开箱视频的数码科技博主和专门体验食物的美食博主。

主持人、明星也纷纷放下身段,加入直播带货的行列中来。李湘从首次直播后,几乎每周播一次,推销过洗护用品、生鲜零食、美妆和家电等,单月成交额超过1,000万元;柳岩曾直播3小时带货1,500万元;郭富城也创造了5秒卖出16万瓶洗发水的纪录。2020年4月6日,中央电视台著名"段子手"主持人朱广权与"带货一哥"李佳琦隔空连线,直播带货,助力湖北的复产复工,该场直播两个小时内累计观看人数1,091万,总话题阅读量超过11亿。

4. 平台竞争激烈化

2018年11月,阿里巴巴投资小红书后,小红书在手机淘宝开启了新一轮内测,实现了部分商品与小红书内容的同步;2019年一季度,B站与阿里巴巴合作进行网络主播带货。但是网络主播带货模式的兴起,尚未对电商平台的竞争格局造成根本性改变,抖音、快手、B站的带货模式,大部分还是向淘宝导流。不过,随着越来越多的平台参与到网络主播带货的竞争中,电商平台的销售格局也可能随之改变。

三、网络直播带货主播的要求

网络直播带货主播不仅要足够了解产品,还要有足够的耐心和良好的修养。主播需要不厌其烦地一遍遍讲解商品,同时要照顾到观看直播的受众的感受。在一场直播里,他们身兼数职,既是主播,也是促销员和售前客服,需要掌握的知识和能力涵盖品控协调、营销策划、主播场控、数据分析、售后公关等。

1. 全面了解商品特性

网络直播带货主播需要参与到从选品到营销的各个环节中,对电商运营的各个环节都要了如指掌。知名主播薇娅在《十三邀》节目中,带领许知远来到公司的供应链基地,这个专门放置优质商品的供应链基地不亚于一个中型商场,而这里的上千件商品大多是由薇娅亲自筛选的。她说:"我就像一座桥梁,自己的团队、商家、粉丝每天都要从这个桥梁上走,所以自己一刻也停不下来。"无独有偶,李佳琦也对直播带货的产业链条有着清晰的把握。在《鲁豫有约》节目中,鲁豫采访了电商主播李佳琦,并跟随他一天,观察他的生活。李佳琦从进公司门开始就奔波于各种会议:他会与商家讨价还价;他会在听完其他人对产品的论述后,提出自己的营销和推广方案;他也会亲自参与产品的筛选过程,确保产品的质量。

2. 熟练掌握销售技巧

直播间要考虑的因素很多,包括货品结构、主推爆款、直播主题、直播节奏、直播时长,等等。主播介绍的不仅是产品,也是销售方案。他要提前设计好脚本和节奏,并且要有很强的语言说服力以及对受众留言的捕捉和渲染能力。

直播时,主播一般先从消费者最在意的问题说起,然后说这款产品为什么好,接下来对这款产品进行有针对性的讲解。在整个过程中,主播要语言逻辑清晰、表达自然流畅,反复强调重点内容。在重点介绍产品价格优势的同时,还要不断向受众更新货品数量信息和购买链接,时刻注意营造直播间愉快的氛围。

3. 灵活运用语言艺术

一个网络直播带货主播最重要的能力就是表达能力,良好的口才能够把直播的意图清晰地传达给受众,实现销售的目的,并且能够有效带动现场气氛,给受众带来快乐和满足感。要想成为一名优秀的网络直播带货主播,就要用心学习、体会、实践及总结。

(1)用心交流。直播时,主播要感受和关注受众的心理,选择合适的方式进行交流。相同的一句话由什么样的人来说,在什么环境中说,用什么样的语气说,所达到的效果都不同。

(2)善于捕捉。主播要从与受众的有限互动中展开联想和想象,从中寻找对方感兴趣的话题,使受众产生情感和观点的共鸣。

(3)讲好故事。说话应声情并茂,情真意切。故事真实,脉络清晰,用词形象生动,细节感人。主播和受众分享故事,能增加直播的感染力和吸引力。

(4)展示自我。让受众了解主播的经历、生活和爱好,使受众对主播产生亲近感与信任感,因为只有接受你这个人,才能接受你推荐的产品。

(5)拉近距离。主播通过和受众交流共同熟悉或喜欢的事物,拉近与对方的距离。

(6)幽默风趣。主播通过抖包袱和打比方的方式进行表述,引起对方的好奇心,增强沟通的幽默感,营造融洽的交流氛围。

(7)善解人意。主播要善于发现受众的优点,并选择合适的词语表扬对方。主播还要对个别受众的一些不合理的要求和不恰当的语言给予包容和谅解,努力做到情绪稳定,谈笑自如。

从电视购物到直播带货,商品围绕内容进行变现的探索不曾停止,其背后是对内容变现的本能冲动。当前,从电视购物的"鸡肋"角色到直播带货的品效合一,内容变现的效率在不断提升。

总之,在任何一个行业里要成为最优秀的那一个,都要尊重和接受行业规则,不断地探索和总结。一个好的媒体节目主持人未必就能成为一个好的网络直播带货主播,要成为一个优秀的网络直播带货主播不仅需要优良的心理素质、较强的合作能力、灵活的表达能力,还需要娴熟的商品销售、策划能力、吃苦耐劳的精神以及全心全意为受众服务的心态,等等。

思考题

1. 简述电视购物节目的特点。
2. 电视购物节目对主持人有什么要求?
3. 网络直播带货的特点是什么?
4. 简述网络直播带货主播的要求。
5. 简述电视购物节目主持人与网络直播带货主播的异同。

第十三章 主持人节目的策划创新

本章要点

1. 了解主持人节目如何精准定位
2. 掌握主持人节目思维创新、内容创新和形式创新的方法

随着媒体竞争进一步加剧，我国媒体已经由广告竞争、发行竞争、新闻竞争发展到了人才竞争阶段，具有品牌价值的优秀主持人是广播电视媒体最鲜活、最具个性的品牌，不但对受众具有广泛的号召力，而且对受众的忠诚度也有重要影响。努力提高主持人的核心竞争力，就是在提升媒体的品牌价值。而主持人要提高核心竞争力，最有效的方法就是积极主动地参与整个节目的策划，熟悉节目选题，了解受众需求，思考节目形式，使主持理念与节目理念相互渗透，从而有效提高节目质量。

第一节 定位精准

节目的定位指节目的宗旨、节目的目标群体、节目的内容和形式选择等。主持人节目的策划要做到定位精准，应从以下几个方面来考虑。

一、节目宗旨的定位

节目宗旨的定位就是要明确策划的目标，设想节目预期效果，接下来才能完成

节目的构思、组织与调度等一系列工作。节目宗旨决定节目的形态、内容,决定节目的生成和发展方向。

以《东方时空》发展历程为例,《东方时空》从 1993 年 5 月 1 日开播,经历了多次改版。开播时,《东方时空》定位为杂志型电视新闻节目,借鉴杂志多栏目编排的方式,由多个栏目版块组合而成。主持人灵活穿插于节目之中,时而是新闻评论者,时而是播报者,报道视角独特,评论见解独到,表达自然流畅。2000 年,《东方时空》从 45 分钟扩充为 150 分钟,以演播室为调度中心,用直播方式将消息、实用资讯、新闻专题等内容进行有机串联,突出信息的时效性和服务性。2004 年 9 月 1 日,《东方时空》移师晚间黄金档,时长浓缩至半个小时。2009 年,《东方时空》又一次改版,时长变成了一个小时。为了配合新闻频道"淡化专题、强化新闻"的方针,《东方时空》增强了对突发新闻的报道。由此可知,节目策划必须服从节目的宗旨。

江苏卫视《非诚勿扰》是一档大型婚恋交友节目,节目宗旨是为广大单身男女提供公开的婚恋交友平台。节目中有 24 位单身女生以亮灯和灭灯方式来决定男嘉宾的去留。精良的节目制作和全新的婚恋交友模式得到观众和网友的广泛关注。

在选秀类节目竞争日趋激烈的情况下,浙江卫视《我爱记歌词》以准确的节目定位赢得了观众和市场。其零门槛的选拔制度,创新性地将"赛歌喉、比唱功"变为"赛脑力、比记忆",细化了娱乐市场,拓宽了"K 歌"类娱乐节目的空间,模糊了所谓"专业"与"非专业"的区别,让更多爱好唱歌的电视观众参与进来。

中央电视台 2018 年推出的《经典咏流传》由撒贝宁主持,节目以古典诗词的旋律新编、歌曲演绎为主要内容,强化时代性和时尚感,抛弃了音乐节目的竞演模式和文化节目的答题模式,研发出一种"轻赛制、重传播"的架构。

二、受众的定位

节目定位要以受众为本位,"受众本位"的实质是传播活动要以满足受众需要为出发点,传播受众喜爱的信息,这个受众是专业细分之后的"小众"。湖南卫视的《声临其境》是首档原创声音竞演电视综艺节目,播出后吸引了大批受众,超高的收视率证明了该节目细分受众的定位大获全胜。

到底如何对受众进行定位呢?首先,要对受众进行深入分析。美国著名学者约翰·费斯克提出了"生产性受众"的观点,第一次强调了受众作为媒介主体的高度主体性和能动性。人们发现,基于个体的差异性,原先的"枪弹论"已经不能解释某些传播内容在到达受众后产生的差异效果。由此,受众作为传播效果研究中的重要角色登上了历史舞台。从根本上讲,受众主体地位的发现和深入研究是大众文化日益普及的结果。大众文化是大众社会形成后的一种文化产品,作为大众社会的社会形态,它是工业化、城市化和现代化三种合力共同作用的结果。电视是社会经济、文化、政治综合发展的必然产物,是经济社会中传播大众文化的主要载体,受众的信息反馈能够体现节目内容的优劣。节目本身对受众心理的满足、对受众层次的差异化满足都是极其重要的,而现如今,传统媒体和新媒体竞争日益激烈,电视在传统的传播信息和娱乐功能被弱化的情况下,必须更细分受众,针对受众的个体倾向、习惯、喜好,提供更为"精准化"和"情感化"的服务。在《身临其境》的一期节目里,演员赵立新先后演绎电影《魂断蓝桥》深情的军官罗伊、《功夫熊猫》里调皮的阿宝……他现场用英语、德语、法语、西班牙语等跨越式演绎,高难度挑战各种语言,圈粉无数,连同场竞技的其他嘉宾都由衷佩服,也引得很多观众表示"赵立新真是太有魅力了,我为什么没有早点发现"。

《声临其境》抓准了"文化"品位,"声"重文字,"境"重人情,能够获得收视率和口碑双丰收是必然的。在欲望纵横的嘈杂中,演员通过声音演绎出生活的本真和美好,传递出影视角色的形象和温度,让精神家园变得落英缤纷。恰恰就是《声临其境》对于受众的这一份尊重,使受众在获取信息时拥有一种毫无压力的满足感。

要了解受众的定位,必须分析受众心理。受众心理包括一般心理和特殊心理两部分。一般心理指绝大多数受众共有的心理;特殊心理指不同年龄、不同职业、不同文化层次和不同性别等受众的特有心理。掌握受众的一般心理可以使我们在宏观上把握广大受众的心理需求,尽可能满足他们的正常需要,并加以适当引导;掌握受众的特殊心理,能够从微观上制作出满足不同受众需求的节目。如此,电视节目才能向社会进行全方位覆盖与渗透。比如《东方时空》《焦点访谈》《实话实说》《星光大道》等节目就符合大多数人的收视心理,而一些特色节目如《中华医药》《动物世界》《人与自然》《国宝档案》《戏曲采风》《夕阳红》《大风车》等满足的是不同年龄、不同爱好的受众的需要。

三、内容的定位

对节目内容进行准确定位,不仅有利于节目主持人创造性地开展工作,而且也是节目参与市场竞争的有力手段。

当前,我们正处于一个"内容为王"的时代,广播电视媒体在节目内容设计上,能否做到"招招领先"是至关重要的。谈话节目《奥普拉·温弗瑞秀》创下了美国电视史上长时间最高收视率的纪录,主持人奥普拉·温弗瑞也被称为首席谈话之王。《奥普拉·温弗瑞秀》定位在家庭生活领域,话题非常宽泛,从家庭厨艺交流、对失业人员的理财建议到父母对青春期孩子的了解、妇女遭遇的暴力侵扰等。即便请来好莱坞明星,谈论的也是他们的家庭生活。

中央电视台《中华医药》栏目,内容定位十分准确,涉及中国传统医学、生活习惯和伦理道德等内容。如《健康话题》关注健康热点,倡导科学的生活方式;《医药名家》聚焦中华名医,展示中华医药的文化内涵;《洪涛信箱》为海外观众寻医问药提供向导;《专科门诊》探讨解除患者疾病痛苦的良方;《养生有道》传播中华养生文化等。该节目已成为深受海内外观众欢迎的品牌栏目。

中央电视台《舌尖上的中国》关注美食与中国文化的融合,以美食类纪录片的形式展示中国各地美食生态。通过中华美食的多个侧面,展现中国饮食文化的源远流长。

此外,湖南卫视《向往的生活》《乘风破浪的姐姐》《笑起来真好看》《巧手神探》、江苏卫视《一站到底》、浙江卫视《奔跑吧》、中央三套《开门大吉》《越战越勇》等,都是内容定位准确、深受观众喜爱的节目。

四、主持人的定位

主持人是节目宗旨和内容的直接体现者,节目的宗旨、内容确定之后,主持人的形象、个性、语言特色要与之相符。

中央电视台《中华医药》栏目对主持人形象的定位是"富有中国传统民族风范的现代东方女性",主持人赵洪涛定位准确而富有特色,与栏目整体风格融为一体。她在对栏目内在功能认识的深化和自身外在形象的改进方面,进行了许多有益的探索,经历了从提供实用性服务到提供文化性服务的转变。她以亲切的话语方式、贴心的亲情服务、强烈的社会责任感,努力打造栏目的品牌形象,形成了《中华医药》独特的栏目风格和社会公信力,被海外观众亲切地称为"来自祖国的健康使者"。

凤凰卫视的时事脱口秀节目《倾倾百老汇》,将世界大事、人生大事、民生琐事、陈年旧事、八卦趣事联系在一起,用独特的视角解读事件。主持人尉迟琳嘉在节目中既充分发挥说学逗唱的功力,又展现出理科生的逻辑思维能力和超强的学习能力,用幽默的评论解析各类事件,为节目增色不少。

第二节 思维创新

1911年,美籍奥地利经济学家约瑟夫·熊彼特在《经济发展理论》中,首次提出了"创新"的概念。《现代汉语词典》对"创新"的解释是:"抛弃旧的,创造新的。"理念创新是指革除旧有的既定看法和思维模式,以新的视角、新的方法和新的思维模式,形成新的结论或思想观点,进而用于指导新的实践的过程。常言道,"成功有道常无道,创新无法胜有法",靠的就是创新思维。思维是指人类思考问题的过程,是人脑对客观现实的认识。

策划是一项创新性的思维工作,创造学理论认为:"创造性思维是指人类在探索未知领域的过程中,充分发挥认识的能动作用,突破固定的逻辑通道,不断以新颖的方式和多维角度的思维转化来寻求获得新成果的思维活动。"创新思维是创新的前提,对节目主持人来说,创新思维始终是个性魅力的源泉。

一、整体思维

对节目主持人来说,整体思维在每次节目的策划和主持中都会运用。在开始策划之前,主持人要对节目有一个总体设计和构思,主持人必须对已有的节目形态、受众需求、资源储备,乃至政策条件有全面宏观的了解。对各种信息进行整合,全盘回顾、整体考量,形成主体思维系统。比如凤凰卫视的策划就体现了整体思维特点。凤凰卫视的评论节目有《时事辩论会》《时事开讲》《新闻今日谈》《总编辑时间》《一虎一席谈》《倾倾百老汇》《凤凰全球连线》《军情观察室》《台湾一周重点》《锵锵三人行》等,其创意就属于整体思维。这些节目主持人参与节目的策划、制作、撰稿、播出全过程,展示新闻背景、聚焦热点问题、展开分析评论,把新闻事件和评论结合起来,但是各自的侧重点又有所不同。用创造学理论来观照,这几档节目对凤凰卫视"名记者""名主持""名评论员"的整体思维做了很好的阐释。

二、换元思维

换元思维是通过转换系统的构成元素来寻求解决问题方法的思维方式。它体现了思维的灵活性。换元思维在主持人节目策划中的运用,对增加节目的亮点、增强节目的传播效果都有积极作用。比如角色换元,主持人进行节目策划的时候,可以站在受众的角度思考传播效果,调整自己的传播方式。中央电视台主持人崔永元在谈到怎样在节目中体现人文关怀时说:"我们的新闻要让人家听懂,要让人家看懂,这就是人文关怀。"这就是一种换元思维:站在受众的立场,考虑受众的心理需求,这是主持人进行节目策划的重要依据。

三、发散思维

发散思维是美国心理学家吉尔福特于1959年提出的一种思维方式。它是一种不依常规,从一个思维出发点出发探求多种答案的思维过程和方法。这种思维方式就是大胆假设,不受现有知识和传统观念的限制,使思维分散于不同方面,沿着各种不同的方向进行思考,进而发现新事物,开拓新领域。

比如在湖南卫视《天天向上》的一期节目中,节目组邀请了泰国的一个乐队组合,当问及他们是否熟悉中国流行音乐时,他们唱起了《还珠格格》的主题曲"你是风儿,我是沙,缠缠绵绵到天涯"。观众朋友正沉浸在他们带着异域风情的演唱中,而此时,主持人汪涵突然表情木讷地学着他们的腔调唱起"你是风儿,我是沙,和在一起成泥巴"。顿时,全场大笑。这就是汪涵的发散思维带来的语言上的幽默。

四、求异思维

求异思维也是一种创造性思维。它是指人们在认识过程中,把认知对象凝聚于客观事物间的差异性和特殊性、现象和本质的不一致性、已知事物的局限性上。求异与创新是密切相关的。

在节目策划中,由于媒体众多,节目的内容和形式往往会出现雷同。比如中央电视台新闻评论部于1996年春季推出《实话实说》后,很多电视台也纷纷上马谈话节目。一时间,谈话节目几乎成了各个电视台各个频道的必办节目。一些谈话节目没有进行周详的策划,"照葫芦画瓢",很快便遭遇了瓶颈。如果主持人在参与节目策划时,具有求异思维,创新节目形式与内容,节目就有可能在激烈的收视竞争中脱颖而出。

比如,2011年12月2日晚21:20深圳卫视首播的《年代秀》以收视率1.325、市场份额4.181的成绩,冲上同时段全国30多家卫视排名第一的宝座,被誉为"娱乐节目中的黑马"。这个节目模仿了比利时的娱乐节目 Generation Show,但是并不是一味照搬,而是注重不同文化间的差异。《年代秀》从受众出发,慎重考虑受众的收视习惯和收视心理,做到"用中国百姓喜闻乐见的方式和内容去做节目",符合中国人的价值观、人生观和世界观。节目邀请各个年龄层的明星嘉宾,按照他们青少年时期生活的年代,印上"60""70""80""90""00"的标签,通过游戏、歌舞、时尚表演、讲述趣闻逸事等环节,对半个世纪以来我国社会进步、文化发展的历程进行温情回顾,激起几代人的回忆,引发了强烈共鸣。在节目形态上,《年代秀》综合了电视综艺节目、益智节目、游戏节目、真人秀节目的传播特点,实现了各种节目形态的相互渗透与交融。《年代秀》的节目策划既借鉴了国外优秀节目的经验,又能找准受众的差异性和特殊性,获得了良好的传播效果。

五、求变思维

创新不仅是媒体的核心竞争力,更是媒体发展的原动力。在媒体竞争趋于白热化的今天,要想出奇制胜,必须抛弃旧的思维定式,从单一化、模式化的节目形态和内容中解脱出来,用求变思维对广播电视节目进行多角度、全方位、立体化、深层次的开掘。主持人的求变思维不是凭空捏造出来的,它建立在广泛的知识、丰富的阅历、大胆的想象、灵活的语言等相关素质和能力基础上。主持人要善于从不同角度展开联想思维,在固有的知识层面寻求新的突破。

湖南卫视开辟了中国选秀节目的新纪元,无论是2005年的《超级女声》,还是2007年的《快乐男声》都取得了巨大成功。2013年,在选秀节目泛滥、受众产生审美疲劳的情况下,湖南卫视以专业歌手对决的节目《我是歌手》获得了巨大成功。

第一,这档节目引自韩国MBC电视台热播综艺节目《我是歌手》。湖南卫视的

《我是歌手》把国外的节目模式和中国的本土收视特点相结合,脱离普通人选秀的套路,选择实力唱将和新生代歌手中的佼佼者进行PK,吸引了广大受众的关注。

第二,在评委选择上本着公正和创新的原则,首创"知音听审团",从众多的电视观众中严格筛选出500名具备一定音乐素养的"知音"。500名听审来自五个不同的年代,这就最大限度地吸引了各个年龄段的受众。

第三,调整赛制。与以往任何音乐比赛节目不同的是,《我是歌手》的专家顾问只对参演歌手的表现作出点评,并不参与评分和筛选工作。节目通过观众直接投票的方式决定选手的排名及去留。累计两期分数最低的歌手将被淘汰出局,且由新歌手替代,继续进行比赛。这些规则非常符合受众的公共参与意识,也保证了比赛结果的公平公正。

第四,没有采用专业主持人,而是由专业歌手担任节目主持人。专业歌手的音乐素养有助于他们阐释音乐,也能更好地和选手在现场进行互动和交流。通过精心策划,《我是歌手》从节目编排到歌曲、歌手的选择,乃至舞台灯光效果等都显现出独特的风格,创造了收视高潮。

节目再好,不创新求变也无法可持续发展。比如,游戏竞赛类节目的基本模式是"由主持人组织智力问答",真人秀节目的基本模式是"真人实景展现和观众投票表决淘汰"。但是,在基本模式的基础上,世界各地衍生出大量具体的创新节目个案。游戏竞赛类节目围绕是否设立奖金、单个主持人还是多个主持人、参赛者是名人还是普通人、比赛过关环节的设计等派生出不少新形式;真人秀节目则围绕表现野外生存竞赛还是室内人际斗争、提供高额奖金还是就业机会等发展出不少新形式。这些都是针对节目架构模式进行的创新求变。此外,节目演播室的设计、节目受众定位的调整、节目内容的改进、节目主持形式的更替、节目的播出安排等各个方面,都可以进行创新。

第三节 内容创新

节目创新首先以"内容为王"。广播电视是高度依赖内容的媒体,内容既是传媒产业的起点,又是媒体竞争的突破口,还影响着节目生产、市场推广、营销等一系列环节。"内容"是传媒的本质和灵魂。作为整个节目在传播过程中主要把关人之一的导演组,担负着策划节目、选择嘉宾及筛选节目素材的责任。湖南卫视的

《一年级·小学季》节目受《爸爸去哪儿》的启发,将孩子作为故事点,将观众视野引向学校,专门选择了一家寄宿制小学,全面观察孩子们的学习和生活情况,同时还拍摄孩子们周末在家里的情况,实现了360°全覆盖的拍摄。这在中国电视综艺节目中尚属首次,它挖掘了孩子们生活与学习中的所有信息要素,鲜活生动,取得了较高的收视率及较好的口碑。维亚康姆集团董事长兼首席执行官萨默·雷石东认为,"内容就是国王,任何媒体的基础都应该是内容。好的内容、好的节目、好的材料可以带来充满价值的业务"。

一、精心选题

确定选题是整个策划工作的起点。这是寻找节目价值、体现节目特色的关键,也是对主持人和其他节目成员的素质和能力的综合性考验。选题的好坏,直接关系到节目能不能做成,传播效果能不能实现。选题要考虑三个"度",即选题的热度、选题的深度、选题的角度,凤凰卫视的节目选题策划给了我们很多启示。

凤凰卫视的宗旨是"向华人报道世界的资讯,向世界发出华人的声音"。凤凰卫视的许多节目都在向世人展现中华民族的传统,展现中国人民的真实生活状态,如《文化大观园》《腾飞中国》《我的中国心》《公益中国》《世界看中国》等。凤凰卫视希望凭借其独特的优势,"用尽话语空间",在向世界展示中国的同时也向国人传递外面的信息。而评论节目《新闻今日谈》《时事开讲》则针对突发新闻事件和当下最热门的时政问题进行评说。例如,2011年4月18日英国威廉王子大婚时,凤凰卫视《凤凰大视野》策划五集专题节目《倾国倾城:英国王室婚礼变迁》,让受众从历史变迁中了解英国王室故事。凤凰卫视的这些策划,既考虑了选题的角度和热度,又注意了选题的深度,很有借鉴意义。

再如,2019年北京电视台播出的《上新了故宫》,是首档聚焦故宫博物院的文化创新类真人秀节目。在每期节目中,嘉宾作为新品开发官跟随故宫专家进宫识宝,探寻故宫历史文化。顶尖跨界设计师联手高校设计专业的学生,每期打造一个引领热潮的文化创意衍生品,构成"创新"与"故宫"相结合的制作模式。

二、精心采访

有了好选题,还必须通过采访获取有价值的信息,采访是对选题的贯彻。只有在采访前做好各项准备,制定切实可行的采访方案,采访才能顺利进行,获得预期的效果。采访的方案包括:第一,采访的目的;第二,采访的时间;第三,采访的对象;第四,采访的形式;第五,采访的问题设计;第六,采访的笔记。

2012年新闻界开展的"走基层、转作风、改文风"活动,给电视节目注入了新的活力,拓宽了报道范围。比如中央电视台"中国湿地报告"大型采访活动,历时19天,行程约3.5万公里,是中央电视台"走转改"活动开展以来行程最长、参与人员最多、报道时间最长、发稿数量最多的一次采访活动。报道组分为四路记者,分赴全国不同类型的湿地进行调查采访,客观真实地报道湿地的保护现状以及面临的挑战。大量的一手采访资料,大大提升了受众的收视兴趣,唤起了受众对湿地资源保护的重视、对生态保护的重视,传播目的得到了很好的实现。

中央电视台《中华医药》栏目之所以获得广大海内外受众的认可和青睐,与栏目组的深入采访密不可分。2003年4月初,"非典"肆虐,《中华医药》派出特别摄制组到达广州,采访了多名被感染后治愈的医护人员,记录了广州地区第一位患者和家人的生活,陆续推出了《探究"非典"之源》《应对"非典"之法》《亲历"非典"一线》《预防"非典"之方》《阻断"非典"之途》等系列节目。

长沙政法频道原节目主持人荣斌在做节目时,经常主动介入采访,多次获得国家级大奖。2008年,他采制的《点滴见民主》,让一条差点被放弃的新闻成为一组优秀节目。长沙云麓园社区居委会在全国首次采用电视竞选方式选举社区主任,多年的采编经验和新闻敏感告诉荣斌,这是一条很有价值的新闻。但后来出现了两名候选人票数相当且均未过半而要重选的情况,与他同行的记者很沮丧,认为这组稿子不值得做下去了,但荣斌认为这恰恰可能是节目的最大亮点。在节目中,荣斌评论道:"选民们每投一次票,都在认真地履行着自己的选举权,直到选出大伙信赖满意的人为止。一滴水可以折射出太阳的光辉,云麓园社区通过电视竞选,两次投票选出新一届居委会班子成员,就是中国民主进程的一个注脚,是对西方那些说中国没有民主、不讲人权的人的有力回答。"果然,这组节目经长沙政法频道独家连续播出之后,在各界引起广泛关注和好评。

三、精选嘉宾

嘉宾包括两类人:一类是以专家、名流为代表的社会精英人士;另一类是以新闻事件当事人为代表的社会各阶层人士。嘉宾可以对第一时间获取的新闻事实进行解读和分析,深化节目的内涵;嘉宾可以增加节目的信息量,嘉宾精彩的分析也能够成为新闻信息的一个有机组成部分;嘉宾能帮助主持人控制节目进程。对于有些邀请新闻当事人到演播室访谈的节目来说,嘉宾本身就是新闻。嘉宾的选择要遵循以下原则:第一,知情原则,嘉宾要么是当事人,要么是专家学者。嘉宾共同的特点是比一般观众掌握更多的新闻信息。第二,对应原则,是指针对不同的节目内容,要邀请相关领域的嘉宾来参与节目。第三,权威原则,是指邀请的嘉宾应是某个专业领域的权威。权威嘉宾能够提升节目的影响力和公信力。但要注意扬长避短,激发嘉宾的热情,协调嘉宾言论与节目的关系。在嘉宾的选择上,还要注意嘉宾是否健谈、嘉宾的形象是否符合上镜要求等,邀请多位嘉宾时要注意协调彼此的关系。

四、精妙编排

广播电视节目的编排,是认真研究受众心理,找准自身定位与优势,充分了解竞争对手,从而出奇制胜的创新过程。精妙编排不是传统意义上的将节目排列整合起来,而是依据频道的整体设计和对受众接受心理的把控,对各类不同的电视节目的播放时间进行合理的、有主次的科学规划,从而使得播出达到最佳收视效果。

编排,通俗地讲就是对电视节目架构的安排,就是将播出的电视节目提前编排组合成一次次、一天天的节目流程,这是电视节目由制作转入播出的关键一环,是在科学统计基础上的二度创作。一年中分季节、分时段的编排,是应对市场竞争的结果。季节性的编排有助于电视台培养观众忠诚度,为今后更加细分的市场竞争打下基础。在不同的季节应安排不同的节目播出,比如在暑期编播节目时应以学生为主要服务对象,安排适合学生观看的知识性节目。在春节期间,应以家庭观众为主要服务对象,多安排适合家庭集体观看的知识性节目和娱乐节目。

主持人节目的编排与播出要服从频道的整体设计,让节目之间形成有效的承接联动关系,使观众保持对频道和栏目的关注;根据传播规律和受众需求对节目进行科学、合理、有效的安排。比如21点之后,人体机能开始下降,于是在晚间,可多安排受众易于接受的社会新闻和软新闻。

湖北广电垄上频道,是服务"三农"的电视频道。2012年推出《垄上致富故事》《垄上大喇叭》《垄上科技苑》《垄中对》等贴近"三农"需求、全面为农民观众服务的强档栏目。各个栏目都有合理的播出时间,考虑到农民朋友白天劳作、晚上看电视的收视习惯,垄上频道晚间节目播出时间安排如下:19点30分《垄上行》、21点《垄上供销社》、21点25分《垄上新气象》、21点37分《真情追踪》、22点《露天老电影》。这样的安排符合农民朋友的收视习惯,受到农民朋友的欢迎。

以系统性、稳定性、科学性为原则的电视节目编排,必须大体策划一个电视节目编排菜单。编排电视节目时要考虑:栏目受众是谁,栏目是专业化的还是大众化的,同时段的栏目竞争者是谁,栏目播放、重播的次数,是否为暑期档,栏目定位方向等一系列因素,并根据实际情况及时、快速进行调整,这样才能保证整个电视节目编排的系统运行。

关于电视节目编排的科学性问题,从事节目编排的电视人总结了许多宝贵的经验:从内容编排上讲,有"导入式策略""帐篷式策略""吊床式策略"等;从战略战术上讲,有"差异化编排"和"对抗性编排"等;从受众收视心理层面讲,有"带状整合策略"和"块状切割策略"等。凡此种种,无不是智慧的较量和艺术的比拼。"差异化编排"运用最为成功的当推湖南卫视。[1]

2004年《超级女声》在国内首先尝试了按季编播节目,随后《快乐男声》《舞动奇迹》等节目也一反以往的编播方式,带领受众走入了娱乐的狂欢季。2007年,湖南卫视提出"4+3"的编播季模式。其中,"4"指周一到周四采用带状季播栏目,主打月度特色活动,如《变形计》《以一敌百》。"3"指周五至周日采用点状招牌栏目进行跨月播出,如《快乐大本营》《越策越开心》《背后的故事》。2012年7月,湖南卫视再次全新改版,不仅有多个新节目陆续上档,还准备了大量电视剧进行剧集攻势,在节目播出上也进行了科学编排。5档新节目在每周日至周四晚上十点档推出,打造十点档节目带。此外,湖南卫视还一改过去七点三十分节目带和十点档电视剧场的编排格局,颠覆了两大剧场中间加播创新节目的做法,培养观众全新的收视习惯。

2019年,湖南卫视将"青春我耀新时代"作为新的品牌诠释,启动全新高效创意编排模式,"剧场+综艺"形成"强双子",周末打出三张"王牌",分别用三种不同的编排策略引领周末档大综艺的竞争。在夯实传统优势节目时段的同时,不断开拓其他时段的新价值。

江苏卫视则是"带状整合策略"和"块状切割策略"编排的成功案例,他们将自

---

[1] 苗菁.电视节目编排效能阐述[J].媒体时代,2010(11):59-62.

己的品牌栏目《人间》置于电视剧之后,每周一至周三播出,打造一个小的带状编排时段,形成积累效应。为了防止受众出现审美疲劳,他们又将《欢喜冤家》《老公看你的》《非诚勿扰》等节目置于每周四至周日播出,让受众形成定期的收视期待,既保持了受众的新鲜感,又刺激了受众的收视欲。

如果采用无缝编排的方式,让受众直接从一个节目的片尾"热切换"到下一个节目,往往能顺利留住受众,减少受众的流失。他们会想:既然后面还有一个有趣的节目,那就接着看吧。通过宣传片、角标预告和游走字幕的巧妙运用,让他们知道后面播出的还是一个有趣的节目,这就仿佛我们始终在和受众谈论后面的新节目,持久吸引观众的注意力。[1]

电视节目编排其实是对时间的一种合理分配,它不是把很多节目简单拼凑起来,而是在认真分析每个收视时段目标受众的基础上,针对每个台自身的节目定位,将有限的节目与目标受众一一对应。

第四节 形式创新

节目形式又称节目形态、节目模式,是与广播电视节目内容相对应的表现形式,是广播电视节目设计制作的基本模式,包括节目定位、节目风格、主持风格、片头、背景音乐、节目宗旨等。就广播电视节目而言,无论何种节目内容,都必须转化为相应节目形式才能被受众所接受,而不同节目形式也规定着不同节目内容。因此,只有节目内容与节目形式和谐统一,才能形成广播电视节目的个性。

我国广播电视节目形式传统上分为四类:新闻类、娱乐类、社教类和服务类。随着传媒业的快速发展,新的节目形式不断涌现,传统节目形式划分已经不能完全涵盖当前新的节目形式,因此也有学者将电视节目形式分为:新闻类、脱口秀类、综艺类、真人秀类、游戏类、体育类、少儿类,等等。

媒体的竞争归根到底就是节目之间的竞争,在当前广播电视频道资源增多、广播电视节目供需不匹配、节目同质化现象日趋严重、受众要求越来越高的背景下,各广播电视媒体以创新节目形式来提高核心竞争力,以期在激烈的竞争中脱颖而出。从某种意义上来说,节目形式创新已经成为决定广播电视媒体生存与发展的

---

[1] 王志英,王媛.浅谈电视节目编排[J].新闻论坛,2012(03):31-32.

关键因素。从当前中国电视节目创新的实践来看,节目形式创新主要有以下两种路径:引进创新和自主创新。

一、节目形式的引进创新

所谓节目形式的引进创新,就是引入海外成功节目模式后,对其进行本土化的改造。海外引进节目模式,对于引进方来讲,可以降低节目的风险和成本,并获得预期效益。早期由于节目版权意识淡薄,我国电视媒体对海外节目模式的借鉴主要是克隆,只是更换节目主持人、参与者、观众、语言等,而对节目的创意理念、叙事风格、主持风格、舞台设计等核心元素完全照搬。这种简单的克隆常常引起版权纠纷,同时由于对节目创意理念等核心元素的照搬,这些节目也极易因与本土文化存在冲突而水土不服。如《幸存者》是2000年美国CBS一档野外生存真人秀节目,节目表现的"适者生存、弱肉强食"的生存法则和追求金钱的欲望,有明显的西方价值观念的烙印,而我国一些电视台照搬模式推出的类似节目,就受到了观众的批评和摒弃。

随着节目版权引进机制的日益完善,很多电视台从海外购买版权,引进节目模式,并获得收视上的成功。从这些引进节目的形态来看,主要有以下两种本土化改造方式。

1. 对引进模式的改编

对引进模式的改编主要是用本土化的方式与手段来取代国外电视节目中的某些元素,使节目适应本土需求。

采用引进模式并获得成功的《中国达人秀》《中国好声音》,海外原版节目突出的是参与者的"才艺秀",引进节目对原版节目中"秀"的理念进行了改造,突出符合本土价值观念的"励志"元素,着力展现参赛者的励志故事、普通人的幸福感和积极向上的生活态度。节目采取简明的舞台设计,突出舞台中间的平民参与者,以此来放大普通人物的才艺和背后的感人故事。

再比如CNN节目《拉里·金访谈》以及脱胎于该节目的《皮尔斯·摩根今夜秀》,这类访谈节目的模式并不复杂,却很符合观众的收视心理。在演播室里,围绕一个热点事件,通过双视窗连接记者等各种技术手段,逐步展示热点事件的发展过程、相关背景以及与新闻事件有关的延伸内容;通过主持人、嘉宾(含当事人)以及观众的由表及里、由浅入深的分析与评判,逐步推进,直抵新闻事件的内核,把事件真相展示给观众。类似这样一些符合观众心理、深受观众喜爱的节目模式,以及成熟的节目版块设计、节目编排模式等,完全可以从海外引进,为我所用。

2. 对引进模式的再造

对引进模式的再造主要是吸收成功节目模式的要素,发展出自己独特的节目模式,这种再造的节目的影响甚至可能超越原版节目。

比如,第一档电视相亲节目于1965年在美国播出,主要形式是男女参与者被屏风隔开,通过提问相互交流、相互了解。1982年中国台湾地区借鉴该模式推出本土节目《我爱红娘》,节目去掉屏风,增加了游戏环节,被本土市场接受。1996年,在这个节目基础之上的改版节目《非常男女》去掉了游戏环节,增加了主题性话题讨论,再加上两位风趣幽默、独具特色的主持人,使该节目一度成为台湾地区收视冠军,其节目模式也向海外输出。

2011年中央电视台的《梦想合唱团》也是对引进节目模式再造成功的范例。该节目继承原版节目中"明星帮助普通人实现梦想"的理念,将梦想基金设计为公益基金,淡化原版节目的逐利色彩。明星回到家乡组建由普通人组成的合唱团,通过歌艺比拼获得公益基金,进而完成公益梦想。收官盛典《梦想盛典——温暖中国》获得了爱心企业和社会民众的广泛支持。这个节目通过对原版节目的成功改造,获得了海外电视机构的认可和追捧,其节目模式也已经向东南亚国家输出。

二、节目形式的自主创新

自主创新是广播电视媒体依托自身创新能力,独立完成广播电视节目产品研发的活动,其优势在于:节目产品自主研发过程有助于媒体形成较强的创新环境,提升媒体研发能力,增强媒体核心竞争力。比如《南京零距离》作为民生新闻的自主创新节目,成为类似节目的制作范本。当然,节目自主创新的劣势主要在于市场竞争下的高投入和高风险,以及节目版权保护意识的淡薄。

海外电视节目市场较为成熟,节目自主创新能力较强,从近年来海外节目模式的成功经验来看,这些成功节目存在一些共性:第一是凸显平民化娱乐。这些节目蕴含平民文化和大众狂欢的内在特质,在节目模式的规则设计上强调普通人的参与,如《偶像》《达人秀》这些节目是草根民众展现真实情感生活的舞台,草根原生态的真实体验对于观众来说有一种特殊的亲和力,容易引起观众的情感共鸣。第二是戏剧性的内容张力。成功的电视节目中"故事+悬念+冲突"的模式是吸引观众的重要配方,如真人秀节目通过设置选手、评委、观众之间的一系列矛盾冲突,使节目充满悬念,让观众欲罢不能。第三是参与式的传受互动。随着新技术的发展,观众不止满足于做一个"观赏者",更希望做一个"参与者",选秀节目中的观众或是通过网络、手机投票来决定选手去留,或是通过微信、微博内容表明自己的取向和态度。观众通过参与可以决定节目走向,表现出对电视节目的自主消费。

这些海外节目的成功因素值得我国广播电视媒体借鉴,结合我国广播电视节目的本土实际,其在节目创新上可以采取以下策略。

1. 依托频道自身优势自主创新

当前,我国各卫视频道的竞争呈现群雄逐鹿的态势,为了寻求与其他竞争者的差异,各电视台都在围绕自身资源优势,自主研发独创性栏目。湖南卫视借助《声临其境》这一综艺节目再次掀起"娱乐狂潮"。该节目真正成型于2017年12月,经过反复打磨、论证,最后确定了节目的三个环节:为经典影视片段配音、挑战绕口台词、合作一出声音舞台剧。创作人员在借助娱乐明星效应的同时,更给予节目以"匠心"品质。与现在综艺节目市场上泛娱乐化的内容不同的是,《声临其境》比的是台词功底,每期节目会邀请四位演员进行三轮同台竞"声",绝大部分时间观众都是"只闻其声不见其人"。现场营造的氛围就如同它的名字一样,以"声音"带领观众入"境",直白又简单。

随着信息传播手段和途径的日益丰富,普通的信息很难在海量的信息中脱颖而出,新闻的适度娱乐化、广告的艺术化、国学经典的平民化都已经成为一种趋势,这种趋势和现象构成了媒介的最新生态。在这样一个泛娱乐化时代,各种综艺明星、微博热搜层出不穷,受众对于这些单纯的泛娱乐化节目已经出现了审美疲劳,在精神层面上有了更强的诉求和更高的追求。受众渴求个性化、多元化、创新性的内容,再加上近两年真人秀节目在受到追捧的同时,也在相当程度上呈现出了同质化、过度娱乐化的趋势,于是,文化综艺类节目便应运而生。毋庸置疑,作为一档综艺节目,《声临其境》也暗含着媒介娱乐化倾向,但是其创作人员瞄准了受众的眼睛被娱乐填满之时所产生的新需求——对自我、对世界产生疑问,寻求答案。因此,《声临其境》在初创阶段,就以拒绝"数字小姐""空气先生"为宣传点,满足受众对媒介生态的期盼,并引导其对节目产生观看的兴趣。以《声临其境》为代表的文化类综艺节目在某种程度上符合当前新的媒介生态,其拒绝了传统的娱乐综艺节目泛娱乐化的传播形式,采用适度娱乐的方式,从而成为行业和社会讨论的热点和焦点。

具体来说,电视台依托自身优势进行自主创新,有两种方式可供借鉴。

一种是依托频道定位。当前,许多卫视为打造频道特色,纷纷提出频道定位,如湖南卫视"快乐中国"、浙江卫视"中国蓝"、江苏卫视"情感中国"、安徽卫视"爱传万家"等,各台推出的节目也围绕这一特色定位,形成具有一定特色的节目群。如湖南卫视的《快乐大本营》《天天向上》《百变大咖秀》等,在突出娱乐风格的同时,将一些趣味知识融入其中,使节目寓教于乐,并形成了独具特色的节目主持群。而浙江卫视依据《非诚勿扰》的成功,推出《老公看你的》《非常了得》等家庭益智游戏节目,也传递了重视情感的节目理念。

另一种是依托频道资源。中央电视台近年来依托"春晚"这一独有品牌资源,推出自主研发的《我要上春晚》,囊括歌舞、小品、魔术、相声等各种表演形式,给观众呈现"准春晚"水平的节目,具有显著的"央视特色"。在新闻类节目的自主创新中,深圳卫视依托紧邻港澳的地理优势,打造涉港澳台电视杂志新闻栏目《直播港澳台》。记者深入港澳台新闻现场,连线港澳台专家,解析时事风云,给观众带来丰盛的港澳台最新资讯。依托该节目,该台又先后推出《军情直播间》《决胜制高点》等国际新闻资讯栏目,三档新闻节目使深圳卫视成为两岸重要的信息平台。

2. 依托地域文化特色自主创新

我国地域广阔,地域文化特色各不相同,越来越多的广播电视媒体根据地域文化特色开办节目,使得节目独具创新性,不仅难以被模仿,同时又以地域特色抓住了本地收视人群。

比如异军突起的方言类电视节目。我国是一个幅员辽阔、民族众多的国家,由于历史和自然条件等原因,地方方言种类繁多。方言节目对地方受众有着很强的心理接近性。《越策越开心》是湖南经视一档火爆的娱乐脱口秀节目,"策"是湖南方言"逗"的意思。《越策越开心》将影片剪辑、方言笑话、短剧、访谈、音乐演绎等组合成一幕幕笑料频出的场景,将快乐和轻松传递给观众。该节目曾获得全国电视百佳及全国电视节目评比综艺类一等奖的殊荣。究其受欢迎的原因,还是因为节目具有浓郁的地域文化色彩,满足了当地受众的心理需求。再如广东台的《外地媳妇本地郎》、重庆台的《生活麻辣烫》等,将方言与新闻情景剧相结合,既贴近老百姓的日常生活,又具有浓郁的地方特色,受到当地观众喜爱。在综艺类节目中,江西卫视的《中国红歌会》展现了革命老区的红色文化,河南卫视的《梨园春》展现了戏曲之乡的文化特色,这些节目不仅凸显出浓厚的地域文化特色,被本地观众所喜爱,同时由于其彰显出独特的文化气息,也被海外市场所接受。2018年10月在湖北卫视首播的《戏码头》是一档戏曲文化栏目,其立足于各大戏曲剧种的经典唱段,通过复合式环节、多层故事设置,极致地展现了戏曲背后的深层魅力,并致力于中华戏曲文化的时代勾连和现实关照,力图使戏曲走进普通百姓的生活,让中华文化通过一段段戏曲经典、一段段历史故事走进每一个中华儿女的心灵深处。根据地域文化特色开创的节目形式,不仅有利于打造广播电视媒体的本土化特色,还有利于不同地区间的文化交流与合作。

3. 依托节目元素的交互性自主创新

随着节目形态的不断增多,各种节目形态之间的界限也日趋模糊,形成"你中有我,我中有你"的局面,这种节目元素的交互性也为节目创新带来启发。

如北京电视台推出的纪实栏目《档案》,以极具个性化的节目主持人现场讲述和档案展示为基本形态,将纪实性节目元素与脱口秀节目元素相融合,具有独创性。与此节目相似的还有《文涛拍案》《拍案说法》《财富故事会》等。另外,同一种节目元素与不同的节目形式搭配也可获得节目创新,如真人秀节目中的"互换"元素,湖南卫视通过真人互换推出《变形计》,中央电视台通过装修互换推出《交换空间》,东方卫视通过明星与百姓的互换推出《民星大行动》等。这种将不同节目形态或者节目元素进行组合而获得的创新,能够将不同形态或者元素的优势结合起来,使节目形成鲜明的特色,呈现出较强的生命力。

国家新闻出版广电总局继2013年7月发布对歌唱类选拔节目实施总量控制、分散播出的调控措施后,于当月又下发了《关于进一步规范歌唱类选拔节目的通知》。《通知》要求各卫视提高原创节目比重,对引自境外的节目模式要严格管理和调控。

引进版权的好处是,可以迅速推出精品节目,提高整个团队的制作水平。有专家认为,从短期来看,引进版权是对原创节目的一个打压,但从长远来说,相当于培训了一代人。这代人是跟随着海外版权的先进理念慢慢成长起来的,更有可能在成长之后取长补短,做原创节目,这代人才是未来中国电视节目的主流。有学者指出,现在中国的电视节目处于比较粗放的初级阶段,唯一的办法就是积攒经验。不过,在这个"粗放的初级阶段",引进节目之后的弊端已很明显。一位资深电视人介绍,2010年,国内电视人开始走进戛纳电视节,寻觅适合中国的节目版权,但花出去的钱不少,实际挣钱的节目只是凤毛麟角,仅有《中国达人秀》《中国好声音》《我是歌手》等少数节目。专家认为,不成功的原因在于"水土不服"。X Factor(《中国最强音》的原版)2011年被辽宁卫视引进前,已经卖到全世界近80个国家,在每个国家几乎都能挤进收视榜前三,但辽宁卫视播出改造节目《激情唱响》时,无论反响还是收视率都不尽如人意。2013年转到湖南卫视后,仍然起色不大。2011年,东方卫视引进荷兰节目 Sing It,改造为《我心唱响》。节目口号是"说不出的话,唱出来",但中国人的情感表达过于含蓄,情绪很难被激发出来,26期合同到期后,节目停播。同样的情况还发生在《老公看你的》《完美暗恋》《明天就出发》《最高档》等节目中。

此外,版权引进也在一定程度上受制于人。《中国梦之声》12强直播前夜,得知该节目组有意增设"逆袭战"时,《美国偶像》节目模式方 Fremantle Media 公司(以下简称美方)工作人员大发雷霆。美方的理由很简单:"逆袭会让赛制变得更为复杂,会拖慢整体节奏,也会降低决赛之路的紧张感。"此外,对于唯一一位42强学员邓小坤进入逆袭环节的资格,美方同样表示无法理解:"有的学员在奇迹之路阶段就没有通过,都能回来逆袭,这是为什么?"不过中方却不这么认为。实际上,在逆袭战之前,《中国梦之声》已经有过明显的改动,比如用"偶像学员"代替原版中往往能引发热议和追捧的"好莱坞周"环节。原版的"好莱坞周"更像是欧美剧院的专业面试,但是我们的学员音乐素养参差不齐,有的人完全靠本能在唱歌,偶像学员的想法就是在这种情况下产生的。[①]

2020年春,新冠肺炎疫情袭击全世界,给包括传媒业在内的各行各业带来了巨大的影响。2020年下半年是电视行业在后疫情时代重鸣起枪的重要节点。在这个急需冲劲的当口,湖南卫视勇做内容创新先锋,推出"大直播计划"。《出手吧!兄弟——芒果扶贫云超市大直播》《818全球汽车夜》《第十三届金鹰节系列晚会》以及超级IP《跨年演唱会》等,全面覆盖传统晚会直播、客户需求"高定"直播、主题型直播和创意策划的全新直播,以密集的直播频次与多层次的内容矩阵,实现了湖南卫视品牌流量的多轮增值。

在当前电视媒体竞争日趋激烈的背景下,广播电视节目自主创新已经成为业

---

① 祖薇.广电总局"限歌令"出细则:杜绝煽情作秀[N].北京青年报,2013-7-29.

界的共识,立足本土、张扬民族个性是自主创新的根本出路;作为节目人格化载体的节目主持人,必须加强创新思维,提高创新技能,以自己的独特视角和个性化表达方式,与节目和谐共舞,树立起主持人和节目的品牌特色,打造节目的竞争力和影响力。总之,节目形式创新是一项系统化工程,广播电视媒体必须建立起节目创新机制,推动形成广播电视节目创新环境,培育广播电视节目的原创能力。

思考题

1. 简述节目主持人的创新思维。
2. 当前我国对海外引进节目模式如何进行本土化改造?
3. 结合实例,谈谈我国电视节目形式自主创新的策略有哪些?

附录一：

广播电视编辑记者、播音员主持人资格管理暂行规定

（国家广播电影电视总局令第26号 2004年6月18日）

第一章 总 则

第一条 为规范广播电视编辑记者、播音员主持人执业资格管理，提高从业人员素质，加强广播电视队伍建设，制定本规定。

第二条 本规定适用于广播电视编辑记者、播音员主持人资格考试、执业注册、证书发放与管理等活动。

第三条 国家对广播电视编辑记者、播音员主持人实行资格认定制度。

在依法设立的广播电视节目制作、广播电视播出机构（以下简称制作、播出机构）连续从事广播电视采访编辑、播音主持工作满一年的人员，应当依照本规定通过考试和注册取得执业资格并持有执业证书。

第四条 国家广播电影电视总局（以下简称广电总局）负责全国广播电视编辑记者、播音员主持人资格认定的管理和监督。

省级广播电视行政部门负责实施本行政区域内广播电视编辑记者、播音员主持人资格考试、执业注册、证书发放与监督管理。

第二章 资格考试

第五条 广播电视编辑记者资格考试与播音员主持人资格考试（以下简称资格考试）分别举行，实行全国统一大纲、统一命题、统一组织、统一标准的制度。

资格考试原则上每年上半年举行一次。报名、考试的时间由广电总局确定，在受理报名前三个月向社会公告。

第六条 广电总局负责确定考试科目、组织编写考试大纲、建立考试试题库、组织命题等工作；负责组织资格考试、确定考试合格标准，监督、检查、指导省级广播电视行政部门实施本行政区域内的考务工作。

第七条 资格考试试卷从资格考试试题库中随机抽取生成。

第八条 符合下列条件的人员,可以报名参加资格考试:

(一)遵守宪法、法律、广播电视相关法规、规章;

(二)坚持四项基本原则,拥护中国共产党的基本理论、基本路线和方针政策;

(三)具有完全民事行为能力;

(四)具有大学专科及以上学历(含应届毕业生)。

第九条 有下列情形之一的,不能报名参加考试,已经办理报名手续的,报名无效:

(一)因故意犯罪受过刑事处罚的;

(二)受过党纪政纪开除处分的。

第十条 报名参加考试的人员,到报名点办理报名手续。经审查合格后,领取准考证。凭准考证、身份证,在指定的时间、地点参加考试。

第十一条 广电总局自考试结束之日起六十个工作日内公布考试成绩和合格标准。

参加考试的人员可以通过广电总局政府网站或指定的其他方式查询考试成绩。

第十二条 考试合格的,由省级广播电视行政部门颁发"广播电视编辑记者资格考试合格证"或"广播电视播音员主持人资格考试合格证"。

第十三条 考试中有违反考场纪律、扰乱考场秩序等行为的,视情节轻重,给予取消相关科目成绩、本次考试成绩、下一年度考试资格的处理。

第十四条 任何行政机关或行业组织不得组织强制性的资格考试考前培训,不得指定教材或者其他助考材料。

第三章 执业注册

第十五条 从事广播电视采访编辑、播音主持工作,应当取得相关执业资格。

未取得相关执业资格的人员,应当在持有相关执业证书的人员指导下从事实习等辅助性工作。

第十六条 具备下列条件的人员,可以申请相关执业资格注册:

(一)已取得"广播电视编辑记者资格考试合格证"或"广播电视播音员主持人资格考试合格证";

（二）在制作、播出机构相应岗位实习满一年；

（三）身体状况能胜任所申请执业的工作岗位要求；

（四）无本规定第九条所列情形；

（五）以普通话为基本用语的播音员主持人，取得与岗位要求一致的普通话水平测试等级证书。

第十七条　执业资格注册，按以下程序办理：

（一）由申请人所在的制作、播出机构统一向省级广播电视行政部门（以下称注册机关）提交以下材料：

1. 申请人填写的《注册申请表》、相关资格考试合格证和学历证书复印件；

2. 申请人所在的制作、播出机构同意聘用申请人从事广播电视编辑记者或播音主持工作的书面意见。

（二）符合条件的，由注册机关在法定期限内办理注册手续，发放"中华人民共和国广播电视编辑记者证"或"中华人民共和国播音员主持人证"。

第十八条　"中华人民共和国广播电视编辑记者证"和"中华人民共和国播音员主持人证"由广电总局统一印制，由注册机关统一注册，有效期为二年。注册机关应将注册情况在一个月内报广电总局备案。

"中华人民共和国广播电视编辑记者证"和"中华人民共和国播音员主持人证"是广播电视编辑记者、播音员主持人的执业凭证，在全国范围内有效。

第十九条　注册有效期届满需要延续的，申请人应当在有效期届满三十日前提出延续申请，填写《延续注册申请表》，由所在的制作、播出机构向注册机关办理延续注册手续。

第二十条　注册有效期内，持证人变更工作单位并继续从事广播电视采访编辑、播音主持工作的，应当在变更工作单位后一个月内填写《变更注册申请表》，并提交执业证书，由变更后所在的制作、播出机构向所在地注册机关办理变更注册手续。

因工作变更或退休不再执业的，由原所在的制作、播出机构收回执业证书，并交原注册机关统一销毁。

第二十一条　广电总局和注册机关应当向社会公布注册人员名单等信息。

第二十二条　持证人应妥善保管执业证书，不得出借、出租、转让、涂改和损毁。

第二十三条 有下列情形之一的,注册机关不予办理注册手续;制作、播出机构应将责任人调离广播电视采访编辑或播音主持岗位:

(一)出现本规定第九条所列情形的;

(二)因本人过错造成重大宣传事故的;

(三)违反职业纪律、违背职业道德,造成恶劣影响的;

(四)品行不端、声誉较差的。

出现本条第(一)、(二)、(三)项情形的,申请人在三年内不得再次提出注册申请。

第二十四条 以欺骗、贿赂等不正当手段取得的执业证书无效,注册机关应予以撤销。申请人在三年内不得再次提出注册申请。

第二十五条 当事人对注册机关的有关决定持有异议的,可以自接到决定之日起六十日内向广电总局申请复议。

第四章 权利与义务

第二十六条 广播电视编辑记者、播音员主持人在执业活动中享有以下权利:

(一)以所在的制作、播出机构的名义从事广播电视节目采访编辑或播音主持工作,制作、播出机构应当提供完成工作所必需的物质条件;

(二)人身安全、人格尊严依法不受侵犯;

(三)参加继续教育和业务培训;

(四)指导实习人员从事采访编辑、播音主持工作;

(五)依法享有的其他权利。

第二十七条 广播电视编辑记者、播音员主持人在执业活动中应当履行以下义务:

(一)遵守法律、法规、规章;

(二)尊重公民、法人和其他组织的合法权益;

(三)坚持正确的舆论导向;

(四)恪守职业道德,坚持客观、真实、公正的原则;

(五)严守工作纪律,服从所在机构的管理,认真履行岗位职责;

(六)努力钻研业务,更新知识,不断提高政策理论水平和专业素养;

（七）树立良好的公众形象和健康向上的精神风貌；

（八）依法应当履行的其他义务。

第五章 附则

第二十八条 本规定实施前，在广播电视播出机构工作并取得编辑记者、播音员主持人从业资格的人员，符合广电总局规定条件的，经本人申请，可以通过审核取得本规定要求的执业资格，获得执业证书。具体办法由广电总局另行规定。

第二十九条 聘请境外人员从事广播电视采访编辑、播音主持工作的，依照国家有关规定执行。

第三十条 本规定自2004年8月1日起施行，广电总局《播音员主持人持证上岗规定》（广电总局令第10号）同时废止。

附录二：

广播电视编辑记者、播音员主持人资格考试办法（试行）

（国家广播电影电视总局 2005年8月3日）

第一章 总 则

第一条 为规范全国广播电视编辑记者、播音员主持人资格考试（以下简称资格考试），根据《国务院对确需保留的行政审批项目设定行政许可的决定》（国务院令第412号）和国家广播电影电视总局（以下简称广电总局）《广播电视编辑记者、播音员主持人资格管理暂行规定》（广电总局令第26号）等规定，制定本办法。

第二条 凡从事广播电视编辑记者、播音员主持人工作的人员必须依法取得广播电视编辑记者、播音员主持人执业资格。通过资格考试取得"广播电视编辑记者资格考试合格证"或"广播电视播音员主持人资格考试合格证"，是申请执业资格的必备条件。

第三条 资格考试由广电总局组织实施，实行全国统一大纲、统一命题、统一组织、统一标准的制度，原则上每年上半年举行一次。

第四条 资格考试遵循合法规范、公平公正、方便应考的原则。

第二章 组织机构

第五条 广电总局设立资格考试委员会，下设办公室（设在人事教育司），负责全国资格考试工作。省级广播电视行政部门设立相应资格考试办公室（设在人事教育部门），负责本行政区域资格考试考务管理工作。

第六条 广电总局资格考试委员会履行以下职责：

（一）确定资格考试科目，发布考试大纲和公告；

（二）组建资格考试专家委员会并指导其工作；

（三）监督、指导省级广播电视行政部门资格考试办公室工作；

（四）审定年度资格考试试卷，组织阅卷；

(五)公布资格考试成绩；

(六)确定资格考试合格标准；

(七)其他有关工作。

第七条 资格考试专家委员会履行以下职责：

(一)编写考试大纲；

(二)为资格考试题库提供试题；

(三)拟制年度资格考试试卷及其标准答案；

(四)其他有关工作。

第八条 省级广播电视行政部门资格考试办公室履行以下职责：

(一)制定本行政区域资格考试考务管理工作方案；

(二)组织报名,审核考生报名资格,发放准考证；

(三)负责本行政区域资格考试的考点、考场设置等工作；

(四)发放资格考试成绩单和合格证书,接受考生查询；

(五)其他有关工作。

第三章 报名及考试

第九条 凡遵守宪法、法律、广播电视相关法规、规章,坚持四项基本原则,拥护中国共产党的基本理论、基本路线和方针政策,具有完全民事行为能力,具有大学专科及以上学历(含应届毕业生)的人员,均可报名参加资格考试。

因故意犯罪受过刑事处罚,受过党纪、政纪开除处分的人员,不能报名参加考试。已经办理报名手续的,报名无效。

第十条 参加资格考试的人员现场报名时,应提交符合本办法第九条规定条件的身份、学历等证件的原件和复印件,填写报名表、交纳考试费。

参加资格考试的人员应对其提供的证件和材料的真实性、准确性、完整性、合法性负责。

第十一条 资格考试依据国家和省级有关部门规定收取考试费。

第十二条 参加资格考试的人员可以不受地域限制,就近办理报名手续。

第十三条 经审查合格的人员,由省级广播电视行政部门资格考试办公室发给准考证。

第十四条　应考人员凭准考证和有效身份证件,按规定时间,到指定考场参加考试。

第十五条　资格考试由公共科目和专业科目组成。

第十六条　资格考试采取闭卷笔试、计算机考试或口试等方式进行。

第十七条　各科考试成绩合格的,可获得"广播电视编辑记者资格考试合格证"或"广播电视播音员主持人资格考试合格证"。

第十八条　单科考试合格的成绩,可保留至下一考试年度。

第四章　试卷

第十九条　资格考试命题应遵循专业化、标准化、规范化的原则。

第二十条　资格考试试卷从资格考试试题库中随机抽取生成。

第二十一条　资格考试试卷与试卷答案、评分标准同时确定。

第二十二条　资格考试应严格遵守国家有关保密规定,试卷应在符合国家保密标准的定点单位印制,按照国家保密规定运送、保管。

第二十三条　资格考试试卷、试题、答案及评分标准在启用前均属国家秘密。

第二十四条　参加命题的人员应履行保密义务,签署保密承诺书,不得从事妨碍其履行保密义务的活动。

第五章　考务

第二十五条　资格考试的考试时间、考试科目、考试方式在受理报名前三个月向社会公告。

第二十六条　资格考试成绩和合格标准在考试结束之日起六十个工作日内公布,应考人员可以通过广电总局网站或指定的其他方式查询。

第二十七条　应考人员对资格考试成绩有异议的,应当在成绩公布之日起十五个工作日内向当地省级广播电视行政部门资格考试办公室提出,省级广播电视行政部门资格考试办公室自受理之日起十五个工作日内予以答复。

第二十八条　因特殊原因取消或延期举行资格考试,应向社会公告。

第六章　纪律

第二十九条　应考人员应遵守资格考试规定和考场规则,有违反考试规定和考场规则的,视情节轻重,给予取消相关科目成绩、取消本次考试成绩、取消下一年度考试资格等处理。

第三十条 应考人员违反考场规则的,由监考人员当场记录其姓名、准考证号、情节,并告知当事人;监考人员应将违反考场规则的情况及时上报所在地省级广播电视行政部门资格考试办公室。

第三十一条 对违反考试规定和考场规则的应考人员给予取消相关考试科目成绩处理的,由省级广播电视行政部门资格考试办公室依据相关规定做出处理决定。

第三十二条 对违反考试规定和考场规则的应考人员给予取消本次考试成绩、取消下一年度考试资格处理的,由省级广播电视行政部门资格考试办公室提出处理意见,报广电总局资格考试委员会办公室做出处理决定。

第三十三条 应考人员对处理结果有异议的,可在知道或应当知道处理结果之日起十五日内,以书面形式向考场所在地省级广播电视行政部门资格考试办公室提出,省级广播电视行政部门资格考试办公室应自受理之日起十五个工作日内予以答复。

第三十四条 任何行政机关或行业组织不得组织强制性的资格考试考前培训,不得指定教材或者其他助考材料。

第三十五条 在组织实施资格考试中出现严重违纪违规行为,造成恶劣影响的,视情节轻重对直接主管人员和直接责任人员依法给予处分;构成犯罪的,依法追究刑事责任。

第七章 附则

第三十六条 因工作需要,经广电总局同意,可以使用少数民族语言文字进行考试。

第三十七条 本办法自2005年9月3日起施行。

附录三：

中国广播电视播音员主持人职业道德准则

（中国广播电视协会 2004年12月7日）

广播电视是当今最具影响力的大众传媒之一，是党、政府和人民的喉舌。为加强广播电视队伍建设，倡导良好的职业精神和职业道德，规范广播电视播音员主持人的职业行为，特制定本准则。

一、责任

第一条 广播电视播音员主持人所从事的事业，担负着传播先进文化，弘扬民族精神，维护国家利益，促进经济社会发展，推动人类文明的崇高使命和社会责任。

第二条 热爱祖国和人民，珍视国家和人民赋予的权力，全心全意为人民服务，为社会主义服务，为党和国家工作的大局服务。

第三条 忠诚党的新闻事业，坚持党性原则，坚定执行党的路线、方针、政策。

第四条 自觉遵守宪法和法律、法规。

第五条 保守国家秘密。

第六条 真实报道新闻，正确引导舆论，努力传播知识，热情提供服务，不断满足广大人民群众的精神和文化需要。

二、品格

第七条 广播电视播音员主持人应恪守敬业奉献、诚实公正、团结协作、遵纪守法的职业道德，谦虚谨慎，追求德艺双馨。

第八条 坚持播出内容与播出形式的高品质、高品位，不迎合低级趣味，拒绝有害于民族文化、社会公德的庸俗报道。

第九条 努力营造有利于未成年人健康成长的文化环境。不动员未成年人参与可能损害他们性格和感情的节目；对有可能被未成年人模仿而导致不良后果的播出内容和播出形式要加以防范。

第十条 采访意外事件,应顾及受害人及亲属的感受,在提问和录音、录像时,应避免对其心理造成伤害。

第十一条 尊重公民和法人的名誉权、荣誉权,尊重个人隐私权、肖像权。不揭人隐私,避免损害他人名誉的报道。

第十二条 尊重和保护未成年人、妇女、老人和残疾人的合法权益。报道违法犯罪的未成年人和性侵犯的受害者时,录音、图像应经过特殊处理,使之不可辨认;不公布其真实姓名,不描述犯罪过程。

第十三条 同行之间互相尊重,互相学习,互相支持,开展正当的业务竞争。

三、形象

第十四条 广播电视播音员主持人直接代表广播电台、电视台的形象,言谈举止有着广泛的社会影响和示范效应,应自觉树立良好形象,维护媒体公信力。

第十五条 树立良好的声屏形象,尊重大众审美情趣和欣赏习惯。服饰、发型、化妆、声音、举止等要与节目(栏目)定位相协调,大方、得体,避免媚俗。

第十六条 形象设计要符合中华民族的文化传统,不盲目模仿境外和外国人的形象,不用外国人的名字作艺名。

第十七条 少儿节目主持人的服饰、发型、化妆、声音、举止要充分考虑到对未成年人的影响,展示积极健康向上的形象和精神风貌。

第十八条 严格约束日常行为。在工作和生活中要保持良好仪表和文明举止;自尊自爱,不参加任何有损于媒体形象、自身形象的组织和活动;要有公众人物的自觉意识,接受社会、公众和媒体较常人更为严格的监督。

第十九条 确立正确的公众人物观念。尊重观众、听众,热情礼貌地对待观众、听众;不以个人知名度和社会影响寻求利益,谋求优惠、照顾和方便;在涉及个人的纠纷中,不以强调个人工作身份和个人知名度影响、干扰和破坏法律、法规的实施。

第二十条 努力提高政治素养、文化内涵、语言能力、心理素质,保持外在形象和内在素质的和谐统一。

四、语言

第二十一条 广播电视播音员主持人要积极推广、普及普通话,规范使用通用语言文字,维护祖国语言和文字的纯洁,发挥示范作用。

第二十二条 除特殊需要,一律使用普通话。不模仿有地域特点的发音和表达方式,不使用对规范语言有损害的口音、语调、粗俗语言、俚语、行话,不在普通话中夹杂不必要的外文。

第二十三条 用词造句要遵守现代汉语的语法规则,语序合理,修辞恰当,层次清楚。避免滥用方言词语、文言词语、简称略语或生造词语。

第二十四条 表达要通俗易懂、准确生动、富有内涵、朴素大方。避免艰涩、易生歧义的语言和煽情、夸张的表达。

第二十五条 不追求低俗的主持风格和极端个人化的主持方式。

第二十六条 与受众和嘉宾平等交流、沟通,做到相互尊重、理解、通达、友善,赢得公众信赖。

五、廉洁

第二十七条 广播电视播音员主持人应该清正廉洁,自觉抵制拜金主义、享乐主义、个人主义的侵蚀,反对任何形式的"有偿新闻"。

第二十八条 不利用工作、身份之便,直接或间接地为本人、亲属及其他人谋取私利。

第二十九条 不以任何名义索要、接受和借用采访对象的任何钱物,采访活动中不提出与工作无关的个人要求。

第三十条 严格区分新闻报道与广告。不以新闻报道形式为企业或产品做变相广告或形象宣传。

第三十一条 不从事广告和其他经营活动。不将自己的名字、声音、形象用于任何带有商业目的的文章、图片及音像制品中。

第三十二条 不私自从事未经本单位批准的节目主持、录音、录像、配音工作及以个人赢利为目的的社会活动。

第三十三条 自觉遵守有关廉政的规章制度和财经纪律,自觉接受人民群众的监督。

<h3 style="text-align:center">六、附则</h3>

第三十四条 全国各广播电视制作、播出机构的播音员主持人遵守本准则。

第三十五条 违犯本准则的播音员主持人,将在行业内通报批评;触犯党纪政纪的,给予党纪政纪处分;触犯法律的,移送司法机关处理。

附录四：

中国广播电视播音员主持人自律公约

（中国广播电视协会　2005年8月10日）

广播电视播音员主持人是广播电视的形象代表，在传播先进文化，弘扬民族精神，维护国家利益，促进社会进步方面担负着不可推卸的责任。

为了更好地贯彻执行国家广播电影电视总局制定的《中国广播电视播音员主持人职业道德准则》，提高职业素养，规范职业行为，制定本自律公约。

一

第一条　自觉遵守《中国广播电视播音员主持人职业道德准则》。

第二条　加强政治理论学习，不断提高政治素养和政策水平，认真落实"以科学的理论武装人，以正确的舆论引导人，以高尚的精神塑造人，以优秀的作品鼓舞人"的要求。

第三条　热爱祖国，热爱人民，全心全意为人民服务，为社会主义服务，为党和国家工作大局服务。

第四条　认真贯彻执行党的路线、方针、政策。自觉遵守宪法和法律、法规，严守国家机密。

第五条　发扬敬业奉献、诚实公正、团结协作的精神，努力做有责任、有道德、有专长的德艺双馨的播音员主持人。

二

第六条　努力钻研业务，更新知识，不断提高业务理论水平和专业素质，努力追求艺术创作的高品位，自觉抵制危害民族精神，损害社会公德的庸俗思想和文化糟粕。

第七条　自觉抵制低级趣味，拒绝可能被青少年模仿造成身心伤害的内容和形式，营造有利于未成年人健康成长的文化环境。

第八条　尊重公民的名誉权、隐私权，尊重和保护未成年人、妇女、老人、残疾人的合法权益。

第九条　以推广普及普通话、规范使用通用语言文字、维护祖国语言和文字的纯洁性为己任，自觉发挥示范作用。

第十条　除特殊需要外，一律使用普通话，不模仿地域音及其表达方式，不使用对规范语言有损害的口音、语调、粗俗语言、俚语、行话，不在普通话中夹杂不必要的外语，不模仿港台话及其表达方式。

第十一条　不断加强语文修养，用词造句要遵守现代汉语的语法规则，语序合理，修辞恰当，不溢用方言词语、文言词语、简称略语或生造词语。

第十二条　力求语言、语调、语音的表达形式与表达内容的一致性。表达要通俗易懂、准确生动、富有内涵、朴素大方，避免艰涩、易生歧义的语言和刻意煽情夸张的表达方式。

第十三条　树立健康向上的声屏形象，尊重大众审美情趣和欣赏习惯。服饰、发型、化妆、声音、举止要与节目(栏目)定位相协调，大方得体，拒绝媚俗。

第十四条　言谈举止要得体，活泼而不轻浮，亲和而不失礼仪，感情真挚而不煽情挑逗。反对忸怩作态、矫揉造作，拒绝粗俗。

三

第十五条　自觉维护广播电视媒体的公信力和播音员主持人的公众形象。自觉约束日常行为，自尊自爱，洁身自好。

第十六条　自觉抵制拜金主义、享乐主义、个人主义的侵蚀，坚决抵制任何形式的有偿新闻。

第十七条　不利用工作、身份之便，直接或间接地为本人、亲属及他人谋取私利。不接受和借用采访对象的钱物。

第十八条　不从事广告和其他经营活动，不从事未经本单位批准的节目主持、录音、录像、配音及以个人赢利为目的的社会活动。

四

第十九条　各级、各地广播电视制作、播出机构的播音员主持人均应遵守本自律公约。

第二十条 遵守本自律公约方能取得"中国广播电视播音主持作品奖暨'金话筒奖'"参评资格。

第二十一条 违犯本自律公约的,将由中国广播电视协会予以通报,并终止其"中国广播电视播音主持作品奖暨'金话筒奖'"入选资格;情节严重者,协会将建议行政主管部门取消其播音主持岗位资格。

第二十二条 本公约解释权属于中国广播电视协会。自颁布之日起执行。

参考书目

张颂.中国播音学[M].北京:中国传媒大学出版社,2003.

张颂.播音主持艺术论[M].北京:中国传媒大学出版社,2009.

张颂.播音语言通论(第三版)[M].北京:中国传媒大学出版社,2012.

张颂.语言和谐艺术论[M].北京:中国传媒大学出版社,2009.

张颂.情声和谐启蒙录[M].北京:北京广播学院出版社,2004.

吴郁.当代广播电视播音主持[M].2版.上海:复旦大学出版社,2008.

吴郁.主持人语言表达技巧[M].北京:中国广播电视出版社,2005.

吴郁.主持人必备之功[M].北京:中国广播电视出版社,2007.

吴郁.主持人的语言艺术[M].北京:北京广播学院出版社,1999.

吴郁.谈话的魅力[M].北京:中国广播电视出版社,2007.

应天常.节目主持人通论[M].武汉:武汉大学出版社,2007.

应天常.节目主持语用学[M].修订本.北京:中国传媒大学出版社,2008.

陈虹.节目主持人传播[M].上海:复旦大学出版社,2007.

王群,曹可凡.谈话节目主持概论[M].北京:中国传媒大学出版社,2007.

曾致.播音主持艺术新说[M].北京:中国广播电视出版社,2001.

曾致.主持语言技巧及实践[M].长沙:湖南师范大学出版社,2003.

曾致.节目主持技能训练[M].银川:宁夏人民教育学出版社,2004.

曾致,李燕湘.艺术语言正音教程[M].北京:中国国际广播出版社,2017.

江霞.舞台化装艺术造型[M].北京:中国戏剧出版社,2017.

毕一鸣.语言与传播:广播电视播音与主持艺术新论[M].北京:中国广播电视出版社,2005.

毕一鸣.传必求通:主持传播艺术概论[M].南京:南京师范大学出版社,2009.

廖声武.节目主持人教程[M].2版.北京:中国人民大学出版社,2015.

罗莉.电视播音与主持[M].北京:北京广播学院出版社,2004.

曾志华.中国电视节目主持人文化影响力研究[M].北京:北京大学出版社,2009.

马玉坤.播音主持心理学教程[M].北京:北京大学出版社,2008.

高国庆.播音主持美学论纲[M].北京:中国传媒大学出版社,2013.

高国庆.播音员主持人语言影响力研究[M].北京:九州出版社,2014.

于舸.主持语言艺术与展望[M].长春:吉林大学出版社,2017.

成倍.新闻主播的价值取向研究[M].呼和浩特:远方出版社,2010.

高祥荣.课程论视域下播音主持专业教育研究[M].北京:中国传媒大学出版社,2020.

战迪,叶昌前.节目主持批评学[M].北京:中国大百科全书出版社,,2019.

高贵武,杜晓红.中国主持传播研究[M].北京:中国传媒大学出版社,2019.

俞虹.节目主持人通论[M].北京:中国广播电视出版社,2004.

符进叶.广播电视口语[M].太原:山西人民出版社,2005.

陆锡初,杨学明.节目主持艺术研究[M].北京:接力出版社,2009.

虞达文.新闻心理学[M].北京:新华出版社,2001.

钟大年,于文华.凤凰考:建构一个新传媒[M].北京:北京大学出版社,2004.

新闻工作者手册[M].北京:新华出版社,1985.

李辉,陈智勇.现代电视节目主持人导论[M].北京:中国广播电视出版社,2012.

沈慧萍,王群.电视主持传播概论[M].上海:华东师范大学出版社,2009.

第二版修订后记

为了适应当前播音与主持艺术专业的教学改革和广播电视一线所需,在中国传媒大学出版社的邀约下,我们于2015年推出了《节目主持艺术基础》一书。作为高校播音主持专业教材和业界从业人员的培训教材、参考书,这本书受到了大家的欢迎。根据当前传媒生态的发展和变化,我们组织业界专家和高校教师进行了修订。本书由曾致担任主编,统筹拟定书目提纲。具体章节的撰稿分工如下:前言曾致;第一章杨学明、郑伟、杨兵、朱俊瑛;第二章邵丽英、颜倩;第三章张树楠、何明家、杨雁;第四章第一、二、三节曾致,第四节郑伟、杨兵、宋晓宇;第五章李洁;第六章曾致;第七章江霞、关虹、仇晓;第八章第一、二、三节李亚铭、宁波,第四节成倍;第九章第一、二节李艺晨,第三节李艺晨、何帅、刘琼;第十章金沐、王博、迟煦;第十一章刘黎、姜立安;第十二章符进叶、施浩野;第十三章罗宜虹、曾毅、路俊卫、张宁。

初稿完成后,由曾致统稿和修定。中央广播电视总台、湖南广播电视台、中国传媒大学、浙江传媒学院等媒体和高校的部分专家、老师也参与了相关章节的研讨工作。写作的过程是艰辛的，也是愉悦的。各位作者潜心思考，认真写作，不厌其烦，终于完成了任务。

参与写作的多数作者，都是我国已故著名播音艺术家、播音教育家、中国传媒大学博士生导师张颂教授的学生。作为中国播音学学科体系的创立者、中国播音主持艺术理论的奠基人，张颂先生一直以"为人师表"而自豪，以投入"灵魂工程"而自律，他一直用"甘于寂寞，志存高远"激励自己。他一直强调广播节目要"声情并茂、悦耳动听"，电视节目要"形神兼备、赏心悦目"，一直坚持"播音有学"的观点，一直坚持"德才兼备，声形俱佳""以播为主，一专多能"和"有稿播音锦上添花，无稿播音出口成章"的专业培养方针，要求播音员、主持人在话筒前、镜头前"体现时代精神，充满人文关怀"。对学术，他万般虔诚，心无旁骛；对学生，他严格要求，亲切关怀；对事业，他殚精竭虑，视如生命……斯人已去，音容犹在。他的学术思想、他的创新理念、他的人格魅力、他的崇高品质、他的教学风格，早已在播音主持界晚辈的心中播撒下了充满生命活力的种子。我们深信，张颂先生的精神必将绽放出耀眼的鲜花，馨香四溢，永弥芬芳！

本书的编写得到著名播音艺术家、中国播音主持委员会顾问铁城老师的热情鼓励，得到了著名播音艺术家、中国播音主持委员会理事长、中央人民广播电台播音指导方明老师的大力支持，方明老师还欣然为本书题写了书名，充满了一代大师对发展播音主持艺术学科理论所寄予的深情厚望。中国传媒大学博士生导师曾志华教授作为当今播音教育界承上启下的中坚力量，为播音主持艺术的学科建设作出了贡献。她通读书稿，一丝不苟，提出了许多具体的修改意见，并为本书作序，字里行间流露出她的博学才思和美丽智慧。湖南卫视著名节目主持人汪涵是一位有思想、有内涵的优秀节目主持人，他撰写的序言，既有高度和深度，又有热度与温度，为本书增添了亮色。

本书责任编辑赵欣老师,先后毕业于浙江传媒学院和中国传媒大学的播音与主持艺术专业,对播音主持艺术情有独钟,多年来,一直致力于播音主持理论专著的出版和相关教材的建设,尽心尽责,为本书的顺利付梓付出了辛劳。编辑张笛、高卓毓、周蕊对本书文字的加工推敲亦尽心尽力,在此一并表示感谢。

我们真诚期望得到专家和读者朋友的批评、指正,以待今后继续修订、补充和完善。

曾致

2020 年 12 月 28 日

图书在版编目(CIP)数据

节目主持艺术基础 / 曾致主编. -- 2 版. -- 北京：中国传媒大学出版社，2021.1（2025.6重印）
ISBN 978-7-5657-2837-2

Ⅰ.①节… Ⅱ.①曾… Ⅲ.①节目主持人—高等学校—教材 Ⅳ.①G222.2

中国版本图书馆 CIP 数据核字（2020）第 225818 号

节目主持艺术基础（第二版）
JIEMU ZHUCHI YISHU JICHU（DI-ER BAN）

主　　编	曾　致
策划编辑	赵　欣
责任编辑	赵　欣　张　笛
特约编辑	高卓毓　周　蕊
责任印制	李志鹏
封面设计	拓美设计

出版发行	中国传媒大学出版社			
社　　址	北京市朝阳区定福庄东街 1 号	邮　　编	100024
电　　话	86-10-65450528　65450532	传　　真	65779405
网　　址	http://cucp.cuc.edu.cn		
经　　销	全国新华书店		
印　　刷	北京中科印刷有限公司		
开　　本	787mm×1092mm　1/16		
印　　张	16.75		
字　　数	301 千字		
版　　次	2021 年 1 月第 2 版		
印　　次	2025 年 6 月第 5 次印刷		
书　　号	ISBN 978-7-5657-2837-2	定　　价	52.00 元

本社法律顾问：北京嘉润律师事务所　郭建平